Temporäre Benutzermodellierung
für multimediale Produktpräsentationen
im World Wide Web

Europäische Hochschulschriften
Publications Universitaires Européennes
European University Studies

Reihe XLI
Informatik

Série XLI Series XLI
Informatique
Informatic

Bd./Vol. 36

PETER LANG
Frankfurt am Main · Berlin · Bern · Bruxelles · New York · Oxford · Wien

Tanja Hölldobler

Temporäre Benutzermodellierung für multimediale Produktpräsentationen im World Wide Web

PETER LANG
Europäischer Verlag der Wissenschaften

Die Deutsche Bibliothek - CIP-Einheitsaufnahme

Hölldobler, Tanja:

Temporäre Benutzermodellierung für multimediale
Produktpräsentationen im World Wide Web / Tanja
Hölldobler. - Frankfurt am Main ; Berlin ; Bern ; Bruxelles ;
New York ; Oxford ; Wien : Lang, 2001
  (Europäische Hochschulschriften : Reihe 41, Informatik ;
  Bd. 36)
  Zugl.: Dresden, Techn. Univ., Diss., 2001
  ISBN 3-631-38343-6

ISSN 0930-7311
ISBN 3-631-38343-6
© Peter Lang GmbH
Europäischer Verlag der Wissenschaften
Frankfurt am Main 2001
Alle Rechte vorbehalten.

Das Werk einschließlich aller seiner Teile ist urheberrechtlich
geschützt. Jede Verwertung außerhalb der engen Grenzen des
Urheberrechtsgesetzes ist ohne Zustimmung des Verlages
unzulässig und strafbar. Das gilt insbesondere für
Vervielfältigungen, Übersetzungen, Mikroverfilmungen und die
Einspeicherung und Verarbeitung in elektronischen Systemen.

www.peterlang.de

Inhaltsverzeichnis

1	**Einleitung**	**11**
2	**Adaptives elektronisches Einkaufen**	**17**
2.1	Electronic Commerce im Web	17
	2.1.1 Aufbau elektronischer Verkaufssysteme	18
	2.1.2 Web-Technologien	21
2.2	Adaptive Hypermedia-Systeme	24
	2.2.1 Wissensakquisition	25
	2.2.2 Aufbau des Benutzermodells	28
	2.2.3 Adaptionsformen	29
	2.2.4 Anwendungsgebiete	32
2.3	Existierende Ansätze zum adaptiven Einkaufen	34
	2.3.1 Motivation der Adaptionsformen	34
	2.3.2 Einfache Anpassungen durch den Kunden	36
	2.3.3 Stereotypenbasierte Kundenmodellierung	37
	2.3.4 Clusteralgorithmen zur dynamischen Kundenmodellierung	39
	2.3.5 Produktempfehlungen mit kollaborativen Filtertechniken	41

	2.3.6	Ansätze zur Produktberatung	42
	2.3.7	Agenten zur katalogübergreifenden Adaption	44
2.4	Anforderungen und Defizite		46
	2.4.1	Besondere Anforderungen an ein adaptives Einkaufssystem	46
	2.4.2	Defizite existierender Ansätze	50

3 Das TELLIM System   53

- 3.1 Motivation und Ziele … 53
- 3.2 Temporäre Benutzermodellierung in TELLIM … 56
  - 3.2.1 Formen der Adaption von Präsentationen … 57
  - 3.2.2 Vorgehensweise bei der temporären Benutzermodellierung … 62
  - 3.2.3 Vergleich zu bestehenden Ansätzen … 65
- 3.3 Architektur des TELLIM Systems … 66

4 Wissensakquisition und Vorverarbeitung   71

- 4.1 Repräsentation der Medienelemente … 72
  - 4.1.1 Attribut-Wert-Repräsentation … 72
  - 4.1.2 Auswahl der Attribute … 72
- 4.2 Natürliche Interaktionsmöglichkeiten … 78
- 4.3 Vorverarbeitung der Medienelemente … 81
  - 4.3.1 Bewertung der Interaktionen … 82
  - 4.3.2 Aufbereitung und Speicherung … 83

5 Das Lernverfahren   85

- 5.1 Anforderungen an das Lernverfahren … 85
- 5.2 Maschinelle Lernverfahren zur Benutzermodellierung … 88

INHALTSVERZEICHNIS

- 5.3 Entscheidungsbaum- und Entscheidungslistenverfahren 90
- 5.4 CDL4 97
  - 5.4.1 Der Algorithmus 97
  - 5.4.2 Eignung für TELLIM 100
  - 5.4.3 Anpassung des Algorithmus' 101
  - 5.4.4 Simulation mit Testdaten 103
- 5.5 Andere Lernverfahren für andere Adaptionsformen 109

6 Adaptive Gestaltung der Präsentationen — 113

- 6.1 Existierende Arbeiten zum automatischen Layout 113
- 6.2 Einflussfaktoren für die automatische Generierung 115
  - 6.2.1 Daten des Benutzermodells 115
  - 6.2.2 Berücksichtigung der Benutzer-Interaktionen . . . 116
- 6.3 Aufbau der Präsentationen 117
  - 6.3.1 Dynamisches Gestaltungsraster 117
  - 6.3.2 Bildung von Sinneinheiten 119
  - 6.3.3 Metadaten der Medienelemente 121
  - 6.3.4 Gestaltungsregeln 122
  - 6.3.5 Anordnung der Sinneinheiten 123
- 6.4 Hersteller, Designer und System 124

7 Die Realisierung des Prototypen — 127

- 7.1 Die Architektur 128
- 7.2 Einzelne Komponenten 128
  - 7.2.1 Die Beobachtungskomponente 129
  - 7.2.2 Die Abschätzung der Ladezeit 132

7.2.3 Die Generierung der Präsentationen 135
7.3 Anmerkungen zur technischen Umsetzung 137
7.4 Kommerzielle Verwendung des TELLIM-Systems 138

8 Evaluation des Ansatzes 143
8.1 Thesen zur Evaluation 144
8.2 Basis der Evaluation 145
    8.2.1 ISO 9241-11: Anwendungsrahmen für Gebrauchstauglichkeit 146
    8.2.2 Evaluation adaptiver Systeme im Web 150
8.3 Durchführung der Experimente 152
    8.3.1 Vorgehensweise 152
    8.3.2 Versuchsumgebung 154
    8.3.3 Fragebogen zu demographischen Daten 155
    8.3.4 Aufgabenstellungen 155
    8.3.5 Fragebogen zur Akzeptanz 157
8.4 Ergebnisse der Experimente 163
    8.4.1 Zusammensetzung der Versuchsgruppen 163
    8.4.2 Allgemeine Einstellung der Versuchspersonen . . . 165
    8.4.3 Die Akzeptanz der Versuchspersonen 166
    8.4.4 Das Verhalten der Versuchspersonen bei der Benutzung des adaptiven Systems 173
    8.4.5 Zusammenfassung 174

9 Zur Abrundung 179
9.1 Sicherheitsaspekte 179
    9.1.1 Rechtlicher Rahmen 180
    9.1.2 Sicherkeitslücken und -lösungen in TELLIM 182

INHALTSVERZEICHNIS

9.2 Kombination mit einem langfristigen
Benutzermodell 183
    9.2.1 Zu betrachtende Probleme 184
    9.2.2 Integrationsmöglichkeiten in TELLIM 185

9.3 Der Autorenprozess 187
    9.3.1 Autorenunterstützung für elektronische
Produktkataloge 188
    9.3.2 Erweiterungen für das TELLIM-System 189

10 Zusammenfassung und Ausblick   **191**

A Beispielsitzungen am TELLIM-Prototypen   **199**
    A.1 Anpassung der Medienelemente 199
    A.2 Anpassung der Sonderangebote 209

Abbildungsverzeichnis   **215**

Tabellenverzeichnis   **219**

Literaturverzeichnis   **220**

Kapitel 1

Einleitung

Durch seine rasante Entwicklung in den letzten Jahren ist das World Wide Web (Web) heute zu einem interessanten Medium für das Marketing und den direkten Verkauf von Produkten geworden. Die Angebote reichen von einfachen Produktpräsentationen über komplexe Kataloge bis hin zu umfangreichen Shopping-Malls, in denen sich mehrere Hersteller zusammengeschlossen haben.

Dennoch ist die derzeitige Verwendung des Web keineswegs optimal. Eine Untersuchung im Bereich des Automobilmarketings [Gri98] hat zum Beispiel gezeigt, dass unter Berücksichtigung der heutigen technischen Möglichkeiten die Hersteller im Durchschnitt nur 52% der Gestaltungsmöglichkeiten und 33% der inhaltlichen Gestaltungsmittel nutzen. Dieses spiegelt sich auch in der Akzeptanz der Kunden wider. So wurde in einigen Benutzerstudien [GVU98] nachgewiesen, dass viele Kunden die Gestaltung der Präsentationen nicht als attraktiv empfinden, Ladezeiten oft zu lang sind und nicht genügend Informationen über die Produkte bereitgestellt werden.

Ursachen dieser Problematik liegen zum einen in dem hohen Aufwand der Erstellung und Aktualisierung der Web-Angebote, welcher in Zukunft durch die Entwicklung besserer Autorenwerkzeuge verringert werden sollte. Eine andere Schwierigkeit ist die heterogene Kundenstruktur im Web. Es gibt erhebliche Unterschiede in den technischen Voraussetzungen, wie zum Beispiel den Zugangsmöglichkeiten zum Internet (Modem, ISDN, LAN, etc.) und den Präsentations-Plattformen (PCs, Laptops, Handhelds, PDAs, Settop-box/Fernsehen), welche die Nutzung der Präsentation und besonders der multimedialen Elemente erheblich beeinflusst. Zudem können die inhaltlichen Interessen der Kunden und auch ihre Präferenzen für verschiedene Medien stark variieren.

Statische Produktpräsentationen können daher nicht alle Kunden im gleichen Maße zufrieden stellen. Eine nahe liegende Lösung ist die Individualisierung der Präsentationen. Im Bereich der Print-Medien hat sich bereits gezeigt, dass Werbung um so effizienter ist, je zielgerichteter sie eingesetzt werden kann [NH97]. Es wurde daher versucht, Werbebotschaften auf spezielle Kundengruppen auszurichten. Wegen des interaktiven und dynamischen Charakters des Web, kann diese Form der gezielten Ansprache deutlich erweitert werden. Es ist nicht notwendig, den Kunden in eine statische Gruppe einzusortieren. Das Web bietet die Möglichkeit, den einzelnen Kunden anzusprechen und seine individuellen Bedürfnisse zu berücksichtigen.

Zielsetzung der Arbeit. In dieser Arbeit soll ein Ansatz entwickelt werden, der es ermöglicht, die individuellen Bedürfnisse des Kunden zu ermitteln und die Präsentationen zur Laufzeit spontan daran anzupassen. Dabei sollen sowohl die technischen Bedingungen als auch inhaltliche Vorlieben berücksichtigt werden. Als wichtige Voraussetzung müssen die besonderen Anforderungen des E-Commerce betrachtet werden, wie zum Beispiel Aspekte des Datenschutzes oder die teilweise geringe Verweildauer der Kunden auf den jeweiligen Seiten des Produktherstellers.

Das Ergebnis sollen individuelle Produktpräsentationen sein, die alle Informationen für den Kunden bereitstellen. Dabei sollen jedoch die Präsentationselemente, die bei dem jeweiligen Kunden ein stärkeres Interesse hervorrufen, in den Vordergrund gerückt werden. Als uninteressant eingestufte Informationen sollen nur im Hintergrund erscheinen, so dass sie einerseits verfügbar sind und andererseits aber nur geringen Platz und Ladezeit benötigen. Für den Kunden sollen die Präsentationen angenehmer zu nutzen sein, da keine überflüssigen Elemente Ladezeit verschwenden und interessante Informationen sofort ohne weiteren Interaktionsaufwand zur Verfügung stehen.

Aus Sicht des Herstellers ist die Generierung der Präsentationen ein wichtiger Aspekt. Die Darstellung der Produkte soll Aufmerksamkeit erregen und Werbebotschaften übermitteln. Das Design spielt daher eine große Rolle. Aus diesem Grund muss eine Lösung gefunden werden, die trotz der automatischen Generierung zur Laufzeit dem Hersteller bzw. Designer genügend Einflussmöglichkeiten bietet und auf diese Weise attraktive und ansprechende Präsentationen realisiert.

Einordnung der Thematik. Die Thematik dieser Arbeit ordnet sich in das Forschungsgebiet der adaptiven Hypermedia-Systeme ein, wie es in Abbildung 1.1 dargestellt wird. Adaptive Hypermedia-Systeme ha-

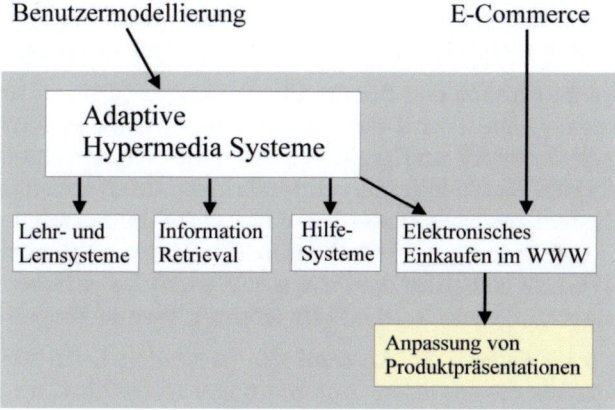

Abbildung 1.1: Thematische Einordnung der Arbeit

ben sich seit 1992/1993 aus dem Bereich der Benutzermodellierung als eigenständiges Themengebiet entwickelt. Als Anwendungen werden vorwiegend die Bereiche Lehr- und Lernsysteme, Information Retrieval und Online-Hilfesysteme betrachtet. Das elektronische Einkaufen im Web, welches einen Teil des E-Commerce darstellt, ist für dieses Forschungsgebiet ein neues Anwendungsfeld mit neuen Anforderungen. Dabei ist sowohl die Unterstützung bei der Navigation, der Produktsuche und Produktberatung als auch eine Anpassung der Produktdarstellungen von Interesse. Diese Arbeit beschäftigt sich mit dem Teilgebiet der adaptiven Produktpräsentationen.

Aufbau der Arbeit. Das folgende Kapitel 2 gibt einen Überblick über existierende Arbeiten. Dazu wird der Aufbau elektronischer Verkaufssysteme beschrieben und die heutigen technischen Möglichkeiten. Daran anschließend wird das Gebiet der adaptiven Hypermedia-Systeme zunächst allgemein vorgestellt, bevor sich die Darstellung dann auf das Anwendungsfeld des "Elektronischen Einkaufens" fokussiert. Abschließend erfolgt eine Zusammenfassung der möglichen Adaptionsformen. Es werden die besonderen Anforderungen des Anwendungsgebietes dargestellt und die Defizite existierender Arbeiten erläutert.

Kapitel 3 stellt den entwickelten Ansatz der temporären Benutzermodellierung vor. Es wird ein Überblick über die einzelnen Schritte "Wissensakquisition", "Lernen" und "Generierung" gegeben, bevor diese dann in den folgenden Kapiteln detaillierter beschrieben werden. Der zweite Teil vom Kapitel 3 erläutert die Architektur des Ansatzes.

Kapitel 4 beschreibt den Schritt der Wissensakquisition und Datenvorverarbeitung. Dazu wird die gewählte Repräsentationform der Medienelemente erläutert und geeignete Attribute zur Beschreibung ausgewählt. Es werden die möglichen Interaktionen des Kunden aufgeführt, die vom System beobachtet werden und welche die notwendigen Informationen zum Aufbau des Benutzermodells liefern. Abschließend wird die Weiterverarbeitung des akquirierten Wissens beschrieben und dargestellt, wie es für verschiedene Lernverfahren verwendet werden kann.

Kapitel 5 betrachtet die Auswahl des passenden Lernverfahrens. Es werden zunächst die speziellen Anforderungen aufgeführt, die durch das Anwendungsfeld des elektronischen Einkaufens und durch die Ziele des Ansatzes gegeben sind. Das Kapitel analysiert die Gruppe der Entscheidungsbaumverfahren und stellt das gewählte Verfahren CDL4 mit den vorgenommenen Änderungen vor. Die Vorgehensweise des sich ergebenen Algorithmus' wird anhand von simulierten Testdaten gezeigt. Abschließend wird dargestellt, wie die inkrementell gesammelten Daten mit Hilfe anderer Lernverfahren auch für weitergehende Adaptionen verwendet werden können.

In Kapitel 6 wird betrachtet, wie die zuvor beschriebene Benutzermodellierung für die Adaption der Produktpräsentationen genutzt werden kann. Dazu werden existierende Arbeiten aus dem Bereich des automatischen Layouts beschrieben. Es werden Faktoren aufgeführt, welche die automatische Generierung entscheidend beeinflussen, bevor dann der entwickelte Ansatz vorgestellt wird. Abschließend erfolgt die Darstellung der verschiedenen Positionen und Aufgaben von Hersteller, Designer und System.

Kapitel 7 stellt als Beispiel einer praktischen Umsetzung den implementierten Prototypen vor. Nach einem Überblick über die gesamte Architektur werden drei Komponenten detaillierter beschrieben. Dieses sind die Beobachtungskomponente und die Komponente zur Abschätzung der Ladezeit auf der Client-Seite und die Generierungskomponente, welche die Präsentationen individuell für den einzelnen Kunden zur Laufzeit erstellt. Es werden Begrenzungen durch die aktuellen technischen Voraussetzungen angesprochen und es wird beschrieben, wie das TELLIM-System in existierende E-Commerce Systeme integriert werden könnte.

Kapitel 8 beschreibt eine erste Evaluation des vorgestellten Ansatzes. Dazu werden zunächst die Ziele des Ansatzes formuliert, welche durch die Evaluation bestätigt werden sollen. Als Basis der Untersuchung wird die Norm ISO 9241-11 über den Anwendungsrahmen für Gebrauchstauglichkeit von Software betrachtet und zusätzlich spezielle Aspekte der Evaluation adaptiver Systeme im World Wide Web aufgeführt. Das Kapitel beschreibt die Versuchsdurchführung und stellt dazu die Systemumgebung, die Aufgabenstellung und die verwendeten Fragebögen vor. Im Anschluss daran werden die Ergebnisse dargestellt und diskutiert.

Kapitel 9 betrachtet drei Aspekte, welche die Thematik dieser Arbeit abrunden. Es wird die Sicherheit elektronischer Einkaufssysteme analysiert und speziell die Probleme und Lösungsmöglichkeiten für das vorgestellte System beschrieben. Der zweite Teil beschäftigt sich mit langfristigen Benutzermodellen, die mit dem vorgestellten Ansatz der temporären Modellierung kombiniert werden könnten. Als dritter Aspekt werden die Anforderungen und Möglichkeiten von Autorensystemen betrachtet, welche den praktischen Einsatz adaptiver Systeme erheblich erleichtern würden.

Zum Abschluss der Arbeit erfolgt in Kapitel 10 eine Zusammenfassung der erreichten Ergebnisse und ein Ausblick auf weiterführende Arbeiten.

Danksagung. Bedanken möchte ich mich bei dem betreuenden Hochschullehrer Professor Klaus Meißner und der gesamten Arbeitsgruppe

Multimediatechnik. Die besondere Stimmung in dieser Gruppe, die auch zu vielen Unternehmungen außerhalb der Universität führte, hat ganz wesentlich zum Gelingen der Arbeit beigetragen. Besonders bedanken möchte ich mich bei Ramona Behling für das Korrekturlesen der Arbeit, bei Frank Wehner für seine Suche nach Implementierungsfehlern, bei Reinhart Schmidt und Udo Wähner für die Lösung von technischen Problemen, bei Raimund Dachselt für die Hilfe bei Gestaltungsfragen und bei den Diplomanden Matthias Popella, Stefan Michel und Michael Schmidt für ihre Unterstützung bei der Implementierung des Prototypen.

Herzlichen Dank an Professor Wolfgang Wünschmann für die guten Gespräche und Kommentare zu einer Vorversion dieser Arbeit und an Professor Gerhard Weber für seine spontane Zusage zur Übernahme des externen Gutachtens. Ebenso bedanken möchte ich mich bei Dr. Peter Brusilovsky und Professor Pat Langley für wertvolle Ratschläge und konstruktive Kritik während der UM'99.

Zum Schluß möchte ich mich bei meinen Eltern für ihre jahrelange Unterstützung bedanken und bei meinem Mann fürs Zuhören und Zureden und für viele hilfreiche Tipps zu inhaltlichen Fragestellungen.

Kapitel 2

Adaptives elektronisches Einkaufen

Dieses Kapitel gibt einen Überblick über das adaptive elektronische Einkaufen im World Wide Web. Es beschreibt im Abschnitt 2.1 den Aufbau elektronischer Verkaufssysteme und die heutigen technischen Möglichkeiten. Abschnitt 2.2 stellt existierende Ansätze auf dem Gebiet der adaptiven Hypermedia-Systeme vor. Diese Darstellung wird dann im Abschnitt 2.3 auf das Anwendungsfeld "Elektronisches Einkaufen" fokussiert. Abschließend erfolgt im Abschnitt 2.4 eine Analyse der besonderen Anforderungen des Anwendungsgebietes und eine Erläuterung der Defizite existierender Arbeiten.

2.1 Electronic Commerce im Web

Als Electronic Commerce bezeichnet man die Abwicklung von Geschäftsvorfällen mit modernen Computer- und Telekommunikationstechnologien, wobei die Partner physisch getrennt sind. Ziel des Einsatzes von Electronic Commerce ist es, die Geschäftsprozesse eines Unternehmens zu vereinfachen und effizienter zu gestalten [HS97]. Dabei versteht man darunter sowohl Prozesse zwischen Unternehmen (Business-to-Business),

18   KAPITEL 2. ADAPTIVES ELEKTRONISCHES EINKAUFEN

als auch zwischen Unternehmen und Kunden (Customer-to-Business), Unternehmen und Staat und zwischen Staat und Kunden. Die Kommunikationsmöglichkeiten sind dabei vielfältig, wie zum Beispiel der Kontakt über Email, Anfragen an entfernte Online-Datenbanken oder automatisierter Datenaustausch.

"Electronic Shopping" ist also nur ein Teilbereich des Electronic Commerce, bei dem der Kunde auf verschiedene Art und Weise von zu Hause oder vom Arbeitsplatz aus einkaufen kann. Die Produkte können dabei über eine CD-ROM, über das Fernsehen oder das Web angeboten werden. Da jedoch dem Online-Shopping das größte Potential vorausgesagt wird [MS97], beschränkt sich diese Arbeit im weiteren Verlauf auf die Betrachtung elektronischer Verkaufssysteme für das Web.

2.1.1   Aufbau elektronischer Verkaufssysteme

Wer im Web sucht, der findet. Ob Kleidung oder Software, Pizzadienst oder Urlaubsflüge, es gibt kaum ein Produkt, was nicht mit einigen Mausklicks bestellt werden kann. Der Datenverkehr im Internet verdoppelt sich alle 100 Tage. War der Umsatz 1998 noch in dem Bereich 10 Billionen Dollar, so wird er für das Jahr 2002 auf 350 bis 500 Billionen geschätzt [And98]. Der elektronische Handel mit Produkten und Dienstleistungen gilt derzeit als einer der größten Wachstumsmärkte [Rei99].

Aus diesem Grund gibt es inzwischen eine Reihe von Firmen, die Software-Lösungen für die Erstellung von Online Produktkatalogen anbieten, zum Beispiel INTERSHOP [INT98] oder Net.Commerce [IBM98]. Der Anbieter kann so Produktkataloge erstellen, die mit Hilfe von Templates aus einer Produktdatenbank automatisch die entsprechenden Produktpräsentationen generieren. Dabei werden oft eine ganze Reihe von Zusatzfunktionen angeboten [Net99], wie zum Beispiel:

- Bestellfunktionalität: Die meisten Systeme ermöglichen es dem Kunden, die gewünschten Produkte online über das Ausfüllen eines Formulares zu bestellen. Einige bieten zudem die automatische Berechnung von Mehrwertsteuern und Versandkosten an.

- Warenkorb: Der Kunde hat die Möglichkeit, die gewünschten Produkte oder Dienste in einem sogenannten Warenkorb mitzuneh-

2.1. ELECTRONIC COMMERCE IM WEB

men, während er sich innerhalb der Web Site bewegt. Das System berechnet den jeweiligen Wert der Waren. Verlässt der Kunde den Katalog, so hat er vorher die Wahl, die Produkte zu bestellen oder aber auch einzelne wieder zurückzulegen.

- Suchfunktionalität: Viele Systeme bieten dem Kunden eine Suchmaske an, mit der er den Katalog nach Produktkategorien (zum Beispiel Elektronik, Computer) oder Produktattributen (zum Beispiel Preis, Hersteller) durchsuchen kann.

- Rabatte: In vielen Einkaufs-Systemen besteht für den Anbieter die Möglichkeit, Rabatte automatisch nach Kundengruppen oder Bestellwert ausrechnen zu lassen.

- Statistiken für den Anbieter: Um das Einkaufsverhalten der Kunden und die Beliebtheit der Produkte zu analysieren, bieten einige Systeme die Erstellung von Statistiken an. Dazu werden die Kundenaktivitäten protokolliert und dann nach verschiedenen Kriterien ausgewertet.

- Zahlungsmodalitäten: Die Bezahlung im Internet wird besonders in Deutschland aus Sicherheitsgründen oft kritisch angesehen. Verbreitet ist daher immer noch die Bezahlung durch Rechnung oder Nachnahme. Eine weitere Möglichkeit ist die Verwendung der Kreditkarte, wobei hierzu dann eine Verschlüsselung der Daten angeboten wird.

- Anbindung an das Warenwirtschaftssystem: Für die Verwaltung des Produktkataloges ist es sehr hilfreich, wenn eine Anbindung an das vorliegende Warenwirtschaftssystem erstellt werden kann. Mit Hilfe von Massenimport-Funktionen können Produkte somit automatisch eingelesen bzw. Daten aktualisiert werden und die Bestellungen über den üblichen Liefer- und Rechnungsablauf bearbeitet werden.

Das Web kann somit in vielfältiger Weise für Werbung, Verkauf und Beratung genutzt werden. Die Angebote reichen von einzelnen Produktpräsentationen über umfangreiche Produktkataloge bis zu komplexen Shopping-Malls, in denen sich mehrere Anbieter zusammengeschlossen

20   KAPITEL 2. ADAPTIVES ELEKTRONISCHES EINKAUFEN

haben. Für den Verkaufsprozess ist dabei die Form der Präsentationen von entscheidender Bedeutung. Wurden in der ersten Zeit die Produkte durch Texte beschrieben, so findet man heute eine Vielzahl multimedialer Elemente, mit denen die Hersteller einen realistischen Eindruck ihrer Angebote vermitteln wollen. Neben Bildern nutzt die Musikbranche zum Beispiel die Möglichkeit, dem Kunden mit Hilfe des RealAudio-Formates Hörproben anzubieten (CDnow [CDn99]). Autohersteller setzen häufig VRML oder QuicktimeVR ein, um den Kunden das neue Modell dynamisch von allen Seiten vorzuführen. Abbildung 2.1 zeigt die Ferrari-Webseiten auf denen der Besucher den Innenraum des Autos selber erkunden kann.

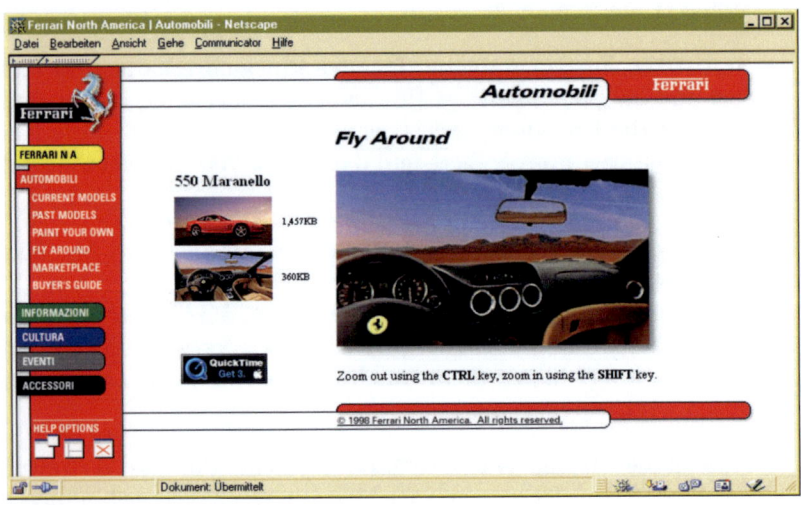

Abbildung 2.1: Erkundung des Auto-Innenraumes mit QuicktimeVR [Fer98]

Kleinere Produktkataloge enthalten häufig statische HTML-Seiten, die für jedes einzelne Produkt erstellt wurden. Sollen die Kataloge jedoch eine Vielzahl von Produkten präsentieren, so müssen die entsprechenden Seiten automatisch generiert werden, um den Aufwand zu minimieren. Die Architektur dieser Systeme besteht dann im Wesentlichen aus den folgenden Komponenten [Pop98]:

2.1. ELECTRONIC COMMERCE IM WEB

- Datenbank: In der Datenbank werden alle relevanten Daten, wie Präsentationselemente, Produkttemplates oder auch Kunden- und Rechnungsdaten gespeichert.

- Application-Server: Der Application-Server stellt die Verbindung von der Datenbank zum Web-Server bereit und beinhaltet meistens die gesamte Anwendungsfunktionalität. Platzhalter in den Templates werden hier durch Datenbankinhalte ersetzt und über Skripte können zusätzliche Berechnungen ausgeführt werden. An den Application-Server können auch noch weitere externe Anwendungen gebunden sein. Die entsprechenden HTML-Dokumente werden schließlich an den Web-Server übergeben.

- Web-Server: Der Web-Server nimmt alle aus dem Internet kommenden Anforderungen entgegen und leitet sie an den entsprechenden Application-Server weiter. Nach der Generierung der Dokumente, werden diese über den Web-Server an den entsprechenden Web-Browser weitergeleitet und dargestellt.

Abbildung 2.2 zeigt den allgemeinen Aufbau von elektronischen Verkaufssystemen im Web mit den oben angesprochenen Komponenten.

2.1.2 Web-Technologien

Seit 1993 hat sich das Web zum wichtigsten weltweiten Informationssystem entwickelt. Zur Darstellung von Texten wurde die Auszeichnungssprache HTML (HyperText Markup Language) entwickelt [Gra97], welche auf dem Standard SGML (Standard Generalized Markup Language) basiert. Mit HTML kann man Dokumente erstellen, die auf jedem Bildschirm unabhängig vom Rechner, Betriebssystem und Browser gleich oder zumindest ähnlich aussehen. HTML beschreibt die logischen Bestandteile eines Dokumentes. Es verwendet daher Befehle zum Markieren typischer Elemente wie Überschriften, Textabsätze, Listen, Tabellen oder Grafikreferenzen. Eine der wichtigsten Eigenschaften von HTML ist die Möglichkeit, Verweise ("Hyperlinks") zu definieren.

In den letzten Jahren entstanden vielfältige Entwicklungen, welche die Darstellungs-möglichkeiten im Web erweiterten [Mün98]. Style Sheet Sprachen, wie zum Beispiel Cascading Style Sheets (CSS), wurden als

22   KAPITEL 2.   ADAPTIVES ELEKTRONISCHES EINKAUFEN

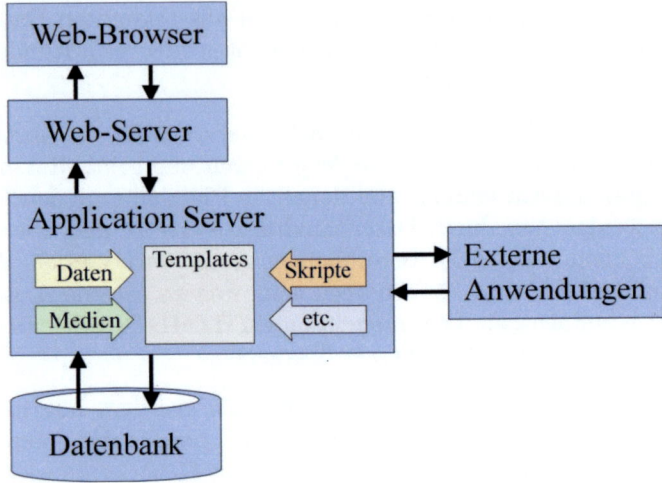

Abbildung 2.2: Architektur elektronischer Produktkataloge im Web

Ergänzungssprache eingeführt, um das beliebige Formatieren einzelner HTML-Elemente zu ermöglichen.

Scriptsprachen, wie zum Beispiel JavaScript, wurden zu dem Zweck geschaffen, HTML-Autoren Ausdrucksmittel in die Hand zu geben, mit deren Hilfe Web-Seiten interaktiv gestaltet werden können. JavaScript erlaubt den Zugriff auf alle Elemente einer HTML-Datei während der Anzeige. So werden interessante neue Effekte möglich wie das ereignis- oder zeitgesteuerte Einblenden oder Verschieben von Elementen. Beim elektronischen Einkaufen wird diese Technologie zum Beispiel dafür verwendet, Autos mit einfachen Mausklicks in verschiedenen Lackierungen darzustellen [Ope99].

Das "Common Gateway Interface" (CGI) bietet eine Möglichkeit, Programme im Web bereitzustellen, die von HTML-Dateien aus aufgerufen werden können. Diese Programme können dann wiederum HTML-Code erzeugen und an den Web-Browser senden. Auf diese Weise wird eine automatische Datenverarbeitung auf dem Server-Rechner ermöglicht. Die CGI-Schnittstelle wird sehr häufig verwendet, zum Beispiel für Suchdatenbanken oder zum Abwickeln von Bestellvorgängen.

2.1. ELECTRONIC COMMERCE IM WEB

Eine neue Entwicklungsphase des Web entstand durch die Sprache Java, die von Sun Microsystems als plattformunabhängige Programmiersprache mit spezieller Ausrichtung auf den Einsatz im Web eingeführt wurde [Hen97]. Java lehnt sich in Aufbau und Syntax an C/C++ an. Sie ist dazu geeignet, Animationen, Simulationen, Echtzeitanwendungen sowie interaktive Anwendungen wie Guided Tours, Spiele oder Kalkulationsanwendungen zu realisieren, welche im Anzeigefenster des javafähigen Web-Browsers ablaufen können.

Um auch andere Medien und Anwendungen in das Anzeigefenster des Web-Browsers integrieren zu können, wurde von Netscape Communications GmbH seit Version 2.0 des Netscape Web-Browsers eine Plugin-Schnittstelle angeboten, mit deren Hilfe Fremdhersteller Betrachtungsprogramme für ihre hauseigenen Dateiformate schreiben können. Auf diese Weise wurde es möglich, auch Video- und Audioformate über das Web abzuspielen und sogar komplexe Toolbook- oder Macromedia Director Präsentationen darzustellen [NBR+99], [JE98]. Die Plugins werden lokal beim Browser in einem speziellen Plugin-Verzeichnis installiert. Sie werden geladen, wenn eine HTML-Seite mit einem entsprechenden MIME[1]-Typ angefordert wurde. Plugins kommen in einigen Produktpräsentationen zur Anwendung, wie zum Beispiel bei CDnow zum Abspielen von Audio-Daten [CDn99].

Erweiterungen auf der Seite der Web-Server sind durch Active Server Pages (ASP) möglich. ASP ist eine Skriptumgebung auf der Server-Seite, in der dynamische und interaktive Anwendungen erstellt werden können. Die ASP-Skripte werden vollständig auf dem Web-Server ausgeführt. Zum Browser wird reiner HTML-Code gesendet. Dieses bedeutet, dass die erstellten Seiten unabhängig vom Client von allen Browsern verarbeitet werden. Mit ASP ist es daher zum Beispiel möglich, Datenbanken an das Internet anzubinden. Ergänzungen hierzu sind Java Server Pages (JSP), bei denen in den HTML-Dateien besonders gekennzeichnete Java-Programme eingebettet werden, die ebenfalls auf dem Web-Server ausgeführt werden. Als Ergebnis wird wiederum normales HTML-Format (ohne Java) an den Client gesendet.

---

[1]MIME (Multipurpose Internet Mail Extension)Type, wird vom Web-Server verwendet, um den Client über Typ und Eigenschaften eines angeforderten Dokumentes zu informieren.

Weitere Impulse für das Web kamen durch Komponententechnologien wie ActiveX [Blu97] oder auch der gesamten Java-Technologie mit "Java-Beans" und den Entwicklungen um das "Java Media Framework" (JMF) [HM98]. Da die Erstellung multimedialer Präsentationen einen großen Aufwand erfordern, versuchen diese Techniken, wiederverwendbare und miteinander kombinierbare Software-Einheiten zu erstellen, die über definierte Schnittstellen Nachrichten austauschen und möglichst einfach an ihre jeweilige Anwendungsumgebung angepasst werden können. Diese Software-Entwicklungsform könnte in Zukunft für adaptive Produktkataloge eine große Rolle spielen, da wiederverwendbare Komponenten den Programmieraufwand stark reduzieren und damit die Praktikabilität erhöhen würden.

Um auch dreidimensionale Grafiken darstellen zu können, wurde als weitere Ergänzung zu HTML die "Virtual Reality Modeling Language"(VRML) entwickelt [Has97]. VRML beschreibt den vektoriellen Aufbau dreidimensionaler, polygonaler Grafikobjekte und deren Abhängigkeiten und ermöglicht im Web das Navigieren durch virtuelle Grafikwelten. Durch diese Technik können komplexe Produkte realistisch dargestellt und Shopping-Malls räumlich nachgebildet werden [Vir99].

Die neuesten Entwicklungen im Bereich des Web, betreffen die Meta-Sprache "eXtensible Markup Language" (XML) [BM98]. Sie stellt quasi eine Menge von Regeln zur Verfügung, mit denen neue Elemente formuliert werden können, die das Dokument strukturieren. Auf diese Weise ist es möglich, Sprachen für ganz spezielle Anwendungsgebiete selber zu definieren, wie zum Beispiel für umfangreiche Dokumentationsprojekte, große Werkeditionen oder Lexikonprojekte.

2.2 Adaptive Hypermedia-Systeme

Adaptive Hypermedia-Systeme stellen in dem Bereich der Benutzermodellierung und adaptiver Softwaresysteme ein neues Forschungsgebiet dar, welches sich in den letzten sieben bis acht Jahren entwickelt hat. Das Ziel dieser Forschung liegt in der Verbesserung der Funktionalität von Hypermedia-Systemen durch die Anpassung an den jeweiligen Benutzer. Den existierenden Systemen liegt die gängige Vorgehensweise adaptiver Systeme zugrunde, welche in Abbildung 2.3 dargestellt ist.

2.2. ADAPTIVE HYPERMEDIA-SYSTEME

Das System sammelt zunächst Daten über den Benutzer. Diese werden zu einem Benutzermodell verarbeitet, welches dann schließlich für eine Adaption genutzt wird. In den folgenden Abschnitten werden die drei Schritte Wissensakquisition, Aufbau des Benutzermodells und Adaption näher erläutert, bevor abschließend verschiedene Anwendungsgebiete vorgestellt werden.

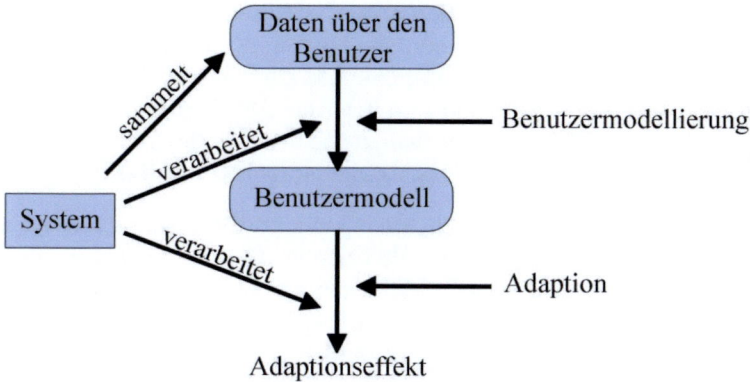

Abbildung 2.3: Klassische Schleife "Benutzermodellierung - Adaption" in adaptiven Systemen (nach [Bru96])

2.2.1 Wissensakquisition

Existierende adaptive Hypermedia-Systeme betrachten im Wesentlichen vier Aspekte des Benutzers [Bru96]:

- Ziele / Aufgaben: Das Ziel, welches der Benutzer mit der Verwendung des Hypermedia-Systems verfolgt, bestimmt ganz wesentlich seine Erwartungen an das System. Das Ziel hängt meist stärker mit dem augenblicklichen Kontext zusammen als mit dem individuellen Benutzer und kann sich zudem stetig ändern. Viele Systeme unterscheiden zwischen dem übergeordneten Ziel (zum Beispiel Anorganische Chemie verstehen) und kleineren Unterzielen (zum Beispiel Reaktionsgleichung erklären). Die Betrachtung des Ziels wird vorwiegend zur Adaption der Navigation eingesetzt [Vas96].

26 KAPITEL 2. ADAPTIVES ELEKTRONISCHES EINKAUFEN

- Wissen: Besonders bei Lehr- und Lernsystemen ist das Wissen des Benutzers über das entsprechende Themengebiet von Bedeutung. Dieses Wissen kann sich ebenfalls während der Benutzung des Systems ändern, so dass diese Veränderungen erkannt und das entsprechende Modell aktualisiert werden muss.

- Erfahrung / Vorwissen: Der Aspekt Erfahrung kann sich sowohl auf die Kenntnisse des Benutzers bezüglich des Hyperraums und der Bedienung von Hypermedia-Systemen beziehen als auch auf Vorwissen, welches im Zusammenhang mit der Aufgabe oder dem Ziel steht. Für ein System zum Erlernen der Programmiersprache C kann es zum Beispiel von Bedeutung sein, ob der Benutzer bereits Kenntnisse in anderen Programmiersprachen hat [KK94].

- Präferenzen: Für viele Anpassungen sind die Präferenzen des Benutzers von entscheidender Bedeutung. Diese können vom Benutzer erfragt oder über sein Verhalten geschlussfolgert werden. Aufgabe des Systems ist es dann, diese Vorlieben so weit zu verallgemeinern, dass sie auf einen anderen Kontext übertragen werden können. Viele Systeme repräsentieren diese Information in numerischer Form, damit die Präferenzen verschiedener Benutzer zu Gruppen-Modellen zusammengefasst werden können.

Bei der Akquisition der Benutzerdaten unterscheidet man zwei Vorgehensweisen. Das System kann durch Beobachtung das Wissen selbständig ermitteln oder aber den Benutzer auf verschiedene Art und Weise in diesen Prozess mit einbinden.

Die automatische Wissensakquisition ist bei Hypermedia-Systemen nur begrenzt einsetzbar, da die Systeme nur über die Verfolgung des Benutzerpfades durch den Hyperraum Informationen gewinnen können. Es können so Angaben gemacht werden wie lange, wie oft oder wie häufig der Benutzer einen Knotenpunkt besucht hat. Da die Systeme jedoch nicht erkennen können, ob sich der Benutzer tatsächlich mit dem Inhalt der entsprechenden Seiten beschäftigt hat, sind diese Informationen nicht sehr verlässlich.

Wird der Benutzer in den Prozess der Wissensakquisition eingebunden, so spricht man häufig von kollaborativer Benutzermodellierung. Hierzu findet man in der Literatur verschiedene Vorgehensweisen [Kay95].

2.2. ADAPTIVE HYPERMEDIA-SYSTEME

Bei der einfachsten Form wird der Benutzer über Fragebögen dazu aufgefordert, dem System die gewünschten Informationen zu liefern. Diese Informationen sind sehr verlässlich. Es besteht jedoch häufig das Problem, den Benutzer zu der Beantwortung der Fragen zu motivieren. Dieses liegt zum einen an dem zusätzlichen Aufwand, zum anderen an den Bedenken hinsichtlich des Datenschutzes. Eine weitere Einschränkung ist dadurch gegeben, dass die Daten in der Regel automatisch verarbeitet werden sollen. Dem Benutzer werden daher meist Alternativen vorgegeben, aus denen er auswählen kann. Besonders bei den Präferenzen schränkt diese Vorgehensweise die Aussagekraft der Daten etwas ein, da es sich hierbei oft um Daten handelt, die nur schwer über eine begrenzte Menge an Attributen beschrieben werden können.

Eine andere weit verbreitete Form der Wissensakquisition ist das "relevance feedback". Hierbei werden dem Benutzer Informationen, Links oder Produkte vorgeschlagen, die dann von ihm bewertet werden müssen. Das System versucht aus diesen Bewertungen, die Vorlieben des Benutzers zu schlussfolgern [Fir98], [Lik98]. Auch diese Vorgehensweise bedeutet einen zusätzlichen Aufwand für den Benutzer. Eine andere Alternative besteht darin, dass der Benutzer dem System zeigt, welche Adaption er gerne hätte. Dieses kann zum Beispiel dadurch geschehen, dass er selbständig die Reihenfolge der angebotenen Links verändert, wie es in dem System HYPERFLEX realisiert wurde [KFC93]. Bei dieser Form der kollaborativen Benutzermodellierung ist es wichtig, dass die möglichen Interaktionen für den Benutzer einfach und durchschaubar sind. Ein weiteres Problem liegt in der Erweiterung des Interfaces, damit solche zusätzlichen Interaktionen in dem Hypermedia-System ermöglicht werden. In einigen Systemen (zum Beispiel [Kay95]) ist dieser Ansatz dahingehend weiterentwickelt worden, dass der Benutzer eigenständig sein Benutzermodell verändern kann. Auch dabei ist es besonders wichtig, dass das Modell dem Benutzer verständlich gemacht wird.

Bei einigen Anwendungsgebieten können zusätzliche Quellen für die Wissensakquisition genutzt werden. So können Hilfesysteme den augenblicklichen Kontext bei der Benutzung des jeweiligen Anwendungssystems verwenden und Lehr- und Lernsystemen das Wissen der Benutzer durch Übungsaufgaben überprüfen.

28 KAPITEL 2. ADAPTIVES ELEKTRONISCHES EINKAUFEN

2.2.2 Aufbau des Benutzermodells

Eine traditionelle Vorgehensweise bei dem Aufbau von Benutzermodellen ist die Verwendung von Stereotypen [Ric89]. Hierbei werden die Benutzer zu typischen Benutzergruppen zusammengefasst, für die dann bestimmte Eigenschaften definiert werden. Wird der Benutzer dann anhand von wenigen Informationen einem oder mehreren Stereotypen zugeordnet, so können die darin definierten Eigenschaften für den jeweiligen Benutzer geschlussfolgert werden. Es kann für verschiedene Dimensionen verschiedene Stereotypen-Gruppen geben, wie zum Beispiel "Anfänger", "mittleres Wissen", "Experte" für verschiedene Themenfelder des Hypermedia-Systems. Die Zuordnung erfolgt meist über binäre Werte oder über Wahrscheinlichkeiten. Der stereotypenbasierte Ansatz ist einfach zu erstellen und zu verwalten. Für viele Anwendungen ist das so gebildete Benutzermodell jedoch nicht detailliert genug und die Aussagekraft somit zu gering. Einige Systeme verwenden daher Stereotypen nur zur Initialisierung des Benutzermodells und modellieren das weitere Verhalten des Benutzers mit anderen Techniken, wie zum Beispiel dem "Overlay-Modell" [HBG96].

Das Overlay-Modell basiert auf einem strukturellen Modell der jeweiligen Domäne und versucht das Wissen des Benutzers abzubilden [Bru96]. Dazu werden elementare Wissenseinheiten gebildet, die untereinander semantisch verknüpft sind. Diese Struktur wird dann über die Struktur des Hyperraumes gelegt und jedes Konzept erhält einen Wert, der angibt, zu welchem Grad dem Benutzer das Wissen dieser elementaren Einheit bekannt ist. Die Bewertung kann über binäre Werte erfolgen oder über Wahrscheinlichkeiten. Diese Technik wird vorwiegend bei adaptiven Lehr- und Lernsystemen verwendet, wie zum Beispiel im Anatom-Tutor [Bea94].

Ein anderer Ansatz, der mit der Verbreitung des Web sehr populär geworden ist, ist die Verwendung von kollaborativen Filtertechniken [Fir98], [AKK97]. Beim kollaborativen Filtern wird eine Menge von Benutzern zu einer Gruppe zusammengefasst, wenn ihre Ansichten (zum Beispiel in Form von Produkt-Bewertungen) sehr ähnlich sind. Zur Messung dieser Ähnlichkeiten können verschiedene Maße verwendet werden. In [AKK97] wird zum Beispiel das normalisierte Vektorprodukt genutzt, wobei die einzelnen Dimensionen des Vektors die verschiedenen Produktbewertun-

2.2. ADAPTIVE HYPERMEDIA-SYSTEME

gen in Form von natürlichen Zahlen darstellen. Um nun zukünftige Bewertungen eines Benutzers vorauszusagen, wird er einer Gruppe zugeordnet, deren Bewertungen am besten mit seinen eigenen übereinstimmen. Aus den Produkten, die Mitglieder der Gruppe bereits bewertet haben und die dem jeweiligen Benutzer jedoch noch unbekannt sind, werden dann aktiv Produkte vorgeschlagen, bei denen die Bewertung als positiv vorausgesagt wird.

Eine weitere Vorgehensweise, die in den letzten Jahren verstärkt Interesse hervorgerufen hat, ist der Aufbau von Benutzermodellen mit Hilfe maschineller Lernverfahren. Diese Form der Benutzermodellierung ist dabei grundsätzlich verschieden zu den wissensbasierten Methoden [PN99]. Die Systeme verwenden Beobachtungen über den Benutzer (Interaktionen oder explizite Bewertungen des Benutzers) als Trainingsdaten zur Eingabe. Es wird die Historie der Interaktionen berücksichtigt, so dass das System sich daher flexibel an verändernde Ansprüche anpassen kann. Als Ausgabe liefert das System Unterstützung bei einer Entscheidung, welche meistens eine Klassifikationsaufgabe darstellt. Maschinelle Lernverfahren, wie zum Beispiel Bayes'sche Klassifikatoren [Gör93], Neuronale Netze [HKP93], Entscheidungsbaumverfahren [Qui86] oder Nearest Neighbor Verfahren [Mit97] wurden bisher überwiegend in dem Anwendungsfeld der Information Retrieval-Systeme eingesetzt, um das individuelle Filtern von Informationen zu realisieren [JH93], [GMM97], [PMB96]. Trotz vielversprechender Ergebnisse stehen häufig zwei Probleme dem Einsatz dieser Algorithmen im Wege. Zum einen benötigen die meisten Verfahren Eingabedaten in Form von Negativ- und Positivbeispielen, die aus den Informationen über den Benutzer generiert werden müssen. Zum anderen arbeiten maschinelle Lernverfahren in der Regel mit einer sehr großen Datenmenge, die jedoch im Bereich der Benutzermodellierung nur selten zur Verfügung steht. Eine wichtige Fragestellung betrifft daher die Auswahl passender Algorithmen, die mit einer geringen Datenmenge aussagekräftige Ergebnisse erreichen können [Poh96], [Lan97].

2.2.3 Adaptionsformen

Hypermedia-Systeme bestehen aus einzelnen Hyperdokumenten, die mit Links untereinander verbunden sind. Jede Seite besitzt also eigenen In-

30   KAPITEL 2. ADAPTIVES ELEKTRONISCHES EINKAUFEN

halt und Links zu anderen Seiten, wobei diese Links innerhalb des inhaltlichen Kontextes stehen können oder aber isoliert zum Beispiel als Buttons auf andere Seiten verweisen. Zusätzlich haben Hypermedia-Systeme häufig Index-Seiten, auf denen der Hyperraum dargestellt ist und Links zu allen Seiten angeboten werden. Bei der Adaption von Hypermedia-Systemen werden zwei Formen unterschieden [Bru96]:

Adaption der Inhalte. Um zum Beispiel das unterschiedliche Wissen des Benutzers zu berücksichtigen, gibt es eine Reihe von Arbeiten, die sich mit der Anpassung der Inhalte beschäftigen. Dabei unterscheidet man zwei verschiedene Aspekte.

- Das Ziel bei der Anpassung von Texten liegt darin, jedem Benutzer einen Text zu präsentieren, der ihn interessiert, den er versteht und der ihn nicht überfordert. Dazu können bestimmte Informationen versteckt werden, wie zum Beispiel detaillierte Angaben für den Anfänger oder zusätzliche Erklärungen für den Experten. Eine andere Möglichkeit besteht darin, zusätzliche Informationen einzufügen, zum Beispiel vergleichende Aspekte für Benutzer mit speziellen Kenntnissen oder voraussetzende Erklärungen für Benutzer, denen das Vorwissen fehlt. Eine dritte Adaptionsform besteht im Austausch von Informationen. Dadurch können zum Beispiel Erklärungen an das jeweilige Wissen angepasst werden. Eine vierte Möglichkeit liegt in dem Sortieren der Informationen, so dass zum Beispiel für den Benutzer einfach zu verstehende Sachverhalte zuerst genannt werden und die schwierigen Aspekte zum Schluss folgen.

- Die Anpassung multimedialer Präsentationen ist bisher in dem Bereich der Hypermedia-Systeme erst ansatzweise betrachtet worden. Sie wird eingesetzt, um den Benutzer optimal anzusprechen und seine unterschiedlichen Vorlieben für einzelne Medien zu berücksichtigen. Im Bereich des Web spielen zudem die verschiedenen technischen Voraussetzungen eine wichtige Rolle, da multimediale Elemente meist ein hohes Datenvolumen darstellen und entsprechend längere Übertragungszeiten benötigen. Im Web findet der Benutzer im Wesentlichen nur die Möglichkeit, zu Beginn einer Präsentation zwischen mehreren Alternativen zu wählen, wie zum

2.2. ADAPTIVE HYPERMEDIA-SYSTEME

Beispiel einer textuellen Variante, einer Darstellung mit kleinen Bildern und einer Präsentation mit großen multimedialen Elementen [HRS98]. Auf der anderen Seite gibt es eine Reihe interessanter Forschungsarbeiten, die sich mit der Generierung einzelner Medien wie Text, Diagramme, Tabellen oder Bilder beschäftigen und auch mit der automatischen Erstellung komplexer multimedialer Präsentationen [May95]. Dazu wird der Inhalt der einzelnen Medien über Formalismen aus dem Bereich der Beschreibungslogiken (description logics) repräsentiert (zum Beispiel KL-ONE [HA93] oder Erweiterungen von KRIS [AFG+93]). Abhängig von dem Ziel der Präsentation werden dann die Medien über Regelbasierte Systeme, Constraint-Systeme oder komplexe Planungssysteme zusammengestellt [May95].

Adaption der Links Da der Hyperspace häufig groß und damit schwer zu überschauen ist, wurde eine Reihe von Methoden entwickelt, um den Benutzer bei der Navigation zu unterstützen. Dabei werden verschiedene Ziele verfolgt, wie zum Beispiel die lokale Führung, die dem Benutzer den nächsten besten Link kennzeichnet oder die globale Führung, die dem Benutzer den kürzesten oder interessantesten Weg durch den Hyperraum zeigt. Weitere Ziele liegen in der lokalen und globalen Orientierung, bei denen dem Benutzer nur die Struktur des Hyperraumes verdeutlicht werden soll, ohne ihm die Entscheidung bei der Auswahl des nächsten Links abzunehmen. Zur Realisierung dieser Ziele findet man bei existierenden Systemen vier verschiedene Vorgehensweisen [Bru96].

- Direkte Führung, bei der dem Benutzer zum Beispiel über einen dynamischen "Next-Button" abhängig von seinen Zielen, seinem Wissen oder den Präferenzen die nächste Seite empfohlen wird. Dadurch soll dem Benutzer der optimale Weg gezeigt werden. Problematisch ist diese Vorgehensweise jedoch, wenn der Benutzer dem Ratschlag nicht folgen möchte. In diesem Fall wird keine weitere Unterstützung angeboten.

- Ein Sortieren der Links, so dass für den Benutzer interessante Links oben erscheinen und uninteressante weiter unten stehen. Diese Vorgehensweise findet man zum Beispiel bei bekannten Suchmaschinen im Web [Alt99]. Die Technik kann jedoch nur bei nichtkontextuellen Links angewendet werden. Zudem besteht die Gefahr, dass die Benutzer durch die Änderung der Reihenfolge verwirrt werden.

- Das Verstecken von Links, die für den Benutzer nicht relevant sind und somit dann auch nicht angewählt werden können. Auf diese Weise wird der Hyperraum begrenzt, wodurch der Benutzer sich einfacher orientieren kann. Ein Problem kann jedoch dadurch auftreten, dass sich manche Benutzer zu stark bevormundet fühlen [SK99].

- Kennzeichnen der Links, so dass der Benutzer durch Symbole oder Farbgebung zusätzlich Informationen erhält. Diese Vorgehensweise kann auch auf kontextuelle Links angewendet werden. Ein wichtiger Vorteil ist darin zu sehen, dass ein Link verschiedene Zustände (zum Beispiel durch Ampelfarben [Web99]) haben kann und damit für den Benutzer sehr informativ ist, ohne dass ihm Entscheidungen abgenommen werden oder aber er sich durch zu starke Veränderungen verwirrt fühlt.

2.2.4 Anwendungsgebiete

Bei den existierenden adaptiven Hypermedia-Systemen wurden im Wesentlichen fünf Anwendungsgebiete betrachtet [Bru96]:

- Lehr- und Lernsysteme: Dieses Anwendungsgebiet zeichnet sich in der Regel durch einen kleinen Hyperraum aus, der ein spezielles Themengebiet betrachtet. Das Ziel des Benutzers ist es, das vorhandene Material zu verstehen und zu behalten. Das Wissen der Benutzer kann stark variieren und verändert sich im Laufe der Anwendung. Da viele Benutzer zu Beginn nur sehr wenig über das Themengebiet wissen und daher auch vorhandene Links nicht einordnen können, ist die Hilfe bei der Navigation besonders wichtig [Web99].

- Online-Informationssysteme: Benutzer dieser Systeme wollen keine systematische Einführung in ein Themengebiet, sondern in der Regel einen schnellen Zugang zu bestimmten Informationen. Die

2.2. ADAPTIVE HYPERMEDIA-SYSTEME 33

Benutzer können unterschiedliches Wissen haben und ebenso unterschiedliche Ziele. Das Hauptproblem adaptiver Systeme ist es daher häufig, das Ziel des jeweiligen Benutzers zu erkennen, besonders wenn das Ziel sich nicht auf die Struktur des Hyperraums abbilden lässt. Die Größe des Hyperraums kann abhängig von der jeweiligen Anwendung stark variieren.

- Online-Hilfesysteme: Für diese Systeme gelten ähnliche Überlegungen wie zu den Informationssystemen. Ein wesentlicher Unterschied ist jedoch, dass diese Systeme nicht allein stehen, sondern an eine bestimmte Anwendung gekoppelt sind. Dieses bedeutet, dass das System den Kontext kennt, in dem der Benutzer nach Informationen sucht. Zudem ist der Hyperraum meist kleiner.

- Information Retrieval (IR)-Systeme: Dieses Anwendungsfeld kombiniert traditionelle IR-Systeme mit der Hypertext-Struktur. Der Benutzer hat über Index-Themen Zugang zu Dokumenten und dann die Möglichkeit, mit Hyperlinks zu anderen Dokumenten zu navigieren. Der Hyperraum ist in der Regel sehr groß und kann nicht "per Hand" angelegt und strukturiert werden (wie zum Beispiel bei den Online Informationssystemen). Die Systeme müssen automatisch Ähnlichkeitsbeziehungen zwischen den Dokumenten finden. Ein weiterer Unterschied liegt in dem Vorwissen der Benutzer, welches auf einzelnen Gebieten oft sehr umfangreich ist. Adaptive Systeme dieses Anwendungsgebietes realisieren häufig eine Navigationshilfe durch Einschränkung des Hyperraumes oder durch das Vorschlagen passender Links.

- Institutionelle Informationssysteme: Dieses neue Anwendungsgebiet beschäftigt sich mit dem Bereitstellen von Informationen für die gesamte Arbeit eines größeren Institutes, wie zum Beispiel einem Krankenhaus [Vas96]. Diese Systeme werden von den Mitarbeitern abhängig von ihrer Position und dem Aufgabengebiet für die tägliche Arbeit genutzt, wobei jeder Mitarbeiter meist einen speziellen Teil des Hyperraumes verwendet. Durch adaptive Komponenten sollen jedem Mitarbeiter die passenden Informationen in einfacher Form zur Verfügung gestellt werden.

2.3 Existierende Ansätze zum adaptiven Einkaufen

Dieser Abschnitt motiviert zunächst die verschiedenen Adaptionsformen und gibt dann einen Überblick über existierende Ansätze. Bei den kommerziell verfügbaren Systemen stehen dabei drei Vorgehensweisen im Vordergrund: Einfache Anpassungen, die durch den Kunden selber durchgeführt werden, kollaborative Filtertechniken zur adaptiven Produktempfehlung und eine statische stereotypenbasierte Benutzermodellierung, um die Produktkataloge in Angebot und Darstellung an verschiedene Kundengruppen anzupassen. Hervorzuheben ist als weiterer Ansatz das System von OpenSesame [Bow99], welches mit Hilfe von Clusteralgorithmen das Verhalten der Kunden dynamisch modelliert und somit auch Produktvorschläge für den individuellen Kunden erstellen kann. Weitere Forschungsprojekte beschäftigen sich mit der Produktberatung im Internet, wodurch der Kunde in seinem Entscheidungsprozess bei komplexen Produkten unterstützt werden kann, und mit der Entwicklung von Agenten zur Produktsuche über die Grenzen eines einzelnen Kataloges hinaus.

2.3.1 Motivation der Adaptionsformen

In den letzten Jahren entstanden einige Ansätze, die Produktkataloge im Web mittels einer Benutzermodellierung an den Kunden anzupassen. Ziel dieser Entwicklungen ist es, den Kunden persönlich anzusprechen, das Angebot und auch die Präsentation der Produkte an seine Vorlieben anzupassen, um so auf die individuellen Wünsche des Kunden einzugehen und ihn stärker an den jeweiligen Anbieter zu binden. Dabei werden im Wesentlichen die folgenden Ziele verfolgt:

Anpassung des Produktsortimentes. Vielen Kunden sind die Web-Angebote zu unpersönlich, sie haben Probleme die richtigen Informationen zu finden. Bei einer Umfrage des Georgia Institute of Technology [GVU98] gaben ca. 60% der Befragten an, dass sie viele Web-Angebote zu verwirrend finden, ca. 70% gaben zu, dass sie schon mehrmals den Einkauf abgebrochen haben, da sie nicht das gefunden haben, was sie such-

2.3. EXISTIERENDE ANSÄTZE 35

ten. Kunden haben oft sehr verschiedene Einkaufswünsche und auch unterschiedliches Hintergrundwissen. Sucht ein Kunde zum Beispiel einen Gebrauchtwagen in Abhängigkeit von dem Benzinverbrauch und ist der Katalog jedoch nach Preiskategorie der Autos strukturiert, so hat der Kunde möglicherweise Schwierigkeiten sich zu orientieren. Um diese Navigationsprobleme zu verringern, beschäftigen sich die meisten Ansätze zum adaptiven Einkaufen damit, die Darstellung des Produktsortimentes an den Kunden anzupassen. Aus dem Bereich des adaptiven Hypertextes gibt es hierzu prinzipiell drei Möglichkeiten. Die Produkte können nach der Einschätzung des Systems sortiert werden, so dass besonders geeignete Produkte als erstes präsentiert werden und unwichtige Produkte am Ende des Angebotes stehen. Als zweite Alternative könnte das System die Produkte ausblenden, die als uninteressant für den jeweiligen Benutzer eingeschätzt wurden. Diese Möglichkeit muss im Bereich des elektronischen Einkaufens jedoch vorsichtig betrachtet werden, da für den Kunden alle Produkte verfügbar sein sollen. Das System könnte jedoch zum Beispiel die uninteressanten Produkte hinter einem Link zusammenfassen. Die dritte Möglichkeit der Anpassung besteht darin, die als interessant angenommenen Produkte zu markieren bzw. sie besonders herauszustellen.

Anpassung der Präsentationsform. Kunden elektronischer Produktkataloge im Web haben oft sehr verschiedene Ansprüche hinsichtlich der Präsentation der Produkte. Durch die unterschiedliche Hard- und Softwareausstattung und besonders durch die Art der Internet-Verbindung sind die Möglichkeiten für den Genuss multimedialer Elemente sehr verschieden. Hinzu kommt, dass die Vorlieben der Kunden hinsichtlich der Präsentationsform stark variieren können. Einige Kunden lieben sparsame Textseiten, die schnell übertragen werden können, während andere Kunden einen realistischen Eindruck von dem Produkt mit Hilfe multimedialer Elemente haben wollen. Diese Problematik wird auch in einer Online-Studie des Georgia Institute of Technoloy [GVU98] deutlich. Ca. 60% der Befragten gaben an, dass ihnen die Ladezeiten oft zu lang sind, ca. 50% beklagten sich über zu viele nutzlose Bilder. Auf der anderen Seite ärgerten sich ca. 40% über eine zu sparsame Gestaltung der Web-Angebote. Ca. 80% der Befragten hielten die Qualität der Informationen für die wichtigste Eigenschaft eines Online-Shops, damit die Kunden sich einen möglichst detaillierten Eindruck von dem Produkt verschaffen können. Die Anpassung der Präsentationsform kann sich zum einen auf die Menge der textuellen Informationen beziehen, so dass die Kunden abhängig von ihrem Vorwissen und ihren Vorlieben die passenden Produktbeschreibungen erhalten. Ein anderes wichtiges Ziel ist die Anpassung der multimedialen Elemente, um dem Kunden die Produkte in möglichst realistischer Form zu präsentieren, ohne ihn durch zu lange Ladezeiten zu belästigen.

Anpassung der Werbung. Von den traditionellen Medien, wie zum Beispiel Zeitung und Fernsehen, ist bekannt, dass Werbung um so effektiver ist, je treffender man die jeweiligen Zielgruppen ansprechen kann. Um diese Erkenntnis auch bei Online-Shops umzusetzen, haben die Hersteller ein großes Interesse daran, Sonderangebote, eigene Werbung und auch Fremdwerbung an die jeweiligen Kundengruppen oder auch an die individuellen Interessen eines Kunden anzupassen.

Anpassung durch persönliche Einkaufsassistenten. Da viele Benutzer elektronischer Produktkataloge die Unpersönlichkeit des Einkaufs kritisieren und angeben, dass ihnen die individuelle Beratung und der Kontakt zum Verkäufer fehlt, ist es ein zukünftiges Ziel der Hersteller, dem Kunden einen persönlichen Einkaufsassistenten zur Seite zu stellen. Dieser Assistent soll Wissen über die Vorlieben und über das Einkaufsverhalten des einzelnen Kunden haben und ihn somit persönlich bei der Auswahl der Produkte beraten können.

2.3.2 Einfache Anpassungen durch den Kunden

Die einfachste Form der Anpassung, die ohne eine Benutzermodellierung auskommt, ist die aktive Anpassung durch den Kunden selbst. Man spricht dann auch von einem adaptierbaren System im Gegensatz zu dem adaptiven System. Diese Form wird häufig bei dem Einsatz multimedialer Elemente angewendet. Das System stellt dazu dem Kunden verschiedene Darstellungsvarianten zur Verfügung, die sich in der Menge der multimedialen Elemente und der damit verbundenen Ladezeit unterscheiden. Der Kunde kann sich zu Beginn für eine Alternative entschei-

2.3. EXISTIERENDE ANSÄTZE

den. So kann der Kunde zum Beispiel bei dem "Hotel Reservation Service"(HRS) zwischen einer reinen Text-Version, einer Standard-Version und einer Breitband-Version wählen.

Eine weitere Form der einfachen Anpassung wird häufig eingesetzt, um Werbung und Sonderangebote effizienter zu präsentieren. Dabei erfolgt die Integration dieser Angebote in Abhängigkeit von den Eingaben oder von der Produktauswahl des Kunden. Bei der Suchmaschine "AltaVista" beobachtet man zum Beispiel, dass die eingeblendete Fremdwerbung sich nach den vom Benutzer eingegebenen Suchbegriffen richtet. In der Abbildung 2.4 hat der Benutzer den Begriff "Versicherung" in der Suchmaske eingetragen und bekommt neben dem eigentlichen Suchergebnis auch eine Allianz-Werbung präsentiert. Diese Art der Anpassung wird also von dem Benutzer nicht aktiv vorgenommen, sondern unbewusst durch seine Eingaben gesteuert.

2.3.3 Stereotypenbasierte Kundenmodellierung

Eine einfache Art der Kundenmodellierung und eine damit verbundene Anpassung kann durch die Verwendung von statischen Regeln realisiert werden. Dazu werden zum Beispiel über einen Fragebogen Informationen über die Kunden gewonnen und in Benutzermodellen gespeichert. Abhängig von den gespeicherten Werten werden mit Hilfe von Regeln Produktempfehlungen generiert oder die Präsentation der Produkte angepasst. Abbildung 2.5 zeigt als Beispiel den Buchversand BOL. In diesem Beispiel wurden von dem Kunden als besondere Interessen "Romane" und "Biografien" angegeben. Aus diesem Grund werden in der Abbildung 2.5 die Neuerscheinungen aus diesen Bereichen an erster Stelle empfohlen.

Sollen zusätzlich zu dem expliziten Wissen über den Benutzer noch weitere Schlussfolgerungen zur Verfügung stehen, so kann eine stereotypenbasierte Modellierung verwendet werden. Dazu werden im Vorfeld typische Benutzer in sogenannten Stereotypen definiert. So könnte dann ein Reiseveranstalter aus den Angaben "Alter = 20", "Beruf / Ausbildung = Student" schließen, dass der Kunde eher an preisgünstigen Angeboten interessiert ist. In SETA [AG99] werden auf diese Weise die Produktbeschreibungen an das Vorwissen des jeweiligen Benutzertyps

38 KAPITEL 2. ADAPTIVES ELEKTRONISCHES EINKAUFEN

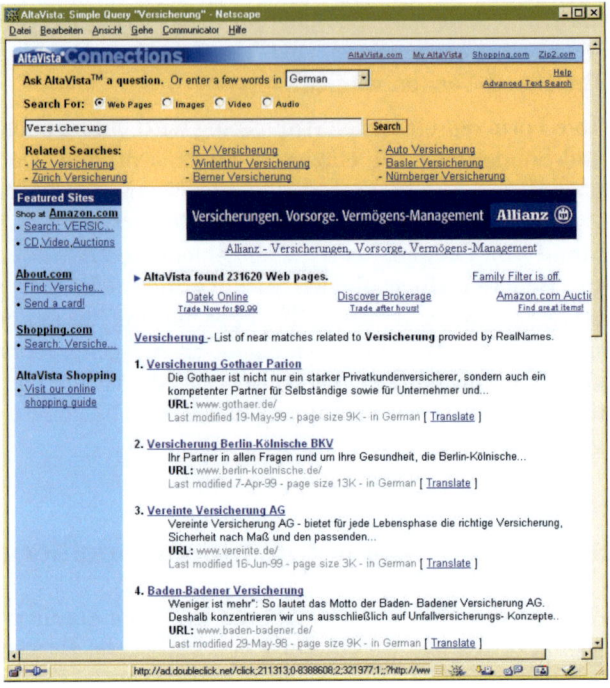

Abbildung 2.4: Einfache Anpassung von Fremdwerbung [Alt99]

angepasst. Kunden mit entsprechender Vorbildung erhalten detaillierte Beschreibungen der technischen Geräte aus dem Bereich der Telekommunikation, während der Laie einfachere Erläuterungen präsentiert bekommt. Mit der stereotypenbasierten Modellierung können einfache Anpassungen des Produktsortimentes oder der Präsentation schnell realisiert werden. Sollen jedoch komplexere Adaptionen vorgenommen werden, so entsteht für den Entwickler ein hoher Erstellungsaufwand. Er muss die möglichen Kunden der Web-Dokumente bereits im Vorfeld sehr gut einschätzen können, um sie zu typischen Kundengruppen zusammenzufassen. Zudem können durch die statischen Regeln sich ändernde Kundenbedürfnisse nicht ausreichend berücksichtigt werden.

2.3. EXISTIERENDE ANSÄTZE

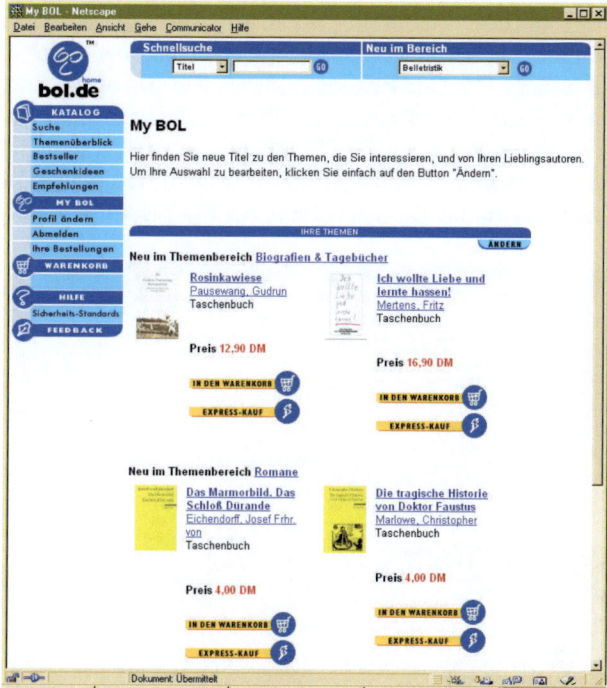

Abbildung 2.5: Produktempfehlungen beim Buchversand BOL [BOL99]

2.3.4 Clusteralgorithmen zur dynamischen Kundenmodellierung

Ein anderer Ansatz, der mehr Flexibilität verspricht, ist die Verwendung von Clusteralgorithmen. Diese Vorgehensweise wird zum Beispiel bei Open Sesame [Bow99] verfolgt. Das System beobachtet auf der Server-Seite das Verhalten der Kunden und gewinnt Informationen darüber, welche Links der Kunde anwählt und für welche Inhalte er daher Interesse zeigt. Mit Hilfe eines Clusteralgorithmus versucht das System im nächsten Schritt Regelmäßigkeiten im Benutzerverhalten zu entdecken, um daraus weitere Aktionen vorauszusagen. Da sich dieser Prozess während der ganzen Sitzung immer wiederholt, können wechselnde Vorlieben

40   KAPITEL 2. ADAPTIVES ELEKTRONISCHES EINKAUFEN

berücksichtigt werden. Nachteilig an dieser Technik ist die lange Initialisierungsdauer. Die Adaption kann nur erfolgen, wenn sich der Kunde lange genug in dem Produktkatalog aufhält. Für die unmittelbare Adaption innerhalb einer Web-Sitzung ist dieser Ansatz deshalb nur bedingt geeignet. Abbildung 2.6 zeigt die Beispielanwendung eGenie [eGe99], die dem Benutzer Informationen zu Film, Fernsehen und Musik bereitstellt. Das Ziel des Systems ist es, dem Benutzer die passenden Produkte aus

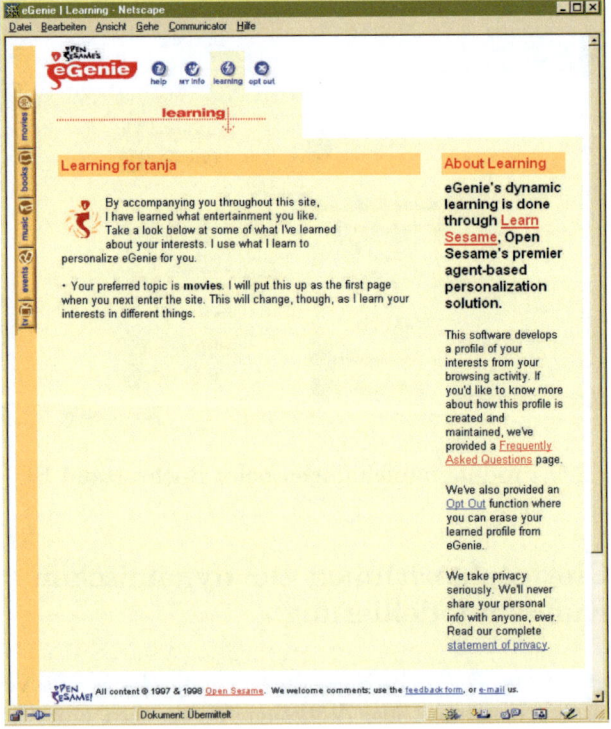

Abbildung 2.6: Dynamische Kundenmodellierung mit OpenSesame [eGe99]

dem Sortiment vorzuschlagen. Diese werden dann im Zentrum der Seite präsentiert, während alle anderen Filme über die Navigationsleiste erreichbar bleiben. Zudem wird bei der Darstellung der hervorgehobenen

2.3. EXISTIERENDE ANSÄTZE

Produkte unterschieden, ob der Benutzer nur an der Zusammenfassung oder an der vollständigen Film- oder Buchbeschreibung interessiert ist. Abbildung 2.6 zeigt das Benutzerprofil, welches das System nach zwei Sitzungen und fünf angeforderten Filmtiteln gelernt hat. Es wurde vermerkt, dass sich der Benutzer vorwiegend für Filme interessiert. Detailliertere Informationen stehen noch nicht zur Verfügung.

2.3.5 Produktempfehlungen mit kollaborativen Filtertechniken

Um die Anonymität des elektronischen Einkaufens zu vermindern, haben viele Anbieter als Marketingstrategie auf den Kunden abgestimmte Produktempfehlungen realisiert. Dazu werden in den meisten Fällen kollaborative Filtertechniken verwendet [CDn99], [Lik98], die es ermöglichen, das Wissen einer Gruppe für den Einzelnen zu nutzen. "Movie Critics" [And99] ist ein System, welches dem Kunden aktiv Vorschläge für Videofilme unterbreiten kann. Dazu zeigt es dem Kunden eine Vielzahl von Filmtiteln, die er über vorgegebene Antworten "Loved it", "Really liked it", "Liked it", "Tolerated it", "Hated it", "Won't rate it", "Can't remember it" bewerten oder mit der Antwort "nicht gesehen" übergehen kann. Abbildung 2.7 zeigt den verwendeten Fragebogen. Für den Einsatz der adaptiven Komponente benötigt das System 12 Bewertungen des Kunden. Daraufhin wird der Kunde dann einer Gruppe von anderen Benutzern zugeordnet, die über ihre Bewertungen einen ähnlichen Geschmack gezeigt haben. Da nicht alle Benutzer dieselben Filme gesehen und damit bewertet haben, können nun dem aktuellen Kunden Filme vorgeschlagen werden, die ihm noch unbekannt sind und die aber durch Mitglieder seiner Gruppe positiv bewertet wurden. Nachteilig an diesem Ansatz ist der Aufwand der Bewertungen, der von den Kunden geleistet werden muss. Ein weiteres Problem ist die Initialisierung des Systems. Die vorgestellte Vorgehensweise funktioniert nur, wenn bereits mehrere Benutzer die Produkte bewertet haben. Schwierig sind daher neue Produkte, für die noch keine Bewertungen zur Verfügung stehen. Weitere Ungenauigkeiten ergeben sich bei Anwendungsgebieten mit sehr verschiedenen Inhalten, da dann auch die Interessen der Kunden sehr unterschiedlich sein können und es problematisch ist, die Kunden automatisch zu Gruppen zusammenzufassen.

42 KAPITEL 2. ADAPTIVES ELEKTRONISCHES EINKAUFEN

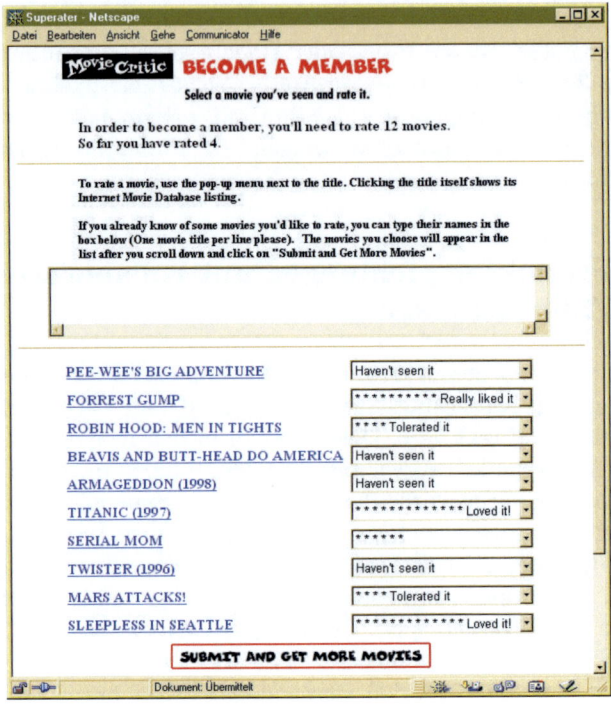

Abbildung 2.7: Fragebogen für den Einsatz kollaborativer Filtertechniken [And99]

2.3.6 Ansätze zur Produktberatung

Die Beratung spielt bei dem realen Einkauf häufig eine große Rolle, besonders wenn es sich um komplexere Produkte handelt. Dieses zeigte auch ein Versuch an der Linköping Universität in Schweden [AS99], bei dem die Kunden eines Produktkataloges im Web die Möglichkeit hatten, während der Benutzung des Systems über ein Chat-Fenster oder Telefon mit einem realen Verkäufer zu kommunizieren. 90% der Versuchspersonen bewerteten diese Kombination sehr positiv. Der Einkauf war nicht so unpersönlich und vor allem unerfahrene Benutzer waren erfreut über die Unterstützung. Da der personelle Aufwand bei dieser Form des Elek-

2.3. EXISTIERENDE ANSÄTZE

tronischen Einkaufens jedoch sehr groß ist, gibt es andere Ansätze, die eine automatische Produktberatung realisieren. Hierzu wird aus einem Fragebogen an den Benutzer ein Anforderungsprofil für das jeweilige Produkt erstellt, nach dem dann das System Produkte vorschlagen kann [PL96]. Die Berechnung des Eignungsgrades der einzelnen Produkte geschieht dabei mit Hilfe der Fuzzy-Technik. Die Abbildungen 2.8 und 2.9 zeigen ein Beispiel einer Produktberatung für Büromöbel, welche am FORWISS in Erlangen realisiert wurde [RT99]. Das System hat zunächst

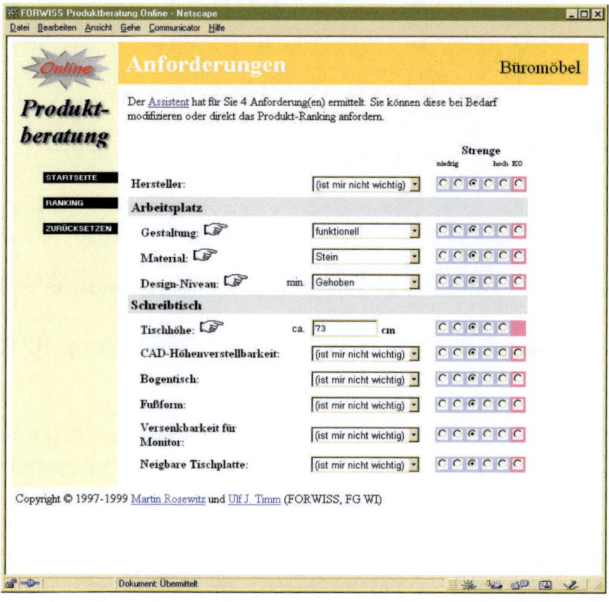

Abbildung 2.8: Anforderungskatalog für eine automatische Produktberatung [RT99]

über einfache Fragen zu Anwendungsgebiet, gewünschte Stilrichtung etc. die Bedürfnisse des Benutzers ermittelt und wandelt diese dann in die jeweiligen technischen Parameter um. Diese Anforderungen, die in Abbildung 2.8 dargestellt sind, werden dann dem Kunden präsentiert. Er hat so noch einmal die Gelegenheit, Änderungen durchzuführen. Abbildung 2.9 zeigt schließlich die Produktvorschläge des Systems, zu denen

44 KAPITEL 2. ADAPTIVES ELEKTRONISCHES EINKAUFEN

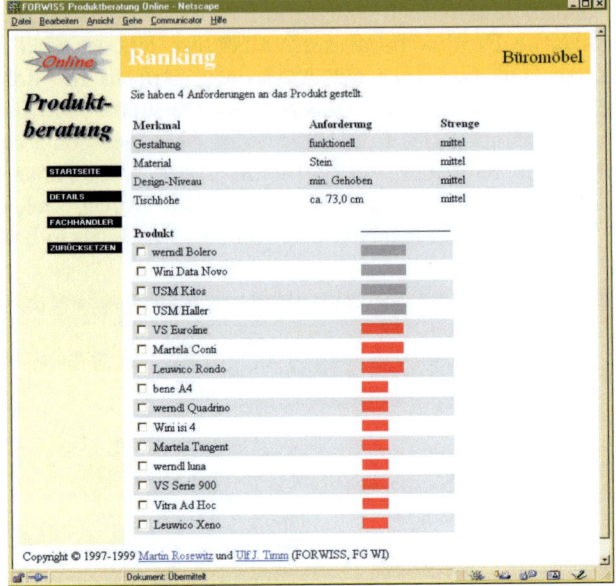

Abbildung 2.9: Ergebnis einer Produktberatung [RT99]

sich der Kunde dann Details anfordern kann. Weiterführende Arbeiten [TR98] beschäftigen sich mit der Integration einer Benutzermodellierung, so dass vorhergehende Käufe des Kunden bei den aktuellen Produktvorschlägen berücksichtigt werden. Hat der Kunde bei dem Kauf einer Waschmaschine auf bekannte Markennamen geachtet, so ist zum Beispiel anzunehmen, dass er bei der Auswahl einer Spülmaschine ähnlich verfährt.

2.3.7 Agenten zur katalogübergreifenden Adaption

Da die Kunden häufig vor einer Vielzahl von Produktangeboten verschiedener Hersteller stehen, gibt es Ansätze, die Einkaufsassistenten in Form von Agenten für eine katalogübergreifende Produktsuche realisiert haben. Ein Beispiel hierzu ist "BargainBot" [Aou96], der als Multi-Agenten-System in der Lage ist, für den Benutzer parallel in verschiede-

2.3. EXISTIERENDE ANSÄTZE

nen Online-Shops nach Büchern zu suchen. Der Benutzer muss dazu den Titel und Autor angeben und das System präsentiert ihm dann die Angebote der verschiedenen Hersteller, so dass der Benutzer die Produkte zum Beispiel nach ihrem Preis vergleichen kann. Diese Ansätze könnten in Zukunft dahingehend erweitert werden, dass die Agenten ein Interessensprofil ihres Benutzers speichern und somit auch Produkte aktiv vorschlagen können [Aou96], [IHK98]. Das Problem bei diesen Ansätzen liegt jedoch in der häufig wechselnden formalen Struktur der Produktkataloge, die eine automatische Suche durch den Agenten behindert. Ein weitere Schwierigkeit besteht durch den Interessenskonflikt mit den einzelnen Anbietern. Sind in einem Katalog die Produkte generell etwas teurer, so hat der Anbieter kein Interesse daran, dass der Kunde auf einfache Art und Weise Preisvergleiche durchführen kann. In einem solchen Fall, können die Anbieter ihre Seiten für die Agenten sperren, was in einem ersten Versuch mit dem Agenten "BargainFinder" so geschehen ist [Aou96].

Weitere Forschungsarbeiten beschäftigen sich mit einem komplexeren Szenario, in dem verschiedene Agenten selbständig miteinander kommunizieren können. Der Benutzer hätte einen persönlichen Assistenten, der Kenntnisse über seine Präferenzen hat und der ihn durch das Web begleitet. Besucht der Benutzer dann einen Online-Shop, so könnte der persönliche Agent mit dem jeweiligen Verkaufsagenten kommunizieren, so dass dieser dann die entsprechenden Produkte vorschlagen kann [Sch96]. Abbildung 2.10 zeigt einen Produktvorschlag eines Verkaufsagenten (advice agent).

Ein anderer interessanter Ansatz wird in dem AiA-Projekt am DFKI in Saarbrücken verfolgt [AGM+96]. Hier möchte man einen adaptiven Kommunikations-Assistenten realisieren, der die geforderten Informationen aus dem Web sucht und sie dann jedoch speziell für den individuellen Benutzer aufbereitet. Hat der Benutzer zum Beispiel eine Anfrage über Touristik-Stätten in Deutschland gestellt, so findet das System möglicherweise eine verweissensitive Deutschlandkarte und mehrere Informationen zu einzelnen Gebäuden oder Städten. Der Assistent könnte dann abhängig von den Präferenzen des Benutzers eine Präsentation generieren (Abbildung 2.11), bei der die Karte mit einigen zusätzlichen Fotos dargestellt wird. Dieser Ansatz wäre natürlich auch für das Anwendungsfeld des elektronischen Einkaufens von Interesse. Allerdings würde

46 KAPITEL 2. ADAPTIVES ELEKTRONISCHES EINKAUFEN

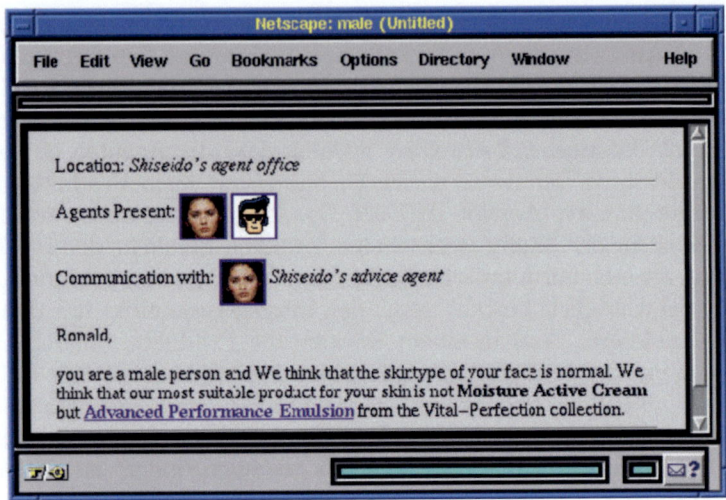

Abbildung 2.10: Vorschlag eines Verkaufsagenten [Sch96]

sich hier ebenso die Frage stellen, inwieweit diese Vorgehensweise im Interesse der jeweiligen Anbieter liegt.

2.4 Anforderungen und Defizite

Dieser Abschnitt des Kapitels analysiert die besonderen Anforderungen des Anwendungsgebietes und erläutert die Defizite existierender Systeme.

2.4.1 Besondere Anforderungen an ein adaptives Einkaufssystem

Produktkataloge im Web repräsentieren einen Hyperraum, der in seiner Komplexität sehr unterschiedlich sein kann. Anbieter einer Produktgruppe, wie zum Beispiel Autohersteller, zeigen eine überschaubare Anzahl an Produkten in meist sehr aufwendigen Präsentationen, während große

2.4. ANFORDERUNGEN UND DEFIZITE

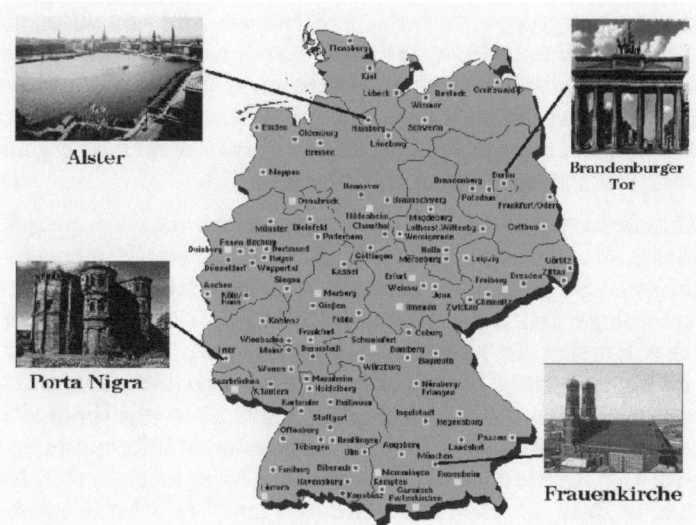

Abbildung 2.11: Mögliche Präsentation des AiA-Systems [AGM+96]

Warenhäuser dem Kunden eine große Zahl sehr verschiedener Produktgruppen anbieten. Diese Unterschiede im Angebot bestimmen die Tiefe der Navigationsstruktur. Bei einfachen Katalogen ist der Kunde meistens schon nach zwei bis drei Mausklicks beim endgültigen Produkt, während die Warenhäuser eine umfangreichere Strukturierung ihrer Produkte vornehmen müssen und der Kunde daher viel eher Bedarf für eine Navigationsunterstützung verspürt. Da bei elektronischen Produktkatalogen alle Daten in einer Datenbank beim Hersteller zur Verfügung stehen, können diese im Vorfeld für den Einsatz adaptiver Komponenten vorbereitet werden.

Die Kunden elektronischer Einkaufssysteme verfolgen in der Regel das Ziel, sich Informationen über einzelne Produkte zu beschaffen, was in einigen Fällen zu einer Kaufentscheidung führen kann. Problematisch ist hierbei der Aspekt, dass die Kunden nicht nur nach ihrem eigenen Geschmack Produkte auswählen, sondern das Web auch oft für den Kauf von Geschenken nutzen. Dieses erschwert die automatische Ermittlung eines Interessenprofils. Die Kunden können in ihrem Hintergrundwissen

48 KAPITEL 2. ADAPTIVES ELEKTRONISCHES EINKAUFEN

über die Produktgruppe, in ihren Präferenzen und vor allem auch in den technischen Voraussetzungen ihrer Hard- und Software sehr unterschiedlich sein. Diese Unterschiede bestimmen die Erwartungen an die einzelnen Produktpräsentationen. Um die Erwartungen aller Kunden in möglichst hohem Maße zu erfüllen, ist bei diesem Anwendungsgebiet die Anpassung der Präsentationen ein wichtiges Ziel.

Im Unterschied zu den anderen vorgestellten Anwendungsgebieten, sind bei der Realisierung adaptiver Einkaufssystem auch in hohem Maße die Interessen des jeweiligen Herstellers zu beachten. Da elektronische Produktkataloge Teil einer Marketing-Strategie sind, möchte der Hersteller den Kunden für seinen Katalog begeistern und möglichst langfristig an sein Angebot binden. Im Gegensatz zu reinen Informationssystemen ist es beim elektronischen Einkaufen nicht das Hauptziel, dem Kunden auf möglichst schnellem Weg die passenden Informationen bereit zu stellen. Der Kunde soll sich vielmehr möglichst lange in dem Katalog aufhalten, so dass ihn viele Produktdaten und Werbebotschaften erreichen können. Dennoch soll er natürlich nicht belästigt werden, sondern das Einkaufserlebnis genießen, damit er möglichst bald den jeweiligen Hersteller wieder aufsucht. Für den Bereich der adaptiven Systeme ist E-Commerce ein neues Anwendungsfeld, in dem daher eine Reihe neuer Anforderungen berücksichtigt werden müssen.

- Datenschutz. Durch die offene Struktur des Web und den noch in der Entwicklung stehenden Sicherheitsmechanismen sind viele Benutzer nicht bereit, private Daten in diesem Medium zu übermitteln. Besonders in dem Bereich des elektronischen Einkaufens haben die Kunden Angst, dass ihre Daten missbraucht und sie mit Werbung überschüttet werden. Aus diesem Grund können die Kunden nur schwer zu der Beantwortung von Fragen motiviert werden, die oft die Voraussetzung für ein adaptives System darstellen. Messungen auf den adaptiven Webseiten eines Autoherstellers haben zum Beispiel gezeigt, dass nur die Hälfte der Besucher sich über die Beantwortung von Fragebögen dem System zu erkennen gibt [Kir98]. Lösungsmöglichkeiten liegen zum einen darin, das Vertrauen der Kunden zu stärken, zum Beispiel dadurch, dass das Benutzermodell eingesehen werden kann und dass sich der Betreiber verpflichtet, die Daten nicht an Dritte weiterzugeben. Eine andere Alterna-

2.4. ANFORDERUNGEN UND DEFIZITE

tive besteht darin, das Benutzermodell über die Beobachtung des Kunden bei seinen Interaktionen mit der Präsentation aufzubauen und somit auf eine Befragung zu verzichten.

- Spaß. Im Vergleich zum Einkaufen in realen Supermärkten und Geschäften ist das Wechseln von einem Hersteller zum anderen beim elektronischen Einkaufen mit einem deutlich niedrigeren Aufwand verbunden. Der Kunde muss nur eine neue Adresse in seinen Web-Browser eingeben und schon verlässt er die aktuelle Produktpräsentation und besucht stattdessen die Konkurrenz. Aus diesem Grund ist es beim Einkaufen im Web besonders wichtig, dass der Kunde Spaß hat und nicht durch mühsames Navigieren oder endlose Befragungen belästigt wird.

- Geschwindigkeit. Um Kunden an einen elektronischen Hersteller zu binden, ist es wichtig, ihn bereits bei seinem ersten Besuch zu begeistern. Es ist also nicht sinnvoll, Informationen über den Kunden bei seinen ersten drei Besuchen zu sammeln, um dann die Präsentation erst beim vierten Mal an seine Wünsche anzupassen. Die Adaption muss sofort nach wenigen Interaktionen erkennbar sein, so dass auch Neukunden die Produkte individuell präsentiert bekommen [Lan97].

- Flexibilität. Kunden elektronischer Einkaufs-Systeme können in sehr verschiedenen Situationen Produkte im Web betrachten. Sie können zu Hause oder von ihrem Arbeitsplatz aus agieren, unterschiedliche Zeitrestriktionen haben und Produkte für sich selbst oder für Freunde oder Bekannte suchen. Diese Randbedingungen bestimmen ganz wesentlich die jeweiligen Bedürfnisse des Kunden. Damit ein adaptives System eine wirkliche Hilfe darstellt, muss es daher sehr flexibel auf die unterschiedlichen Situationen reagieren können.

- Design. Im Vergleich zu anderen Anwendungsfeldern, wie zum Beispiel Information Retrieval, ist es beim elektronischen Einkaufen nicht ausreichend, die für den Kunden passenden Informationen auf irgendeiner Weise darzustellen. E-Commerce ist eine neue Form des Marketings, so dass ein ansprechendes und effektives Design eine große Rolle spielt. Da bei einem adaptiven System die Produktpräsentationen dynamisch generiert werden, können sie nicht

50   KAPITEL 2. ADAPTIVES ELEKTRONISCHES EINKAUFEN

von einem Designer in vollständiger Form vorgefertigt werden. Es müssen daher Mechanismen entwickelt werden, die zum einen eine automatische Generierung der Präsentationen zur Laufzeit ermöglichen und auf der anderen Seite eine marketinggerechte Gestaltung realisieren.

- Einfachheit. Die Komplexität vieler intelligenter Systeme hat sich sehr häufig als großes Hindernis bei der praktischen Anwendung erwiesen [KFC93]. Damit der Einsatz adaptiver Produktpräsentationen in der Praxis umsetzbar ist, darf die Integration adaptiver Komponenten keinen erheblichen Zusatzaufwand bedeuten. So ist es zum Beispiel wünschenswert, dass für das adaptive System keine Trainingsphasen oder umfangreiche Initialisierungsarbeiten notwendig sind. Da in dem Bereich des elektronischen Einkaufens die Produktdaten häufigen Änderungen unterliegen, muss zudem die Aktualisierung des Systems auf einfache Art und Weise ermöglicht werden. Dieses bedeutet, dass die Produktdaten nicht eine komplexe Vorverarbeitung benötigen sollten.

2.4.2 Defizite existierender Ansätze

Betrachtet man die existierenden Ansätze, so fallen besonders die folgenden vier Probleme auf:

- Belästigung durch Fragebögen. Befragungen des Kunden sind in diesem Anwendungsgebiet aus zwei Gründen sehr kritisch anzusehen. Zum einen bedeutet die Beantwortung von Fragen einen zusätzlichen Aufwand für den Kunden. Hat ein Kunde zum Beispiel bisher nur wenig Filme angesehen und möchte das adaptive System zur Empfehlung von Filmen nutzen, so muss er unter Umständen eine Vielzahl von Fragebögen durchlaufen, bevor er die notwendigen 12 Filme bewerten konnte. Vielen Kunden ist dieser Aufwand zu hoch, was auch Untersuchungen zu diesem Thema zeigen [Kir98], [GVU98]. Ein anderes Problem bei diesem Anwendungsgebiet besteht in dem fehlenden Vertrauen der Kunden. Unter der Voraussetzung, dass der Hersteller möglichst viele und teure Produkte verkaufen möchte, sind die Kunden häufig den Motiven gegenüber misstrauisch und verweigern die Bekanntgabe persönlicher

2.4. ANFORDERUNGEN UND DEFIZITE 51

Daten. Sie befürchten, dass sie mit aggressiver Werbung belästigt werden. Die Verwendung von Fragebögen ist daher nur sinnvoll, wenn sie ausreichend motiviert werden können. Werden Sie zum Beispiel im Rahmen einer Produktsuche eingesetzt, so ist dem Kunden der Nutzen unmittelbar einleuchtend, während eine allgemeine Befragung zu Beginn zur Anpassung der Präsentationen eher kritisch anzusehen ist.

- Lange Initialisierung. Führen die Systeme eine implizite Wissensakquisition durch, wie zum Beispiel OpenSesame, so entsteht das Problem, dass die Initialisierung des Benutzermodells zu lange dauert. Der Hersteller möchte den Kunden von Beginn an für seinen Katalog begeistern. Wenn eine Anpassung erst nach der Betrachtung des zehnten oder fünfzehnten Produktes erfolgt, so können eine ganze Reihe von möglichen Kunden bereits abgesprungen sein. Besonders eine Anpassung der Präsentation sollte bereits nach dem ersten Produkt erfolgen, da sonst die Gefahr sehr groß ist, den Kunden zu belästigen und sein Interesse zu verlieren.

- Unzureichende Adaption der Präsentationen. Multimediale Elemente sind besonders für das Anwendungsfeld des elektronischen Einkaufens ein hervorragendes Gestaltungsmittel, um den Kunden über mehrere Sinne anzusprechen. Bilder, Video, Audio oder Animationen übertragen nicht nur Informationen, sondern auch Stimmungen und sind deshalb für das Marketing der Produkte von großer Bedeutung. Im heutigen Web werden sie von den Herstellern nur sehr dosiert eingesetzt. Viele Kunden haben nicht die notwendigen technischen Voraussetzungen, so dass sie durch umfangreiche multimediale Elemente eher belästigt als unterhalten werden. Auf diese Weise wird jedoch auf die optimale Darstellung der Produkte verzichtet. Arbeiten zur automatischen Anpassung der Präsentationen beziehen sich bisher fast ausschliesslich auf Textinformationen. Ansätze zur Anpassung multimedialer Präsentationen bieten nur eine einfache Klassifizierung an, die zu Beginn vorgenommen wird und dann für die gesamte Sitzung gilt. Diese Adaptionsform ist zu unflexibel. Die Vorlieben der Kunden können von einer Vielzahl von Faktoren abhängen. Ein Kunde könnte zum Beispiel generell aus Geschwindigkeitsgründen die Textinformationen vorziehen, möchte jedoch bei der Betrachtung eines

KAPITEL 2. ADAPTIVES ELEKTRONISCHES EINKAUFEN

Automodells die multimediale Präsentationsform nutzen. Ein anderer Kunde hat sich vielleicht zu Beginn für die multimediale Gestaltungsvariante entschieden und möchte dann jedoch auf Textinformationen umsteigen, da ihm der Informationsgehalt der Videos nicht gefällt. Ein dritter Kunde mag multimediale Elemente, bis auf die Videos im Real-Format, da ihm hierzu das notwendige Plugin fehlt. Die Abhängigkeit der Präferenzen von der Art der Medien, der Produktgruppe und der jeweiligen Qualität der Internetverbindung werden in existierenden Ansätzen zu wenig berücksichtigt.

- Zu wenig Flexibilität. Viele bestehende Systeme bilden zu Beginn ein Benutzermodell, welches während der ganzen Sitzung statisch ist. Wechselnde Präferenzen des Kunden, ausgelöst zum Beispiel durch zeitliche Restriktionen, den Kauf eines Produktes oder dadurch, dass das zweite gesuchte Produkt ein Geschenk für einen Bekannten sein soll, werden nicht berücksichtigt.

Kapitel 3

Das TELLIM System

Dieses Kapitel gibt einen Überblick über den entwickelten Ansatz, welcher TELLIM (inTELLIgent Multimedia) genannt wurde. Dazu wird im folgenden Abschnitt der Ansatz motiviert und die gesteckten Ziele beschrieben. Abschnitt 3.2 erklärt die möglichen Adaptionsformen für die Realisierung individueller Präsentationen. Es wird die Vorgehensweise der temporären Benutzermodellierung vorgestellt und der Ansatz mit existierenden Arbeiten verglichen. Abschnitt 3.3 gibt schließlich einen Überblick über die Architektur des Systems.

3.1 Motivation und Ziele

Existierende adaptive E-Commerce Systeme beschäftigen sich in der überwiegenden Zahl mit der Anpassung des Produktsortimentes an die Präferenzen des Kunden. Wie es bereits im vorangegangenen Kapitel dargestellt wurde, versuchen die Systeme dem Kunden Produktvorschläge zu unterbreiten, die seinen Interessen entsprechen. Eine attraktive und effektive Gestaltung wird in den meisten Fällen vernachlässigt, besonders im Hinblick auf die Verwendung multimedialer Gestaltungsmittel. Die Motivation für die Entwicklung des TELLIM-Systems basiert im Wesentlichen auf zwei Beobachtungen.

1. Die Gestaltung von Präsentationen und insbesondere die Verwendung multimedialer Elemente bieten für das Produktmarketing im World Wide Web hervorragende Möglichkeiten, Informationen und Stimmungen zu transportieren. Autos können in virtuellen Welten von innen und außen betrachtet, Konzertangebote durch Musik untermalt und der neue Backautomat in einem Video erklärt werden. Durch die Ansprache des Kunden über mehrere Sinne werden Werbebotschaften wesentlich effektiver übermittelt und der Kunde erhält vielfältigere Informationen.

2. Die Kunden im Internet haben unterschiedliche technische Voraussetzungen. Das sind zum einen die verschiedenen Verbindungsqualitäten (Modem, ISDN, LAN, etc.), die wesentlichen Einfluss auf die Ladezeiten haben. Zum anderen ist in letzter Zeit ein Trend zu den unterschiedlichsten Präsentations-Plattformen zu erkennen (PCs, Laptops, Handhelds, PDAs, Settop-box/Fernsehen), die für die Darstellung der Produkte Bildschirme mit verschiedenen Eigenschaften (zum Beispiel Größe und Auflösung) bereitstellen. Hinzu kommt, dass die Interessen und Vorlieben der Kunden im Web sehr stark variieren können, was zu unterschiedlichen Erwartungen an die jeweiligen Produktpräsentationen führt.

Das Ziel dieser Arbeit ist daher die Entwicklung eines Konzeptes zur Anpassung multimedialer Produktpräsentationen an die individuellen Bedürfnisse und Erwartungen des Kunden, so dass jeder Kunde Präsentationen erhält, die ihn begeistern und die seinen technischen Randbedingungen entsprechen. Multimediale Elemente, die dem Kunden gefallen, sollen im Vordergrund präsentiert werden, so dass kein weiterer Interaktionsaufwand besteht. Elemente, die für den Kunden uninteressant sind, sollen in der Präsentation nur als Link erscheinen und somit keinen zusätzlichen Platz einnehmen und überflüssige Ladezeit verursachen. Im Hinblick auf die besonderen Anforderungen des Anwendungsgebietes E-Commerce (Abschnitt 2.4) sollen folgende Aspekte bei der Entwicklung des TELLIM-Systems berücksichtigt werden.

- Keine Befragungen. Da die Akzeptanz des Kunden für die Beantwortung von Fragen sehr gering ist, ist ein wichtiges Ziel bei der Realisierung des Systems die Vermeidung von Fragebögen zur Wissensakquisition. Die notwendigen Informationen sollen nur durch

3.1. MOTIVATION UND ZIELE

die Beobachtung des Kunden bei seinen natürlichen Interaktionen gesammelt werden.

- Keine Speicherung der Daten. Existierende Systeme werden immer nur von dem Teil der Kunden genutzt, die bereit sind, sich beim Anbieter registrieren zu lassen. In dieser Arbeit soll daher eine Benutzermodellierung realisiert werden, die das Verhalten des Kunden beobachtet, eine sofortige Anpassung durchführt und danach die Daten wieder löscht. Die Anpassungen geschehen temporär, der Kunde braucht sich nicht zu identifizieren. Damit kann dieses System als Grundlage von allen Kunden genutzt werden. Eine spätere Kombination mit einem langfristigen Benutzermodell könnte dem Kunden zusätzlich angeboten werden und wäre optional.

- Schnelle Anpassungen. Für das TELLIM-System soll ein Verfahren entwickelt werden, das bereits nach der Betrachtung eines Produktes Schlüsse über den Kunden zieht und folgende Präsentationen dahingehend anpasst. Hat der Kunde zum Beispiel in der ersten Präsentation das Laden des großen Bildes abgebrochen, dann soll das Bild bereits in der zweiten Präsentation nur in kleiner Größe eingebunden werden, damit der Kunde nicht erneut durch die lange Ladezeit belästigt wird.

- Individuelle und dynamische Anpassung. Das TELLIM-System soll nicht nur verschiedene statische Präsentations-Varianten anbieten, sondern die Verwendung der einzelnen Medienelemente an den individuellen Kunden anpassen. Dazu ist es notwendig, die Vorlieben des Kunden in Abhängigkeit von den Eigenschaften der Medienelemente zu analysieren, um so ein detaillierteres Bild von dem Kunden zu erhalten. Zudem soll das System sein Modell während einer Sitzung in kurzen Abständen aktualisieren, damit auch wechselnde Präferenzen berücksichtigt werden können.

- Ansprechendes Design. Für eine dynamische Adaption müssen Produktpräsentationen zur Laufzeit für jeden Kunden automatisch generiert werden. Da die Gestaltung dieser Präsentationen eine große Rolle für das Marketing der Produkte spielt, soll eine Lösung gefunden werden, die genügend Spielraum für die notwendigen Anpassungen bereitstellt und auf der anderen Seite jedoch auch dem

Designer Einflussmöglichkeiten einräumt bzw. bei der Generierung der Präsentationen das entsprechende Designwissen berücksichtigt.

- Begrenzung des Anwendungs- und Aktualisierungsaufwandes. Bei dem Ansatz des TELLIM-Systems soll als wichtige Eigenschaft die Praktikabilität betrachtet werden. Ein entscheidener Aspekt ist daher die einfache Übertragung auf neue Produkte, so dass weitestgehend die bestehenden Produktinformationen des Herstellers verwenden werden können. Des weiteren sollte sich der Aufwand zur Aktualisierung der Produktdaten in vertretbaren Grenzen halten.

Die vorliegende Arbeit beschäftigt sich nur mit der automatischen Generierung von Produktpräsentationen, also mit dem Kernelement der Produktkataloge im Web. Die Bestellfunktionalität und die genannten Zusatzdienste aus Abschnitt 2.1.1 müssten noch in das TELLIM-System integriert werden, wenn es zur Produktreife weiterentwickelt werden sollte.

3.2 Temporäre Benutzermodellierung in TELLIM

Produktpräsentationen bestehen in der Regel aus einzelnen Medienelementen, die das Produkt beschreiben: Bilder, die visuelle Eindrücke vermitteln, Texte, die Eigenschaften des Produktes angeben, Videos, die zum Beispiel die Anwendbarkeit des Produktes vorführen oder virtuelle Welten, die einen möglichst realistischen Eindruck von dem Produkt vermitteln sollen. Diese Medienelemente haben unterschiedliche Größen, variieren in ihrer Komplexität, werden auf verschiedene Arten von dem Kunden benutzt und benötigen teilweise spezielle Software. Hinzu kommen im allgemeinen weitere Gestaltungselemente, die keine Informationen zu dem Produkt beinhalten, sondern das Gesamtdesign der Produktdarstellung bestimmen. Abbildung 3.1 zeigt eine typische Web-Seite eines Autoherstellers. Auf der linken Seite ist eine Navigationsleiste zu erkennen, mit welcher der Kunde die verschiedenen Produkte anwählen kann. In der Mitte sieht man die eigentliche Präsentation des Produktes, die aus Bildern verschiedener Größe, aus Texten und aus Links zu

3.2. TEMPORÄRE BENUTZERMODELLIERUNG IN TELLIM

weiteren Informationen besteht. Als Gestaltungselemente wurden oben links das Firmenlogo integriert und speziell gestaltete Überschriften in Form eines Bildes.

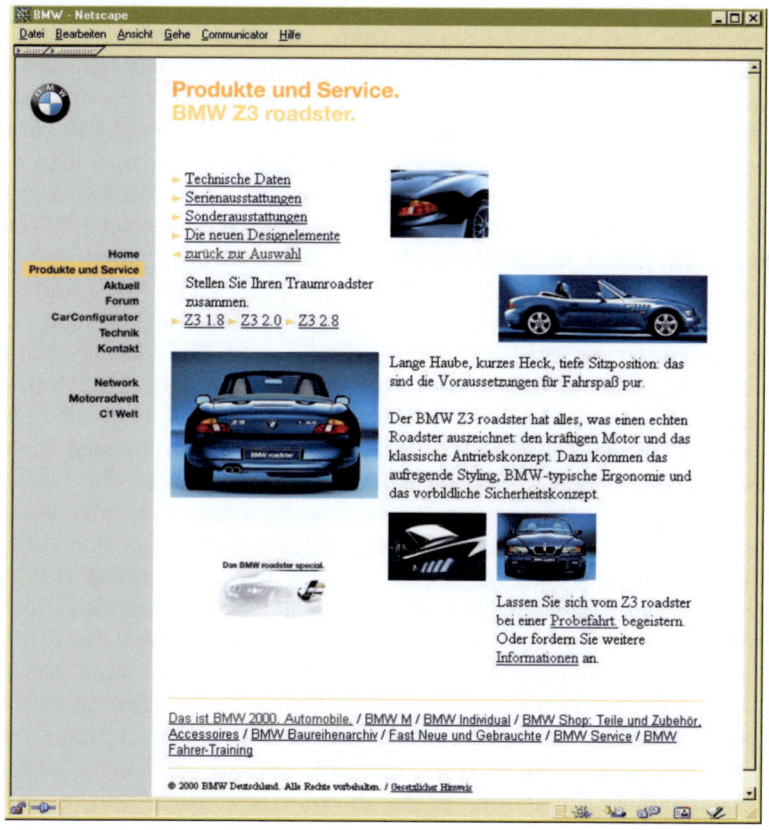

Abbildung 3.1: Beispiel einer Auto-Präsentation [BMW00]

3.2.1 Formen der Adaption von Präsentationen

Damit Produktpräsentationen auf der einen Seite die Erwartungen des individuellen Kunden erfüllen und auf der anderen Seite im Sinn des

Anbieters die maximale Wirkung erzielen, können folgende Anpassungen vorgenommen werden.

Anpassung des Gestaltungsrahmens an die Durchsatzrate In Produktpräsentationen werden in der Regel eine Reihe von Gestaltungselementen verwendet, die keine Informationen über das Produkt beinhalten. Wie bereits in Abbildung 3.1 beschrieben gehören hierzu Hintergrundbilder, besonders aufwendige Schriftzüge sowie Firmenlogo oder weitere Füllbilder. Diese Elemente bestimmen im Wesentlichen das Design der Seite und sollen somit auf den Kunden eine spezielle Wirkung ausüben. Da jedoch lange Wartezeiten auf Elemente, die zudem keine Informationen beinhalten, bei dem Kunden in erster Linie Ärger hervorrufen, ist es auch im Interesse des Anbieters, den Gestaltungsrahmen seiner Präsentation an die jeweilige Qualität der Internet-Verbindung anzupassen. Denkbar wäre es daher, dass der Designer zwei oder drei Alternativen für den Gestaltungsrahmen einer Produktpräsentation entwickelt, die sich in ihrem Datenumfang und der damit zusammenhängenden Ladezeit unterscheiden. Ebenso kann die Durchsatzrate der Internet-Verbindung zur Initialisierung des Benutzermodells verwendet werden. Da zu Beginn einer Sitzung noch keine Informationen über den Kunden vorliegen, sollte bei einer langsamen Verbindung in der ersten Produktpräsentation die multimedialen Elemente zur Beschreibung des Produktes nur sparsam verwendet werden, während im anderen Fall das Produkt mit aufwendigeren Elementen dargestellt werden kann. Im implementierten TELLIM-Prototypen stehen für die Hintergrundgestaltung zwei Varianten zur Verfügung. Hat der Kunde eine langsame Verbindung, so wird lediglich ein farbiger Hintergrund gewählt. Verfügt der Kunde hingegen über eine schnelle Anbindung an das Internet, so werden Hintergrundbilder verwendet. Da der Benutzer seine Zustimmung oder Abneigung zu der Hintergrundgestaltung nicht durch natürliche Interaktionen bekunden kann, bleibt diese Auswahl während der ganzen Sitzung bestehen. Die Abbildungen 3.2 und 3.3 zeigen zwei Alternativen zur Gestaltung einer ersten Produktpräsentation. Im ersten Bild erkennt man die eher zurückhaltende Gestaltung bezüglich multimedialer Elemente und den einfachen farbigen Hintergrund, während auf der zweiten Seite größere Bilder eingebunden wurden und auch der Hintergrund interessanter gestaltet werden konnte.

3.2. TEMPORÄRE BENUTZERMODELLIERUNG IN TELLIM

Anpassung der Präsentation an Bildschirmeigenschaften. Da verschiedene Bildschirmeigenschaften ganz entscheidend die Qualität der Präsentationen beeinflussen, sollten sie bei der Generierung der Produktpräsentationen berücksichtigt werden. So könnte zum Beispiel Größe und Auflösung des Bildschirms die Größe der Präsentation bestimmen, damit der Kunde nicht gezwungen wird, horizontal und vertikal zu scrollen und auf der anderen Seite nicht zuviel ungenutzte weiße Fläche entsteht. Bei Schwarz-Weiß-Bildschirmen dürfen die Präsentationen keine Informationen beinhalten, die nur durch unterschiedliche Farben erkennbar sind. Im TELLIM-Prototypen werden die Bildschirmeigenschaften dadurch berücksichtigt, dass vor der Generierung einer Präsentation die Größe des Browser-Fensters abgefragt wird, wobei dieser Wert in Pixel angegeben wird. Auf diese Weise erhält das System Informationen zur Größe und zur Auflösung und kann die Präsentationen dahingehend anpassen. Diese Unterscheidung ist ebenfalls in den Abbildungen 3.2 und 3.3 dargestellt. Während in Abbildung 3.2 die Präsentation auf ein schmaleres Browserfenster beschränkt wurde, konnte in der Abbildung 3.3 die ganze Bildschirmgröße genutzt werden.

Individuelle Integration von Medienelementen. Die eigentlichen Präsentationen bestehen aus verschiedenen Medienelementen, die Produktmerkmale auf unterschiedliche Arten beschreiben und miteinander in inhaltlicher Beziehung stehen. Das können sowohl umfangreichere Texte und große Bilder sein als auch Videos, virtuelle Welten oder Audio-Dateien. Wegen der unterschiedlichen technischen Voraussetzungen der Kunden und ihren persönlichen Präferenzen ist es wünschenswert, die Integration dieser Medienelemente für jede neue Präsentation auf den individuellen Kunden abzustimmen. Um treffende Voraussagen über das Interesse des Kunden machen zu können, muss das System verstehen, warum ein Kunde ein bestimmtes Medienelement bevorzugt. Die Vorlieben des Kunden müssen daher in Abhängigkeit verschiedener Faktoren betrachtet werden, wie zum Beispiel inhaltliche Beschreibungen der Elemente oder technische Daten. Das System sollte eine Einschätzung der Benutzerpräferenzen vornehmen, die während einer Sitzung in kurzen Abständen aktualisiert wird. Auf diese Weise können wechselnde Präferenzen dynamisch berücksichtigt werden. Im TELLIM-Prototypen wurden die Präsentationen aus Texten, Bildern und Videos aufgebaut

60   KAPITEL 3.   DAS TELLIM SYSTEM

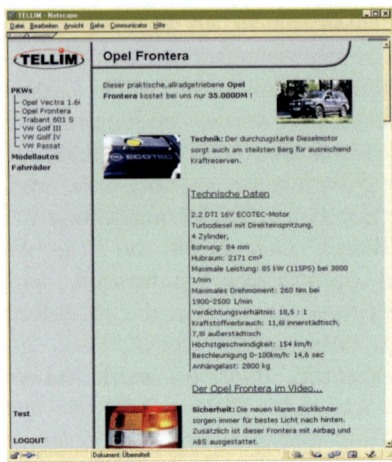

Abbildung 3.2: Auto-Präsentation für ein schmaleres Browser-Fenster mit einfach farbigen Hintergrund, kleinen Bildern und einem aufgefalteten Stretchtext über technische Daten

Abbildung 3.3: Auto-Präsentation, bei der die volle Bildschirmgröße genutzt wird, ein Hintergrundbild verwendet wurde, Bilder zum Teil im großen Format erscheinen und das Video bereits im Player integriert ist

3.2. TEMPORÄRE BENUTZERMODELLIERUNG IN TELLIM 61

und die Interessen des Kunden in Abhängigkeit von der Art des Mediums, der Produktgruppe, der Art der Information und der Dateigröße betrachtet. Bei vorausgesagtem Interesse des Kunden können Texte in vollständigem Umfang, Bilder im großen Format und Videos in den entsprechenden Playern in die Präsentation integriert werden. Wird bei dem Kunden eine Ablehnung einzelner Elemente festgestellt, so erscheinen Texte und Videos nur als Link und Bilder als Thumbnails. Die Integration der Medien in verschiedenen Formen ist ebenfalls in den Abbildungen 3.2 und 3.3 zu sehen. In der ersten Präsentation sind die Bilder im kleinen Format eingebunden, das Video nur als Link integriert und der Text zu den technischen Details dafür aufgefaltet. In der zweiten Präsentation erscheinen die Texte nur als Link, dafür wurden die Bilder im großen Format eingebunden und das Video bereits in den Player integriert.

Adaptive Anzeigen von Sonderangeboten oder Werbung. Das ansprechende Plazieren von Sonderangeboten und Werbung ist eine wichtige Aufgabe im Bereich des Marketings. Die Angebote sollen so in die Präsentation integriert werden, dass sie die Aufmerksamkeit des Kunden erregen. Dieses kann besonders effektiv realisiert werden, wenn das gezeigte Angebot die Interessen des Kunden berührt. Aus diesem Grund sollte ein adaptives Präsentationssystem Sonderangebote so auswählen, dass sie zu den Interessen des individuellen Kunden passen. In dem TELLIM-Prototypen wurden spezielle Sonderangebote als rot unterlegte Medienelemente realisiert, die zusätzlich zu den Produktbeschreibungen in der Präsentation dargestellt werden. Jedes Sonderangebot ist durch mehrere inhaltliche Attribute beschrieben. Wird nun eine neue Produktpräsentation generiert, so wird das Sonderangebot gewählt, welches zu diesem Zeitpunkt am besten mit den inhaltlichen Interessen des Kunden übereinstimmt.

Komplexere Adaption durch alternative Elemente. Zur Beschreibung eines Produktes stehen in der Regel mehrere Medienelemente zur Verfügung, die jedoch verschiedene Informationen übermitteln. Hat ein Kunde aus bestimmten Gründen an einem Medium kein Interesse, so entgehen ihm die Informationen, die durch die jeweiligen Medienelemente übertragen werden. Hilfreich wäre es daher, wenn die verfügbaren Informationen alternativ mit verschiedenen Medien beschrieben werden könnten, so dass dann für jeden Kunden eine individuelle Auswahl getroffen wird. Verfolgt man diesen Ansatz weiter, so wäre es auch denkbar, zu einer Medienart verschiedene Varianten bereitzustellen. Texte könnten so an den Wissensstand und an die Sprache des Kunden angepasst werden, während Bilder eventuell für die jeweilige Präsentationsplattform optimiert würden. In dem derzeitigen TELLIM-Prototypen wurde diese Form der Adaption nicht realisiert. Zum einen bedeutet die Bereitstellung alternativer Medien einen hohen Erstellungs- und Aktualisierungsaufwand. Zum anderen gewinnen die erwähnten Anpassungen erst an Bedeutung im Zusammenhang mit einem langfristigen Benutzermodell. Nur wenn das System das entsprechende Wissen über den Kunden hat, wie zum Beispiel sein Alter, Beruf, Vorwissen und detaillierte Kenntnisse über seine technische Ausstattung, können alternative Medienelemente sinnvoll ausgewählt werden.

3.2.2 Vorgehensweise bei der temporären Benutzermodellierung

Die temporäre Benutzermodellierung in TELLIM besteht aus den drei üblichen Phasen: Wissensakquisition, Vorverarbeitung der Daten und Lernen der Benutzerpräferenzen. Hinzu kommt die automatische Generierung der Präsentationen zur Laufzeit, bei der dann das erlernte Wissen über den Benutzer zur Anwendung kommt. Die Vorgehensweise in diesen vier Schritten ist dabei folgendermaßen:

Wissensakquisition. Um den Kunden mit in den Prozess der Benutzermodellierung einzubinden und ihm somit die Möglichkeit zu geben, seine Meinung zu äußern, wurde für das TELLIM-System eine Form der kollaborativen Wissensakquisition gewählt. Existierende Ansätze, die häufig einen zusätzlichen Aufwand für den Kunden bedeuten, wurden dahingehend erweitert, dass der Kunde über einfache und natürliche Interaktionen sein Interesse an einzelnen Präsentationselementen ausdrücken kann. Im Vergleich zu anderen Ansätzen wird somit nicht nur über das Verfolgen der gewählten Links Vorlieben an ganzen Seiten ermittelt, sondern das Interesse an den einzelnen Teilen der Präsentation. Die verschiedenen Medientypen wie zum Beispiel Texte, Bilder, Video

3.2. TEMPORÄRE BENUTZERMODELLIERUNG IN TELLIM

oder VR-Welten werden so in die Präsentation integriert, dass sie Interaktionen mit dem Kunden fördern und dem Kunden somit ermöglichen sowohl positives als auch negatives Interesse auszudrücken. Texte können zum Beispiel als Stretchtexte integriert werden, die vom Kunden auf- oder zugefaltet werden, Bilder können vergrößert und verkleinert werden und Video- oder Audiodaten über einen Link ausgewählt und über Buttons des entsprechenden Players abgespielt werden. Das System beobachtet diese Interaktionen und erhält somit Informationen über die Interessen des Kunden.

Vorverarbeitung der Daten. In dieser Phase müssen die Daten so aufbereitet werden, dass sie als Ausgangsbasis für gängige Lernverfahren verwendet werden können. Dazu sind zwei Schritte notwendig. Im ersten Schritt werden die einzelnen Präsentationselemente durch eine Auswahl von Attributen beschrieben. Dieses können inhaltliche Angaben sein, wie zum Beispiel die Produktgruppe oder die dargestellte Information oder auch technische Daten wie die Art des Mediums oder die Elementgröße. Die Auswahl dieser Attribute bestimmt nach welchen Aspekten die Präferenzen des Kunden in dem folgenden Lernverfahren untersucht werden. Im zweiten Schritt dieser Vorverarbeitungsphase werden die Elemente anhand der beobachteten Interaktionen während der Wissensakquisition bewertet. Hat der Kunde zum Beipiel ein Bild vergrößert oder ein Video abgespielt, so wird sein Interesse an diesen Elementen positiv eingeschätzt, während das Zusammenfalten eines Stretchtextes oder das Ignorieren eines Videos Beispiele für negatives Interesse sind. Das Ergebnis dieser Phase ist also eine Menge von positiv und negativ bewerteten und durch Attribute beschriebenen Präsentationselementen. Eine genaue Beschreibung der Wissensakquisition und Vorverarbeitung erfolgt im Kapitel 4.

Lernen der Benutzerpräferenzen. Das Ziel in diesem Abschnitt ist das Lernen der Benutzerpräferenzen aus den positiven und negativen Beispielen der Präsentationselemente. Gesucht sind daher Algorithmen aus dem Bereich des überwachten Konzeptlernens, die Beschreibungen für die beiden Klassen positives und negatives Interesse ermitteln. Die Algorithmen sollten mit wenigen Daten eine spontane Adaption realisieren, keine umfangreichen Initialisierungsarbeiten benötigen und die aktuellen Vorlieben stärker gewichten. Abhängig von dem Ziel der Adaption können die Verfahren verschiedene Attribute der bewerteten Präsentationselemente verwenden und somit zum Beispiel eine Adaption nur nach den inhaltlichen Aspekten wie Produkttyp, Marke oder Preis durchführen oder zum Beispiel nach technischen Aspekten wie Medientyp und Dateigröße. Für das TELLIM-System wurde für die adaptive Integration der einzelnen Präsentationselemente der Algorithmus CDL4 von Shen [She96] ausgewählt, ein inkrementelles Verfahren zum Aufbau von Entscheidungslisten. Dieser Algorithmus wurde dahingehend angepasst, dass er neben diskreten und kontinuierlichen Attributen auch mengenbasierte Attribute verarbeiten kann. Zudem wurden für die verschiedenen Attribute Prioritäten eingeführt, um die Länge der Entscheidungslisten zu begrenzen und den Algorithmus dadurch zu optimieren. Das Ergebnis des Verfahrens kann als eine geordnete Liste von Regeln interpretiert werden, welche Beschreibungen für positives und negatives Interesse des jeweiligen Benutzers angeben und somit seine Präferenzen ausdrücken. Diese Regelmenge kann im nächsten Schritt bei der Generierung der Präsentationen verwendet werden. Eine genaue Beschreibung zur Auswahl und Anpassung des Lernverfahrens erfolgt im Kapitel 5.

Automatische Generierung zur Laufzeit. Bei der Generierung der Produktpräsentationen wurde eine Lösung gefunden, die Designwissen verwendet und trotzdem flexibel genug ist, um die Präferenzen des Kunden zur Laufzeit zu berücksichtigen. Das System benutzt für jede Produktgruppe dynamische Templates, die mit if-then-else Konstrukten die Präsentationselemente abhängig von den Aussagen des Lernverfahrens integrieren. Um trotz der interaktiven Veränderungen des Kunden jederzeit eine ansprechende Gestaltung zu realisieren, werden die einzelnen Präsentationselemente zu Sinneinheiten zusammengefasst. Auf diese Weise ist gewährleistet, dass zum Beispiel ein beschreibender Text in unmittelbarer Nähe des Bildes verbleibt, auch wenn dieses durch den Benutzer vergrößert wird. Die Anordnung innerhalb dieser Sinneinheiten wird durch Metadaten bestimmt, die jedes Präsentationselement über sich selbst speichert. So kann angegeben werden, ob ein Bild besser links oder rechts vom Text erscheinen soll. Die Reihenfolge der Sinneinheiten wird durch eine Wertung angegeben, welche wiederum vom Hersteller oder Designer festgelegt werden kann. Die Gestaltung einer Seite erfolgt

3.2. TEMPORÄRE BENUTZERMODELLIERUNG IN TELLIM

dann mit Hilfe von Design-Regeln dynamisch zur Laufzeit. Eine detaillierte Beschreibung dieser Phase erfolgt im Kapitel 6.

3.2.3 Vergleich zu bestehenden Ansätzen

Die Vorgehensweise in dem TELLIM-System bietet gegenüber bestehenden Ansätzen, die im Kapitel 2 vorgestellt wurden, die folgenden Vorteile:

- Durch die Art der Wissensakquisition wird der Kunde nicht belästigt, da keine zusätzlichen Anforderungen an ihn gestellt werden. Dennoch bekommt das System nicht nur Informationen darüber, welche Seiten der Kunde besucht hat, sondern über sein Interesse an einzelnen Medienelementen. Es stehen sowohl positive als auch negative Wertungen zur Verfügung, wodurch das System genügend Informationen für eine Anpassung der Präsentationen erhält.

- Die entwickelte Form der Benutzermodellierung ermöglicht dem Kunden eine bewusste Steuerung des Adaptionsprozesses mit Hilfe natürlicher Interaktionen. Das Verhalten des Systems ist durchschaubar für den Kunden, so dass er nicht durch plötzliche Veränderungen verwirrt wird.

- Die bewerteten Präsentationselemente können von einer Reihe von Lernverfahren verarbeitet werden und bieten somit eine Grundlage für die Realisierung vielfältiger Formen zur Anpassung der Präsentation, wie zum Beispiel die individuelle Integration der Medienelemente oder die Auswahl von Sonderangeboten.

- Es können Benutzermodelle aufgebaut werden, die sowohl Aussagen zu inhaltlichen Aspekten der Präsentationselemente machen (Produktgruppe, übermittelte Information, Preis, etc.), als auch zu technischen Aspekten (Art des Mediums, Format, Dateigröße, etc.).

- Die Anpassung erfolgt dynamisch zur Laufzeit, so dass wechselnde Präferenzen des Kunden berücksichtigt werden. Das System aktualisiert sein Benutzermodell nach jeder angesehenen Produktpräsentation. Die Anpassung erfolgt daher unmittelbar nach den entsprechenden Interaktionen des Kunden.

- Obwohl das System seine Präsentationen dynamisch zur Laufzeit generiert, wird durch die Verwendung von Metadaten und Designregeln eine ansprechende Gestaltung berücksichtigt.

Nicht berücksichtigt werden bei dem Ansatz der temporären Benutzermodellierung derzeit die folgenden Aspekte:

- Der vorgestellte Ansatz bildet ein temporäres Benutzermodell, welches für jede Sitzung neu erstellt wird. Die Daten des Kunden werden zur unmittelbaren Adaption verwendet und daher nicht gespeichert. Das System könnte jedoch dahingehend erweitert werden, dass ein langfristiges Benutzermodell mit dem vorgestellten Ansatz kombiniert und dem Kunden optional angeboten wird. Diese Erweiterungsmöglichkeit wird im Kapitel 9.2 näher betrachtet.

- Das vorgestellte TELLIM-System realisiert auf verschiedene Weisen die Adaption der Produktpräsentationen. Es wurde nicht die Anpassungen des Produktsortimentes an den Kunden betrachtet und auch nicht die Generierung aktiver Produktvorschläge. Grundsätzlich ist auch in diesem Punkt eine Erweiterung des Ansatzes denkbar. Da diese Formen der Anpassung jedoch vorwiegend bei der Verwendung einer langfristigen Benutzermodellierung zum Tragen kämen, wird in dieser Arbeit nicht näher darauf eingegangen.

3.3 Architektur des TELLIM Systems

Um das TELLIM-System möglichst einfach mit kommerziellen Produktkatalogen kombinieren zu können, orientiert sich die Architektur des Systems an der üblichen Architektur elektronischer Produktkataloge wie sie in Abbildung 2.2 dargestellt wurde. Das System besteht also aus Datenbank, Application-Server und Web-Server. Hinzu kommt für das TELLIM-System die Benutzermodellierungs-Komponente, die als weitere Anwendung mit dem Application-Server kommunizieren muss. Diese Komponente könnte prinzipiell sowohl auf dem Client als auch auf dem Server installiert werden. Vor- und Nachteile beider Lösungen sind in den Tabellen 3.1 und 3.2 dargestellt.

3.3. ARCHITEKTUR DES TELLIM SYSTEMS

Benutzermodellierung auf dem Server	Benutzermodellierung auf dem Client
+ Benutzerdaten liegen bei dem jeweiligen Hersteller vor, was zu besseren Auswertungsmöglichkeiten für den Hersteller führt. + Es muss kein zusätzlicher Programmcode zum Client übertragen werden (keine zusätzliche Ladezeit). + Der Client-Rechner wird nicht zusätzlich belastet. + Bei einer impliziten Wissensakquisition müssen Benutzerdaten nicht über das Internet übertragen werden. + Schnelle Kommunikation zwischen Benutzermodell und Anwendung.	+ Interaktionen des Benutzers können detailliert beobachtet werden. + Der Benutzer kann sein Benutzermodell selber kontrollieren. + Das Benutzermodell könnte zukünftig für verschiedene Anwendungen genutzt werden (Ansatz eines universellen Benutzermodells)

Tabelle 3.1: Vorteile der Benutzermodellierung auf Client bzw. Server

Benutzermodellierung auf dem Server	Benutzermodellierung auf dem Client
- Geringe Möglichkeiten, Informationen über den Benutzer zu sammeln. Es kann nur festgestellt werden, welche Seiten vom Benutzer besucht bzw. welche Daten vom Server angefordert werden. - Geringe Kontrollmöglichkeiten des Benutzer bezüglich seines Benutzermodells	- Übertragung von zusätzlichem Programmcode zum Client. - Zusätzlicher Netzverkehr bei der Kommunikation zwischen Benutzermodell und Anwendung - Eingeschränkte Zugriffsmöglichkeiten auf Benutzerdaten durch den Hersteller.

Tabelle 3.2: Nachteile der Benutzermodellierung auf Client bzw. Server

3.3. ARCHITEKTUR DES TELLIM SYSTEMS

Für das TELLIM-System wurde die Benutzermodellierung auf Client und Server aufgeteilt. Die Wissensakquisition muss auf dem Client stattfinden, da dort die Interaktionen des Benutzers detaillierter beobachtet werden können. Dieses ist eine wichtige Voraussetzung, um bei einer rein impliziten Wissensakquisition genügend Informationen über die Benutzer zu erhalten. Die weitere Verarbeitung der Daten findet auf dem Server statt. Diese Entscheidung liegt zum einen darin begründet, dass der Client-Rechner nicht zu stark beansprucht werden soll und dass der Hersteller mehr Flexibilität in der Benutzung der gesammelten Daten erhält. Zum anderen spielen die genannten Vorteile einer alleinigen Benutzermodellierung auf dem Client (Tabelle 3.1), wie die Kontrollmöglichkeiten des Benutzers und die Nutzung der Profile für andere Anwendungen, bei der temporären Benutzermodellierung nur eine untergeordnete Rolle, da keine expliziten Benutzerprofile gespeichert werden.

Die Architektur des TELLIM-System ist in Abbildung 3.4 dargestellt. Die Wissensakquisition erfolgt auf der Client-Seite. Die gewonnenen Informationen werden dann zum Server übertragen. Dort findet zunächst eine Vorverarbeitung statt, bevor die Daten in einem dritten Schritt von verschiedenen Lernverfahren zur Einschätzung der Benutzerpräferenzen verwendet werden. Die Ergebnisse dieser Lernverfahren können dann in dem Application Server zur Adaption der Web-Seiten verwendet werden.

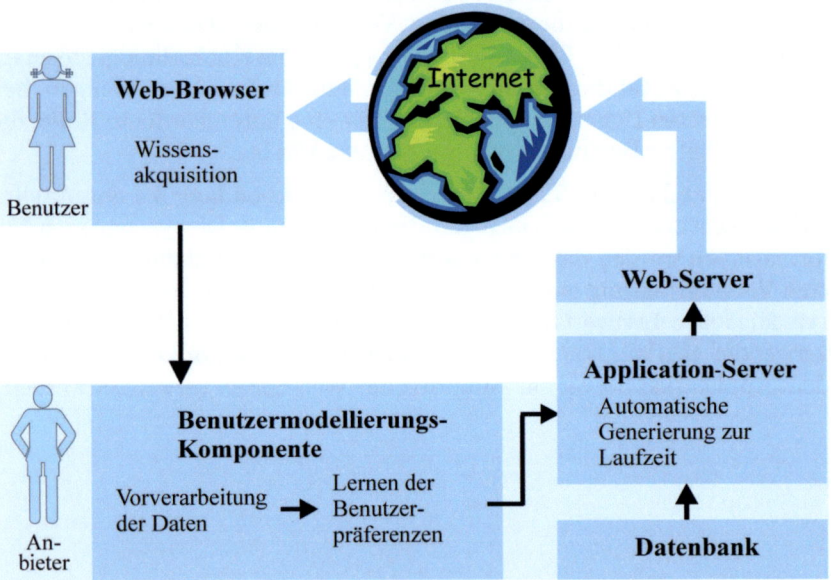

Abbildung 3.4: Architektur des TELLIM-Systems

Kapitel 4

Wissensakquisition und Vorverarbeitung

Im Abschnitt 2.2.1 wurde der Ansatz der kollaborativen Benutzermodellierung vorgestellt, bei der die Benutzer dem System zeigen, welche Adaption sie gerne realisiert sehen würden. Dieses wurde in existierenden Systemen zum Beispiel. dadurch gelöst, dass die Benutzer selbständig die Reihenfolge der angebotenen Links verändern und das System dann aus diesen Änderungen Schlussfolgerungen für das Benutzermodell zieht. In TELLIM wurde dieser Ansatz auf multimediale Präsentationen im World Wide Web erweitert. Dem Kunden muss die Möglichkeit gegeben werden, über einfache und natürliche Interaktionen sein positives oder negatives Interesse an einzelnen Medienelementen auszudrücken, so dass die bewerteten Elemente dann im nächsten Schritt durch Lernalgorithmen verarbeitet werden können.

In diesem Kapitel werden zunächst im Abschnitt 4.1 die gewählte Repräsentationsform der Medienelemente erläutert und geeignete Attribute ausgewählt. Abschnitt 4.2 stellt die Interaktionen des Kunden vor, die vom System beobachtet werden und welche die notwendigen Informationen zum Aufbau des Benutzermodells liefern. Abschließend wird im Abschnitt 4.3 die Vorverarbeitung des akquirierten Wissens beschrieben und die Verwendung verschiedener Lernverfahren dargestellt.

4.1 Repräsentation der Medienelemente

Die Repräsentation von Wissen muss zwei Aufgaben erfüllen. Sie soll die inhaltliche Bedeutung zutreffend beschreiben (semantische Aufgabe) und sie muss eine angemessene Verarbeitung des Wissens ermöglichen (rechnerische Aufgabe) [Cla89]. Angemessene Verarbeitung bedeutet in dem Anwendungsfeld des elektronischen Einkaufens auch, dass die Repräsentation der Medienelemente keinen hohen zusätzlichen Aufwand für den Hersteller nach sich zieht.

4.1.1 Attribut-Wert-Repräsentation

Die Anwendung maschineller Lernalgorithmen beruht in vielen Fällen auf verfügbaren Trainingsdaten, die als Attribut-Wert-Paare repräsentiert sind. Die attribut-basierte Repräsentation eignet sich aus folgenden Gründen auch für das TELLIM-System im hohen Maße.

1. Die semantische Aufgabe wird ausreichend erfüllt. Bei der Beschreibung der Medienelemente interessieren eine Reihe von Eigenschaften wie Produktkategorie oder Größe und Art des Mediums, welche sehr gut über Attribute festgelegt werden können. Komplexere Zusammenhänge brauchen für die geplante Form der Adaption nicht dargestellt werden.

2. Es gibt eine Vielzahl von Klassifikationsverfahren, die mit attribut-repräsentierten Trainingsdaten arbeiten. Die Erfüllung der rechnerischen Aufgabe wird somit ermöglicht.

3. Der Aufwand für den Hersteller des Produktkataloges ist gering. Da die Medienelemente ohnehin in einer Datenbank gespeichert sind, können problemlos weitere Eigenschaften der Elemente in Form von Attribut-Wert-Paaren hinzugefügt werden.

4.1.2 Auswahl der Attribute

Die Präferenzen des Kunden hinsichtlich der Verwendung multimedialer Elemente in Produktpräsentationen können von verschiedenen Aspek-

4.1. REPRÄSENTATION DER MEDIENELEMENTE 73

ten abhängen, die zum großen Teil als Eigenschaften der Medienelemente ausgedrückt werden können. Um diese Abhängigkeiten beim Aufbau eines Benutzermodells adäquat zu berücksichtigen, sollen die Medienelemente durch Attribute beschrieben werden. Dafür kommen sowohl inhaltliche Beschreibungen als auch technische Eigenschaften in Frage:

- Art des Mediums: Die Kunden können eine generelle Vorliebe oder Abneigung für bestimmte Medienarten haben. Dieses kann zum Beispiel in der Handhabung begründet sein (zum Beispiel Navigation in virtuellen Welten) oder in fehlender Ausstattung des Computers (zum Beispiel Plugin für Videoplayer).

- Größe des Medienelementes: Da die Ladezeit immer noch ein kritischer Aspekt im Internet ist, könnte für viele Kunden auch die Größe des Medienelementes eine Rolle spielen. So werden zum Beispiel Bilder von 50 kB gerne angesehen. Haben die Bilder jedoch eine Größe von 300kB, so verzichtet der Kunde lieber auf das lange Warten.

- Produktinformation: Das Interesse an beschreibenden Medienelementen kann natürlich auch von der Art des Produktes abhängen. So kann man sich vorstellen, dass ein Kunde sich große Bilder und Videos zu einem Automodell ansieht, bei der Waschmaschine jedoch nur präzise und schnelle textuelle Informationen wünscht. Diese Unterscheidungen können in verschiedenen Eigenschaften des Produktes begründet sein, wie zum Beispiel Produktgruppe, Preiskategorie oder Marke.

- Art der Information: Ein weiterer wichtiger Aspekt ist die Art der Information, d.h. die Inhalte, die das Medienelement übermittelt. So interessieren sich einige Kunden für die textuellen Informationen über die Sonderausstattung eines Autos und haben aber kein Interesse an den genauen Motordaten oder an den Testberichten.

Um einen Eindruck von der Bedeutung der verschiedenen Medien und der möglichen Attribute zu bekommen, wurde eine Befragung mit den 23 Versuchspersonen durchgeführt, die auch das gesamte System evaluiert haben (Kapitel 8). Diese Personen wurden zunächst nach ihren Interessen für Texte, Bilder, Videos, VR-Welten und Audio zur Beschreibung

74 KAPITEL 4. WISSENSAKQUISITION

von Autos und Fahrrädern im Web befragt. Auf einer Skala von 1-7 bedeutete 1 "kein Interesse" und 7 "großes Interesse". In den folgenden Diagrammen (Abbildung 4.1 bis 4.3) sind die Ergebnisse für die einzelnen Medien dargestellt. Hierbei sieht man, dass es eine größere Zustimmung für Texte, Bilder und virtuelle Welten gibt und eine eher skeptische Haltung zu Video- und Audio-Dateien. In allen fünf Diagrammen ist eine breite Streuung zu erkennen, die angibt, dass die Präferenzen der Kunden hinsichtlich dem Interesse an einzelnen Medien variieren. Die Ergebnisse dieser Befragung sind sicherlich von den gezeigten Produktgruppen "Autos" und "Fahrrädern" abhängig. Dennoch ist zu vermuten, dass sich die Vorlieben der Kunden bei anderen Produkten zwar etwas anders verteilen, jedoch auch dann eine Streuung stattfinden würde. Eine Anpassung der Art des Mediums scheint daher wünschenswert zu sein. Um Hinweise auf weitere Abhängigkeitsfaktoren zu bekommen, wurde den Versuchspersonen die Aussagen der Abbildung 4.4 vorgelegt, die sie auf einer Skala von 1-7 bewerten sollten. Die Wertung 1 bedeutete "stimme gar nicht zu" und 7 stand für "stimme voll zu". Das Ergebnis dieser Befragung ist in Abbildung 4.5 dargestellt, wobei jeweils der Durchschnittswert der Anworten berechnet wurde. An dem Diagramm ist zu erkennen, dass sowohl die Inhalte der Medien, wie zum Beispiel das zu beschreibende Produkt oder die übermittelte Information, für die Versuchspersonen eine Rolle spielen als auch technische Aspekte und die augenblickliche Situation. Die Versuchspersonen waren sich einig, dass es eine Reihe von Faktoren gibt, welche die Vorlieben für einzelne Medien beeinflussen. Dieses zeigt auch die negative Beurteilung der letzten Aussage ("Mein Interesse an Texten, Bildern oder Videos hängt von gar nichts ab. Beispiel: Ich möchte generell nur Texte lesen und sehe mir niemals Videos an.")

Simulationen mit dem realisierten Prototypen haben zudem gezeigt, dass der Erfolg der inhaltlichen Attribute im starken Maße mit der Struktur des Produktkataloges zusammenhängt. Sind die Produkte zum Beispiel nach Produktkategorien dargestellt ohne besondere Hervorhebung des Preises, so sollten die Elemente auch durch das Attribut "Produktkategorie" beschrieben werden anstatt durch "Preisgruppe". Ebenso hat sich herausgestellt, dass eine zu detaillierte Beschreibung der Medienelemente keine guten Ergebnisse erzielt. Das System kann nicht mehr im ausreichenden Maß generalisieren. Der Algorithmus lernt in diesem Fall

4.1. REPRÄSENTATION DER MEDIENELEMENTE

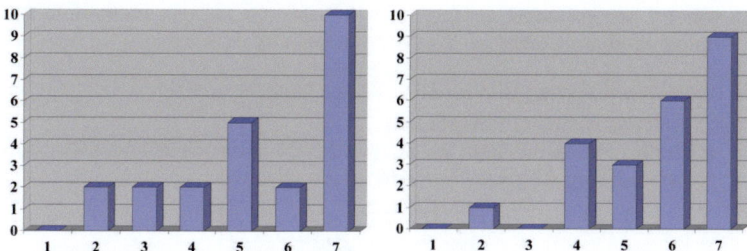

Abbildung 4.1: Interesse an Texten (links) und Bildern (rechts)

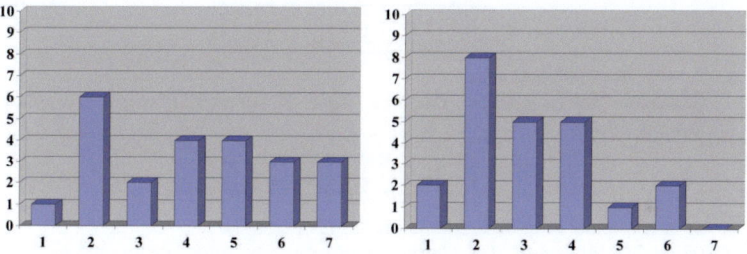

Abbildung 4.2: Interesse an Video (links) und Audio (rechts)

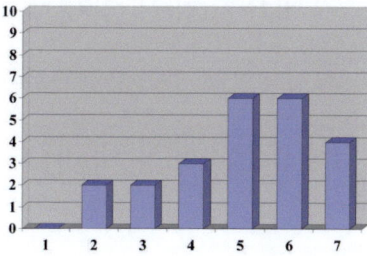

Abbildung 4.3: Interesse an VR-Welten

Fragebogen zu Abhängigkeitsfaktoren
Ihr Interesse an den verschiedenen Elementen, wie Texte, große Bilder und Videos, könnte von verschiedenen Kriterien abhängen. Bitte geben Sie auf der Skala von 1-7 an, inwieweit die folgenden Aspekte für Sie von Bedeutung sind. (1= stimme überhaupt nicht zu, 7 = stimme voll zu)

Mein Interesse an Texten, Bildern oder Videos hängt wesentlich .....

1. .... von der Art des Produktes ab.
   (Beispiel: Fahrräder finde ich langweilig. Da reichen mir kurze Textinfos, während ich zu Autos große Bilder sehen möchte.)

2. .... von der Art der Information ab.
   (Beispiel: Bilder vom Innenraum des Autos sehe ich gerne in voller Größe an, während mir Bilder vom Motorraum egal sind.)

3. .... von der Ladezeit ab.
   (Beispiel: Videos gefallen mir nur, wenn Sie innerhalb von 5 sec geladen werden können.)

4. ... von meiner augenblicklichen Zeit und Lust ab.
   (Beispiel: Während der Kaffeepause lasse ich mich gerne durch Videos unterhalten, ist die Zeit etwas knapper, möchte ich nur präzise textuelle Informationen.)

5. .... von gar nichts ab.
   (Beispiel: Ich möchte generell nur Texte lesen und sehe mir niemals Videos an.)

6. .... von _____ ab.

Abbildung 4.4: Fragebogen zur Abhängigkeit der Benutzerpräferenzen

4.1. REPRÄSENTATION DER MEDIENELEMENTE 77

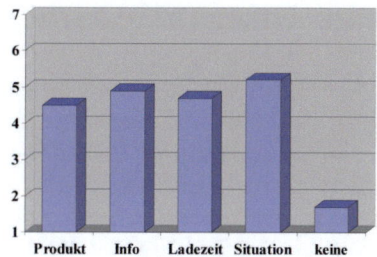

Abbildung 4.5: Abhängigkeitsfaktoren für die Medienvorlieben

zu spezielle Regeln, welche in das Verhalten des Kunden mehr hinein interpretieren als tatsächlich an Informationen vorhanden ist. Die Auswahl der inhaltlichen Attribute sollte sich daher auch nach der Komplexität des Produktkataloges und der Tiefe der Navigationsstruktur richten.

In dem realisierten TELLIM-Prototypen wurden für die Anpassung der Medienelemente die folgenden Attribute mit den aufgeführten Ausprägungen verwendet:

- Medium (Stretchtext, Scrolltext, Bild, Video)

- Art des Produktes (Auto, Modellauto, Fahrrad)

- Art der Information (Allgemeines, Technik, Design, Sicherheit, Ausstattung, Komfort, Bewertung, Zusatz)

- Dateigröße (groß, mittel, klein)

Dieses sind diskrete Attribute, bei denen die Klassenzugehörigkeit durch die Gleichheitsrelation getestet wird. Man spricht bei diesen Beschreibungselementen auch von einer Nominalskala, bei geordneten Werten, wie zum Beispiel bei der Dateigröße ("groß", "mittel", "klein") von einer Ordinalskala. Diese Attribute und auch ihre Ausprägungen können jederzeit erweitert werden, wobei einzelne Lernverfahren möglicherweise nur Teilmengen dieser Beschreibungselemente betrachten.

4.2 Natürliche Interaktionsmöglichkeiten

Dem Kunden muss die Möglichkeit gegeben werden, über einfache und natürliche Interaktionen positives und negatives Interesse an einzelnen Medienelementen auszudrücken. Für das TELLIM-System wurden hierzu als Beispiele die Medien Text, Bild und Video betrachtet. Die vorgeschlagene Form der Wissensakquisition kann jedoch auch auf weitere Medien wie virtuelle Welten, Audio-Dateien oder Animationen erweitert werden.

Texte. Für die Übermittelung einer größeren Informationsmenge ist der Text immer noch ein sehr gut geeignetes Medium. Ein weiterer Vorteil von Texten im Web ist die geringe Größe von normalerweise 1 bis 5 kB und die damit verbundene kurze Ladezeit. Für das Marketing im Web ist es dennoch wichtig, Texte nur dann einzubinden, wenn der Benutzer an den Informationen interessiert ist. Lange Texte wirken oft sehr langweilig und sind wenig dazu geeignet Stimmung zu transportieren. Im TELLIM-System können längere Texte daher auf zwei verschiedene Arten eingebunden werden. Als Stretchtext wird ein Text bezeichnet, der über ein Link angewählt werden kann und der dann jedoch nicht in einem zusätzlichen Dokument angezeigt, sondern in die bestehende Seite eingeschoben wird. Abbildung 4.6 zeigt auf der linken Seite einen Stretchtext in zusammengefalteter Form und auf der rechten Seite denselben Text in aufgefalteter Darstellungsform. Stretchtext bietet eine flexible Möglichkeit zum Einbinden von Texten, da die Struktur der Präsentation unabhängig von der Darstellungsform des Textes erhalten bleibt und dem Benutzer somit die Orientierung erleichtert. Wird der Text zunächst in gefalteter Form eingebunden, so kann der Benutzer entweder den Link ignorieren oder den Text anwählen. Ist der Text in aufgefalteter Form integriert, so kann der Benutzer den Text lesen und damit eine messbare Zeit auf der Seite verbringen oder den Text aktiv wieder zuklappen.

Ein zweites Mittel zur Einbindung von längeren Texten ist die Verwendung einer zusätzlichen Bildlaufleiste (Scrolltext). Hierbei wird der Text in einem definierten Fenster dargestellt, so dass er nur einen begrenzten Platz der Präsentation beansprucht und daher den Gesamteindruck nicht wesentlich stört. Ein Beispiel ist in Abbildung 4.7 dargestellt. Der

4.2. NATÜRLICHE INTERAKTIONSMÖGLICHKEITEN

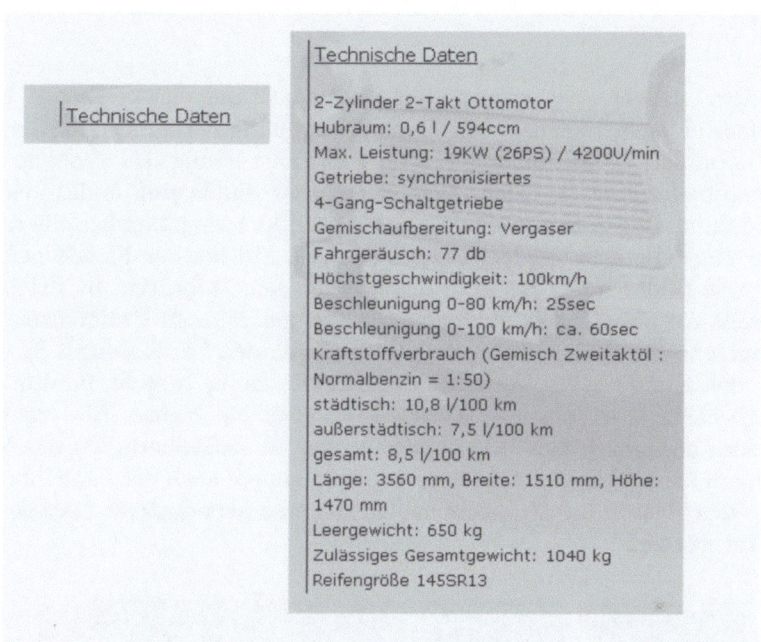

Abbildung 4.6: Einbindung von Texten als "Stretchtexte"

Abbildung 4.7: Einbindung von Texten als "Scrolltexte"

80 KAPITEL 4. WISSENSAKQUISITION

Benutzer kann sein Interesse an dem Text dann auf natürliche Art und Weise über die Verwendung der Bildlaufleiste kommunizieren.

Bilder. Bilder sind insbesondere im Bereich des elektronischen Einkaufens ein sehr beliebtes Mittel zur Darstellung der Produkte. Gerade bei detaillierten Darstellungen entsteht jedoch häufig das Problem der langen Ladezeiten, da Bilder nicht selten über 100kB groß sind. In vielen Produktkatalogen sind deshalb nur kleine Bilder eingebunden, die dann über einen Link vergrößert werden können. Möchte der Kunde mehrere große Bilder sehen, muss er diese immer neu anfordern. In TELLIM besteht die Möglichkeit abhängig von den geschätzten Präferenzen des Benutzers, die Bilder klein oder groß einzubinden (Abbildung 4.8). Damit der Kunde seine Vorlieben ausdrücken kann, besteht für ihn die Möglichkeit, über einen einfachen Mausklick ein kleines Bild zu vergrößern und ein großes Bild ebenso wieder zu verkleinern. Da das Verkleinern keine übliche Interaktion ist, kann zudem auch der Ladeabbruch über den Button des Browsers beobachtet und als negatives Zeichen bewertet werden.

Abbildung 4.8: Einbindung von Bildern

Videos. Als zeitvariante Medien werden in den TELLIM-Prototypen derzeit Videos integriert. Diese können über das RealPlugin innerhalb

4.3. VORVERARBEITUNG DER MEDIENELEMENTE

eines Players abgespielt werden. Da auch hier das Problem der Ladezeiten eine Rolle spielt, werden Videos nur eingebunden, wenn das Interesse des Benutzers als positiv eingeschätzt wurde. Im anderen Fall erscheint ein Link als Hinweis auf das Video. Der Benutzer hat dann die Möglichkeit, den Link anzuwählen oder zu ignorieren. Ist das Video in die Präsentation integriert, so können die Interaktionen des Benutzers mit den Knöpfen des Players aufgezeichnet werden. Abbildung 4.9 zeigt die Einbindung des Videos im Player und als Link.

Abbildung 4.9: Einbindung von Videos

Die verwendeten Elemente können problemlos auf weitere Medien und Medienformate, wie zum Beispiel Audio, QuicktimeVR oder VRML, erweitert werden. Auch bei diesen Medien ist es möglich, die Interaktionen des Benutzers mit den Playern bzw. der 3D-Darstellung des Produktes aufzuzeichnen und als positives Zeichen für das Interesse des Benutzers zu werten, wohingegen ein Ignorieren dieser Interaktionsmöglichkeiten als negatives Zeichen bewertet werden kann.

4.3 Vorverarbeitung der Medienelemente

Um die Interaktionen der Benutzer für eine Adaption der Präsentationen nutzen zu können, muss eine Vorverarbeitung stattfinden. Das Ziel dieser Vorverarbeitung ist es, eine Reihe von positiven und negativen Beispielen für Medienelemente zu erhalten, die als Eingabedaten für Lernverfahren verwendet werden können. Im nächsten Abschnitt wird die Bewertung der Interaktionen des Benutzers beschrieben. Anschließend verdeutlicht Abschnitt 4.3.2 wie die bewerteten Daten als Voraussetzung für verschiedene Lernverfahren dienen.

4.3.1 Bewertung der Interaktionen

Die Interaktionen des Benutzers mit jedem einzelnen Medienelement werden im TELLIM-System auf der Client-Seite beobachtet und bewertet. Dazu wird zunächst der Anfangszustand der Medienelemente, also die Art der Einbindung, betrachtet. Bilder können zum Beispiel groß oder klein eingebunden sein, Stretchtexte können zu Beginn auf- oder zugeklappt sein und Videos bereits eingebunden oder nur über ein Link verfügbar sein. Wichtigster Aspekt bei der Bewertung sind die Interaktionen, die vom System beobachtet wurden. In einem ersten Ansatz wurde zusätzlich die Zeit gemessen, die der Benutzer auf einer Seite verbracht hat. Es wurde untersucht, ob diese Zeit dazu ausreichte, um den wesentlichen Teil eines Textes gelesen zu haben. Versuche mit dem Prototypen haben jedoch gezeigt, dass viele Benutzer, die nur eine sehr kurze Zeit auf der Seite verbracht haben, dennoch den ausgeklappten Text sehen wollten, um zum Beispiel einzelne Punkte zwischen den Produkten zu vergleichen. Aus diesem Grund blieb im TELLIM-Prototypen eine Zeitmessung unberücksichtigt. Die verwendeten Regeln zur Bewertung der Medienelemente sind in Tabelle 4.1 dargestellt. Die Bewertung der Medienelemente stützt sich auf einfache und natürliche Interaktionen des Kunden. Das System verwendet keine komplexeren Schlussfogerungen, die aus der Häufigkeit der Besuche oder der verbrachten Zeit vielleicht berechnet werden könnten. Der Kunde soll das Gefühl haben, dass sein Verhalten das Aussehen der Adaption steuert. Er soll bewusst Einfluss auf das Adaptionsverhalten nehmen können, ohne dass ein zusätzlicher Aufwand für ihn entsteht. Die einfachen Interaktionen, welche den Bewertungsregeln zugrunde liegen, wurden in der Evaluation des TELLIM-Prototypen (Kapitel 8) getestet.

4.3.2 Aufbereitung und Speicherung

Fügt man nun zu jedem Medienelement die Bewertung und die beschreibenden Attribute hinzu, so erhält man eine Menge positiv und negativ bewerteter Beispieldaten, die von einer Vielzahl von Lernverfahren verwendet werden können. Tabelle 4.2 zeigt ein Beispiel für so eine Datenmenge. Jedes Lernverfahren kann dabei die Attribute verwenden, die für die jeweilige Klassifikationsaufgabe maßgebend sind. Für das adaptive Integrieren der verschiedenen Medienelemente könnte der Algorithmus zum Beispiel die Attribute "Medium", "Größe", "Information" und "Kategorie" verwenden, während ein Algoritmus zur individuellen Auswahl der Sonderangebote nur die inhaltlichen Attribute ("Information", "Kategorie", "Preis", "Marke") berücksichtigt.

Art der Einbindung	Interaktionen	Bewertung
Stretchtext, aufgeklappt	keine	positiv
Stretchtext, aufgeklappt	Zuklappen	negativ
Stretchtext, zugeklappt	keine	negativ
Stretchtext, zugeklappt	Aufklappen	positiv
Scrolltext	keine	negativ
Scrolltext	Scrollen	positiv
Bild, groß	keine	positiv
Bild, groß	Ladeabbruch	negativ
Bild, groß	Verkleinern	negativ
Bild, klein	keine	negativ
Bild, klein	Vergrößern	positiv
Video, Link	keine	negativ
Video, im Player	keine	negativ
Video, im Player	Start-Button	positiv

Tabelle 4.1: Regeln zur Bewertung der Medienelemente

ID	Medium	Größe	Information	Kategorie	Preis	Marke	Bewertung
23	Text	klein	Ausstatt.	PKW	teuer	BMW	positiv
67	Video	groß	Innen	PKW	teuer	BMW	negativ
80	Bild	mittel	Sicherh.	PKW	teuer	BMW	positiv
15	Text	klein	Technik	PKW	billig	Trabi	positiv
46	Text	klein	Ausstatt.	PKW	billig	Trabi	positiv
60	Video	groß	Innen	PKW	billig	Trabi	negativ
35	Bild	mittel	Sicherh.	PKW	mittel	Opel	negativ

Tabelle 4.2: Menge bewerteter Beispieldaten

Kapitel 5

Das Lernverfahren

Dieses Kapitel betrachtet die Auswahl des passenden Lernverfahrens. Der Fokus liegt dabei auf der adaptiven Integration der Medienelemente. Im Abschnitt 5.1 werden zunächst die speziellen Anforderungen aufgeführt, die durch das Anwendungsfeld des elektronischen Einkaufens und durch die Ziele des TELLIM Systems gegeben sind. Nach der Betrachtung verschiedener Verfahren in Abschnitt 5.2 fiel die Vorentscheidung auf den Bereich des überwachten Konzeptlernens in Form von Entscheidungsbaumverfahren. Diese Gruppe von Algorithmen wird daher im Abschnitt 5.3 näher untersucht, bevor dann in dem Abschnitt 5.4 das gewählte Verfahren CDL4 beschrieben und seine Vorgehensweise anhand von simulierten Testdaten gezeigt wird. Abschließend wird im Abschnitt 5.5 dargestellt, wie die inkrementell gesammelten Daten mit Hilfe anderer Lernverfahren auch für weitergehende Adaptionen verwendet werden können.

5.1 Anforderungen an das Lernverfahren

Wie im vorhergehenden Kapitel 4 beschrieben, stehen als Voraussetzung für das Lernverfahren die inkrementell gesammelten und bewerteten Medienelemente zur Verfügung, welche durch verschiedene Attribute beschrieben werden. Immer wenn der Kunde eine Seite des entsprechenden

KAPITEL 5. DAS LERNVERFAHREN

Produktkataloges verlässt, werden seine Interaktionen analysiert und die Datenmenge um die entsprechenden Elemente der Seite verlängert. Der Lernalgorithmus kann auf diese Weise eine fortlaufende Zahl an positiven und negativen Beispielen für Medienelemente als Eingaben verwenden. Das Ziel des Lernverfahrens ist es, aus diesen bewerteten Medienelementen Regeln zu generieren, welche die Vorlieben des Kunden für die Elemente in Abhängigkeit der beschreibenden Attribute angeben. Dabei müssen die folgenden Anforderungen berücksichtigt werden:

- Aktualität. Die Interessen der Benutzer sind während einer Sitzung im allgemeinen nicht konstant. Man kann sich zum Beispiel die Situation vorstellen, dass der Benutzer zunächst alle Infomationsangebote aus Neugier betrachtet, dann aber bei dem dritten Produkt die Lust an multimedialen Elementen verliert und nur noch Textinformationen anfordert. Aus diesem Grund sollte der Lernalgorithus immer dann seine Regelmenge aktualisieren, wenn neu bewertete Medienelemente vorliegen. Es sollte also ein inkrementell arbeitender Algorithmus verwendet werden oder aber ein Lernverfahren, dessen Rechenaufwand es ermöglicht es häufig neu zu starten. Desweiteren sollte das Verfahren bei widersprüchlichen Eingabedaten die aktuelleren Daten bevorzugen, damit die Produktpräsentationen auf die aktuell zutreffenden Präferenzen des Kunden abgestimmt werden können.

- Geringe Datenmenge. Viele Algorithmen, die für Klassifikationsaufgaben verwendet werden, benötigen große Datenmengen, um zu aussagekräftigen Ergebnissen zu kommen. In dem Anwendungsfeld des elektronischen Einkaufens stehen diese jedoch nicht zur Verfügung. Das Ziel des TELLIM-Systems ist eine sofortige Adaption an die Präferenzen des Kunden, so dass bereits die zweite Produktpräsentation in Abhängigkeit von dem Verhalten des Kunden bei der ersten Präsentation generiert wird. Der Algorithmus muss also von fünf bis sechs Elementvektoren seine ersten Regeln bilden. Dazu kommt das Problem, dass viele Kunden sich ohnehin nur wenige Seiten von einem Produktkatalog ansehen, da sie zum Beispiel gezielt nach einem Produkt suchen oder aber nach kurzer Zeit die Lust verlieren. Auch diesen Kunden sollen möglichst passende Präsentationen geboten werden.

5.1. ANFORDERUNGEN AN DAS LERNVERFAHREN 87

- Repräsentationsform. Ein wichtiges Ziel für den Bereich des elektronischen Einkaufens ist es, den für das Adaptionsverhalten notwendigen Zusatzaufwand für den Hersteller und somit Betreiber des Produktkataloges möglichst gering zu halten. Da die Medienelemente am einfachsten über verschiedene Attribute beschrieben werden können, ist es wünschenswert ein attributbasiertes Lernverfahren zu wählen.

- Vorarbeiten. Aus demselben Grund, nämlich den Aufwand für den Hersteller gering zu halten und somit adaptive Produktpräsentationen überhaupt praktisch realisieren zu können, sollte das Lernverfahren ohne umfangreiche Vorarbeiten auskommen. So wäre es zum Beispiel problematisch ein Neuronales Netz zu verwenden, welches erst über einen längeren Zeitraum trainiert werden müsste.

- Flexibilität. Da ein Produktkatalog kein statisches System ist, welches über mehrere Jahre unverändert bleibt, sollte das Lernverfahren so flexibel sein, dass ohne großen Aufwand neue Produkte hinzugefügt und auch die beschreibenden Attribute verändert werden können. Des weiteren sollte das Verfahren möglichst vielseitig sowohl für ein breit gefächertes als auch für ein sehr spezialisiertes Produktangebot eingesetzt werden können,

Zusätzlich zu den oben genannten Aspekten gelten natürlich auch die drei Forderungen nach Korrektheit, Effizienz und Verständlichkeit, die bei allen Lernaufgaben eine wichtige Rolle spielen:

- Korrektheit. Das Verfahren sollte aus den bewerteten Medienelementen Regeln lernen, welche möglichst korrekt das Verhalten des Benutzers voraussagen. Werden mehrere Algorithmen verglichen, so ist in der Literatur die Korrektheit häufig der wichtigste Aspekt.

- Effizienz. Besonders für den Bereich des elektronischen Einkaufens und für das zeitkritische Internet sollte das Verfahren möglichst schnell sein.

- Verständlichkeit. Will man die jeweiligen Regeln dem Kunden oder dem Hersteller sichtbar machen, so ist es hilfreich, wenn die Regeln in möglichst verständlicher Form vorliegen.

5.2 Maschinelle Lernverfahren zur Benutzermodellierung

In den letzten Jahren wurden vermehrt adaptive Benutzerschnittstellen entwickelt, welche Techniken aus dem Bereich des maschinellen Lernens verwendeten. Im Folgenden werden vier gängige Vorgehensweisen kurz vorgestellt und auf ihre Eignung für das elektronische Einkaufen betrachtet.

Neuronale Netze. In Neuronalen Netzen wird das Wissen in einem mehrschichtigen Netz aus Knoten repräsentiert, indem Aktivität von den Eingangsknoten über die verdeckten Knoten zu den Ausgangsknoten transportiert wird. Gewichtungen an den Kanten legen dabei fest, welcher Anteil der Aktivität übertragen wird. Die Aktivität der Ausgabeknoten kann dann als mehrdimensionaler Vektor angesehen werden, der z.B. Aussagen zu Klassifikationsaufgaben machen kann [LS95]. In der Benutzermodellierung wurden Neuronale Netze zum Beispiel zur Realisierung eines "Personal News Service" [JH93] verwendet, bei dem die Knoten des Netzes einzelne Schlüsselworte repräsentieren und die Verbindungen entsprechend der assoziativen Zusammenhänge zwischen den Worten gesetzt werden. Als Ergebnis macht das System dann Voraussagen über das Interesse des Benutzers an einen neuen Artikel. Neuronale Netze bereiten für den Anwendungsfall des TELLIM-Systems zwei Probleme. Das sind zum einen die benötigten Trainingsphasen. Sollte das System zum Einsatz kommen, so müsste der Hersteller das Netz zunächst an verschiedenen Testkunden trainieren. Dieses würde einen erhöhten Aufwand bedeuten, was wiederum einer praktikablen Anwendung im Wege steht. Das zweite Problem ist die Modellierung von kurzfristigen Interessensschwankungen. Neuronale Netze werden in den meisten Systemen für eine langfristige Benutzermodellierung eingesetzt [JH93], [GMM97]. Schnelle temporäre Adaptionen, wie sie für das TELLIM-System gefordert werden, können nur unzureichend modelliert werden.

Bayes'sche Klassifikatoren. Das Konzept-Lernen mit Hilfe des Bayes-Theorem ist ein statistisches Verfahren, bei dem aus den Apriori-Wahrscheinlichkeiten der Hypothesen und der statistischen Häufigkeit des

5.2. MASCHINELLE LERNVERFAHREN 89

Auftretens von bestimmten Beobachtungen die bedingten Wahrscheinlichkeiten für das Auftreten einer Hypothese beim gleichzeitigen Auftreten der entsprechenden Beobachtungen berechnet werden kann. Das System kann somit durch das Berechnen der größten bedingten Wahrscheinlichkeit eine Entscheidungshilfe bei Klassifikationsaufgaben sein [Gör93]. Dieser Ansatz ist besonders in den letzen Jahren in der Benutzermodellierung populär geworden und wurde sowohl bei Lehr- und Lernsystemen eingesetzt [CGV+97], [CB97] als auch für die Planerkennung bei Spielen [AZN+97], Informationssystemen [PMB96], [Mla99] und Dialogsystemen [SW97]. Für die Anwendung beim elektronischen Einkaufen ergibt sich das Problem, dass dem Hersteller eine größere Menge von Apriori-Wahrscheinlichkeiten bekannt sein müssen, bzw. er zusätzlichen Aufwand tätigen muss, um diese Anfangswerte durch Testläufe mit realen Benutzern zu bestimmen.

Instanzen-basiertes Lernen. Das Instanzen-basierte Lernen begründet sich auf der Speicherung einzelner Trainingsdaten (Instanzen), welche dann über ein definiertes Abstandsmaß mit der aktuellen Situation verglichen werden. Ein bekannter Vertreter dieser Lernmethodik ist das k-Nearest-Neighbor Verfahren. Hierbei werden alle Instanzen auf Punkte in einem mehrdimensionalen Raum abgebildet. Die Nachbarschaftsverhältnisse werden dann mit dem Euklidischen Abstandsmaß ermittelt. Als Ergebnis des aktuellen Eingabewertes wird der Wert zurückgegeben, der am häufigsten bei den k-nächsten Nachbarn als Ergebniswert steht [Mit97]. Anwendung findet diese Vorgehensweise zum Beispiel bei adaptiven Informationssystemen [PMB96], in denen die bewerteten Artikel als Instanzen gespeichert werden. Für das Anwendungsszenario des TELLIM-Systems liegt das Hauptproblem bei dem k-Nearest-Neighbor Verfahren in der Datenvorverarbeitung. Die Ausprägungen der zu betrachtenden Attribute, wie zum Beispiel "Opel", "VW", "Mercedes" für das Attribut "Produktklasse" oder "Technik", "Innenausstattung", "Sicherheit" für das Attribut "Informationsart", müssen auf einen mehrdimensionalen Vektorraum abgebildet werden, für den das Euklidische Abstandsmaß gilt. Diese Abbildung ist sowohl aufwendig zu realisieren als auch häufig wirklichkeitsverzerrend. Ein weiteres Problem besteht darin, dass dieses Verfahren alle Attribute im gleichen Maße betrachtet. Sind jedoch einige Attribute irrelevant für den Benutzer, wie zum Beispiel die Dateigröße, so wird dieses nicht berücksichtigt und kann das Ergebnis verfälschen.

Entscheidungsbaumverfahren. Dieses sind Verfahren, welche aus attributrepräsentierten Beispielen Begriffe in der Form von Entscheidungsbäumen lernen. Jeder Knoten in einem Baum ist ein Verzweigungspunkt, der für einen Attributtest steht. Jeder Zweig korrespondiert mit einem Attributwert und jedes Blatt stellt einen Begriffsnamen bzw. eine Klassenzugehörigkeit dar. Um zu entscheiden, ob ein neues Beispiel zu einer Klasse gehört, wird den Kanten gefolgt, deren Beschriftung einem Attributwert des Beispiels entspricht. Das Beispiel wird dann der Klasse zugeordnet, welche an dem entsprechenden Blatt angegeben ist. Entscheidungsbaumverfahren werden in der Praxis schon seit langer Zeit erfolgreich angewendet, wobei sie vorwiegend für Klassifikationsaufgaben in Expertensystemen zum Einsatz kommen [Gör93]. Aber auch für intelligente Benutzerschnittstellen sind sie bereits vielfach eingesetzt worden. So verwendet das System CAP zum Beispiel einen Lernalgorithmus, der auf dem Entscheidungsbaumverfahren ID3 [Qui86] basiert, um den Benutzer bei der Verwaltung seines Terminkalenders zu unterstützen [MCF+94]. Entscheidungbäume können am besten eingesetzt werden, wenn die Beispiele mit Attribut-Wert-Paaren repräsentiert sind und wenn die Zielfunktion diskrete Ausgabewerte hat. Zudem können Entscheidungsbäume für widersprüchliche und verrauschte Daten eingesetzt werden und verarbeiten auch Beispiele, bei denen Attributwerte fehlen. Da die genannten Eigenschaften sehr gut auf die Anforderungen und Voraussetzungen des Anwendungsgebietes des elektronischen Einkaufens passen, fiel die Entscheidung für das TELLIM-System auf diese Art des Lernverfahrens.

5.3 Entscheidungsbaum- und Entscheidungslistenverfahren

Im folgenden Abschnitt werden verschiedene Ansätze anhand einer Reihe von Kriterien charakterisiert und damit ein Überblick über existierende Verfahren gegeben.

5.3. ENTSCHEIDUNGSBAUMVERFAHREN

Art der Repräsentation. Die meisten Verfahren bilden so genannte Entscheidungsbäume, z.B. ASSISTANT [CN89], C4.5 [Qui96a]. Dabei steht jedes Blatt für eine Klassifikation, jeder Zweig korrespondiert mit einem Attribut-Wert und an jedem internen Knoten findet ein Attributtest statt. Als Pfadhypothese wird der Pfad von der Wurzel zu einem Knoten bezeichnet. Die einzelnen Klassen lassen sich dann durch Disjunktionen von Pfadhypothesen charakterisieren. Gebildet wird der Baum meistens dadurch, dass Blattknoten weiter spezialisiert werden. Dabei entscheiden Heuristiken, welches Attribut gewählt wird und wann die Spezialisierung stoppen soll. Man spricht auch von einer Top-Down-Strategie, da man von allgemeinen Klassenbeschreibungen zu speziellen kommt. Ein neues Beispiel wird dann dadurch klassifiziert, dass man von der Wurzel zu dem entsprechenden Blattknoten läuft.

Andere Verfahren bilden Entscheidungslisten, z.B. AQR [CN89], CN2 [CB91] oder CDL4 [She96], bei denen die Regeln in geordneter Reihenfolge (AQR, CN2, CDL4) oder in ungeordneter Form (AQR, erweiterter CN2) gespeichert werden. Die einzelnen Regeln bestehen dabei aus der Vorbedingung, die durch die Konjunktion von Attributtests gegeben ist, und der Schlussfolgerung, welche die zugehörige Klasse angibt. Die Erstellung einer Entscheidungsliste kann ebenfalls nach der Top-Down-Strategie erfolgen, so dass allgemeine Regeln im Laufe der Zeit weiter spezialisiert werden. Eine andere Möglichkeit ist die Bottom-Up-Strategie, bei der zunächst für jedes Beispiel eine Regel gebildet wird und der Algorithmus dann versucht, diese Regeln zu verallgemeinern [Tor93]. Die folgende Tabelle 5.1 zeigt Beispieldaten zum Lernen von Regeln [Cla90]. Aus den Beispieldaten in Tabelle 5.1 würde der Algorithmus ID3 folgenden Entscheidungsbaum aufbauen.

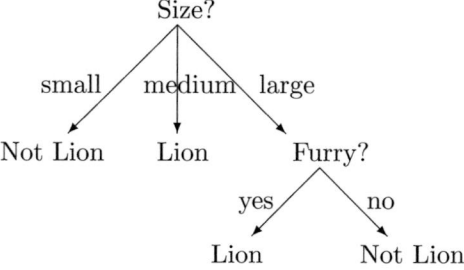

KAPITEL 5. DAS LERNVERFAHREN

Furry?	Age?	Size?	Class
furry	old	large	lion
not furry	young	large	not lion
furry	young	medium	lion
furry	old	small	not lion
furry	young	small	not lion
furry	young	large	lion
not furry	young	small	not lion
not furry	old	large	not lion

Tabelle 5.1: Trainingsdaten

Und das Verfahren AQ würde aus den Daten die folgenden Regeln lernen.

if (furry=yes) and (size=large) then (class=lion)
if (size=medium) then (class=lion)
if (furry=no) then (class=not lion)
if (size=small) then (class=not lion)

Entscheidungslisten haben den Vorteil, dass sie verständlicher sind. Nachteilig ist jedoch häufig der höhere Rechenaufwand. Entscheidungslisten sind insbesondere dann interessant, wenn es eine große Kategorie gibt, in welche die Mehrzahl der zu erwartenden Beispiele fällt, und nur einzelne unsystematische Ausnahmen getrennt behandelt werden müssen [Mit97].

Art der zu verarbeitenden Daten Bei den meisten Entscheidungsbaum- und Entscheidungslistenverfahren unterscheidet man zwischen diskreten und kontinuierlichen Attributen. Diskrete Attribute sind zum Beispiel Vorname, Farbe, etc., bei denen die Klassenzugehörigkeit durch die Gleichheitsrelation getestet wird. Man spricht bei diesen Beschreibungselementen auch von einer Nominalskala, bei geordneten Werten, wie zum Beispiel "langsam", "schnell", "sehr schnell" von einer Ordinalskala. Bei der Ordinalskala können zusätzlich zu dem Test der Klassenzugehörigkeit auch Vergleichsoperatoren eingesetzt werden. Kontinuierliche Attribute können beispielsweise Größe oder Gewicht sein. Bei dieser Art von Attributen besteht die Möglichkeit, Intervalle zu bilden (Intervallskala), so

5.3. ENTSCHEIDUNGSBAUMVERFAHREN 93

dass auch die Abstände zwischen den Einheiten vergleichbar sind. Die Klassenzuordnung würde hier durch die Zugehörigkeit zu einem Intervall bestimmt werden [CN89]. Andere Verfahren arbeiten mit einer rationalen Skala, bei der sowohl die Intervalle als auch die Relationen erhalten bleiben. Bei beiden Skalenformen können über die Vergleichsoperationen "kleiner als" und "größer als" Attributtests definiert werden. Bei diesen Tests gibt es dann mehrere Möglichkeiten, die jeweiligen Schwellen zu definieren. In dem inkrementellen Algorithmus CDL4 [She96] wird als Grenzwert gerade der Wert genommen, mit dem das aktuelle Beispiel falsch klassifiziert wurde. In C4.5 [Qui96a] versucht der Algorithmus über die Betrachtung aller Attributwerte der Trainingsdaten, eine Grenze zu finden, welche die kontinuierlichen Daten möglichst gut unterteilt. Wenige Verfahren können zusätzlich mengenbasierte Attribute verarbeiten [Coh96], [Jör98], bei denen die Attributtests die Mengenzugehörigkeit überprüfen. Die Verarbeitung dieser Daten ist jedoch häufig sehr rechenintensiv.

Auswahlregel. Um einen Entscheidungsbaum oder -liste aufzubauen, muss der Algorithmus jeweils ein Attribut auswählen, welches die Beispielmenge am besten unterteilt, so dass eine Struktur aufgebaut wird, die in möglichst einfacher und schneller Form die folgenden Daten korrekt klassifiziert. Zu diesem Zweck bedient man sich häufig der Wahrscheinlichkeitsrechnung. Im einfachsten Fall verwendet ein Algorithmus die Zahl der positiven Beispiele oder die Anzahl der falsch klassifizierten oder die relative Häufigkeit (Quotient aus den positiven Beispielen und der Gesamtzahl der Beispiele), um die Güte eines Attributes abzuschätzen. Dieser Ansatz ist bei einer großen Beispielmenge durchaus erfolgreich, liefert jedoch schlechtere Ergebnisse, wenn nur wenig Daten vorliegen [BCK96]. Ähnlich einfach ist das Laplace-Gesetz $p = (r+1)/(n+k)$, wo r die Zahl der positiven Beispiele darstellt, n die Gesamtzahl der Beispiele und k die Anzahl der Klassen. Diese Formel kommt zum Beispiel in dem erweiterten CN2-Algorithmus zur Anwendung [CB91]. Eine dritte Methode, welche auf der Bayeschen Analysis basiert, nennt sich "m-estimate" oder "k-estimate" [BCK96]. Hierbei werden zusätzlich noch die Apriori-Wahrscheinlichkeiten p_a und ein Steuerungsparameter m berücksichtigt: $p = (r + m \times p_a)/(n+m)$. Besonders bei geringen Datensätzen liefert diese Methode bessere Ergebnisse.

94   KAPITEL 5. DAS LERNVERFAHREN

Sie ist jedoch auch aufwendiger in der Berechnung, da zum einen die
Apriori-Wahrscheinlichkeiten berechnet werden müssen und zum anderen der Parameter m empirisch ermittelt werden muss. Viele Systeme
verwenden Heuristiken, die den jeweiligen Informationsgewinn eines Attributtestes abschätzen und häufig auf Entropieberechnungen basieren
(ID3 [Cla90], ASSISTANT [CN89], CN2 [CN89], C4.5 [Qui86]). Bei dieser Vorgehensweise wird vorausgesetzt, dass die Attribute unabhängig
voneinander sind. In Anwendungsfeldern mit starken Abhängigkeiten
liefern diese Heuristiken daher nicht so gute Ergebnisse. Ein weiteres
Problem ist die Bevorzugung von Regeln, die nur Beispiele einer Klasse
enthalten. Dieses führt häufig zur Bildung sehr spezieller Regeln [CB91].

Behandlung unvollständiger Daten. Sind einige Attribut-Werte
nicht bekannt, so gibt es unterschiedliche Vorgehensweisen [Mit97]. Viele
Algorithmen ordnen dem Attribut den Wert zu, der unter den Instanzen derselben Klasse am häufigsten vorkommt [CN89]. Andere Verfahren
nehmen "unbekannt" als neuen Attributwert auf [WUS96]. Eine dritte
Möglichkeit liegt darin, dass eine Verteilung der Attributewerte berechnet wird und das System dann mit den entsprechenden Wahrscheinlichkeiten weiterrechnet, wie zum Beispiel in C4.5 [Qui86].

Behandlung widersprüchlicher Daten. Man spricht von Widersprüchen, wenn dieselben Attributvektoren verschiedenen Klassen zugeordnet sind. Diese Widersprüche können auf verschiedene Weisen aufgelöst werden. In vielen Algorithmen, zum Beispiel RITIO [WUS96],
wird die Klasse gewählt, der bisher die meisten Attributvektoren zugeordnet wurden. In CDL4 wird die aktuellere Regel übernommen und die
"alte" vergessen [She96]

Behandlung ungenauer Daten. In Anwendungen der realen Welt
müssen in aller Regel auch ungenaue Daten behandelt werden. Ein Ansatz dazu ist das "flexible Matching". Dabei werden die Beispiele auch
dann Regeln zugeordnet, wenn die Vorbedingungen nicht vollständig
erfüllt werden. Wird dieser Ansatz bei sehr einfachen Regeln angewendet, so sind die sich ergebenden Regeln jedoch zu ungenau [Tor93].
Um eine "Überadaption" (Overfitting) zu vermeiden, wurde eine Reihe

5.3. ENTSCHEIDUNGSBAUMVERFAHREN

von Techniken entwickelt, die teilweise auch als Pruning-Strategien bezeichnet werden. Sehr häufig findet man die "pruned general-to-specific search". Dabei wird ein Algorithmus, der allgemeine Klassenbeschreibungen versucht zu verfeinern, frühzeitig beendet, bevor eine vollständig konsistente Regelmenge entsteht. Dieser Abbruch erfolgt zum Beispiel in Abhängigkeit von der Anzahl der Beispiele, die zu eine Hypothese gespeichert werden können [Cla90]. Andere Systeme, zum Beispiel ASSISTANT [CN89], schätzen mit statistischen Verfahren ab, ob eine zusätzliche Verzweigung die Korrektheit des Baumes erhöht. Anderenfalls wird der Aufbau beendet. Statt die Entwicklung des Baumes oder der Liste zu stoppen, besteht auch die Möglichkeit, den Algorithmus vollständig laufen zu lassen und das entsprechende Ergebnis dann zu bearbeiten, um zum Beispiel einen kompletten Teilbaum durch einen Blattknoten zu ersetzen. Dieser Ansatz wird als Post-Pruning bezeichnet. Auch bei diesem Verfahren wird die Zahl der abgedeckten positiven Beispiele häufig als Mindestgrenze für die Bedeutung einer Regel angewendet [SE94], [WUS96]. Ein ganz anderer Ansatz ist das "collaborative rule application". Hierbei können für eine Klassifikation mehrere Regeln genutzt werden, denen verschiedene Gewichtungen zugeordnet sind. Dieser Ansatz wird zum Beispiel in AQ15 [MMH+86] angewendet. Bei inkrementell arbeitenden Algoritmen stellt sich das Problem so dar, dass das System entscheiden muss, wann es eine Beobachtung ignoriert, weil sie auf ungenauen Daten beruht und wann sie berücksichtigt werden muss. Viele Systeme reagieren dahingehend, dass direkte Widersprüche zu ihrem bisherigen Wissen beim ersten Auftreten ignoriert werden. Erst wenn diese Datensätze wiederholt auftreten, werden sie durch den Algorithmus verarbeitet, zum Beispiel in UNIMEM [Leb87].

Default Strategien. Wenn der Algorithmus einen Attributvektor nach seinem aktuellen Entscheidungsbaum oder der Entscheidungsliste nicht zuordnen kann, so muss eine Default-Strategie angewendet werden. Dieses ist besonders bei inkrementell arbeitenden Algorithmen von großer Bedeutung, die bereits nach wenigen Beispieldaten Klassifikationen vornehmen müssen. Als einfachste Lösung gibt es in so einem Fall eine Default-Regel, die zum Beispiel die gebräuchlichste Klasse zurückliefert [SE94], [CN89]. Ein anderer Ansatz, der auch als "flexible matching" bezeichnet wird, wendet die Regel an, die am ehesten zutrifft, auch wenn nicht alle Vorbedingungen korrekt erfüllt werden, zum Beispiel in RITIO [WUS96]. Die Qualität dieser Klassifikationsmethoden hängt wesentlich von der Struktur und Verteilung der Daten ab. Eine dritte Möglichkeit ist das Starten einer neuen Suche, die für das zu klassifizierende Beispiel eine neue Regel generiert [Lin95]. Diese Vorgehensweise erfordert jedoch meist viel Rechenzeit.

Vorverarbeitung der Trainingsdaten. Für die Klassifikationsalgorithmen, die nicht inkrementell arbeiten, wurden eine Reihe von Ansätzen zur Vorverarbeitung der Trainingsdaten entwickelt, welche die Korrektheit der Klassifikationsergebnisse verbessern. Für Verfahren, die nicht mit inkonsistenten Daten umgehen, können diese in einem ersten Schritt aus der Beispielmenge entfernt werden [Cla90]. Shen [She97] hat den Algorithmus CDL4 dahingehend erweitert, dass er zu Beginn zu den jeweiligen Beispielen aktiv nach Gegenbeispielen sucht, um so die Entscheidungsliste effizienter aufzubauen. Eine Methode zur allgemeinen Erhöhung der Korrektheit ist das "Bagging". Hierbei wird die Menge der Testdaten vervielfacht. Die Vielfachen werden dahingehend verändert, dass einige Beispiele weggelassen und andere verdoppelt werden. Für jede Testmenge wird ein Klassifizierungssystem gelernt. Soll nun eine Instanz klassifiziert werden, so wird die Klasse vorausgesagt, welche von den meisten der Klassifizierungssysteme vorausgesagt wird [Qui96b]. Ein ähnlicher Ansatz ist das "Boosting". Hierbei werden die Instanzen mit Gewichten belegt. Dabei werden die Instanzen, die falsch klassifiziert wurden, bei der nächsten Bildung des Entscheidungsbaumes höher gewichtet. Die endgültige Klassifizierung fasst wiederum alle Klassifizierungssysteme zusammen, jedoch ist jede Voraussage eines Systems eine Funktion seiner Korrektheit [Qui96b].

Inkrementelles Arbeiten. In vielen Anwendungen, die mit realen Daten arbeiten, entsteht die Notwendigkeit, die Wissensbasis häufig zu ändern, da es nicht möglich ist, erst Entscheidungen zu treffen, wenn eine große Menge von Beobachtungen gesammelt wurden. Die Systeme müssen auf Änderungen der realen Welt spontan reagieren. Theoretisch ist es möglich, bei jeder neuen Beobachtung durch die verschiedenen Verfahren neue Entscheidungsbäume oder -listen aufzubauen. Treten diese neuen Beobachtungen jedoch in hoher Zahl auf, so ist die Performance der Verfahren zu niedrig [FS97]. Daher wurden eine Reihe von Systemen entwickelt, die inkrementell arbeiten, z.B. CN2 [CN89], YAILS [Tor93], CDL4 [She96], ID5 [Cla90]. Diese Ansätze bauen ihren Baum oder eine entsprechende Liste bei einer neuen Beobachtung nicht von Grund an neu auf, sondern versuchen, nur die fehlerhaften Bereiche zu verändern. Einige Systeme betrachten dazu die gesamte Wissenbasis, andere bearbeiten nur die Beschreibung der jeweiligen Klasse.

5.4 CDL4

CDL4 ist ein Algorithmus von Shen [She96], der inkrementell eine Entscheidungsliste aufbaut. Dabei werden nicht einzelne Klassenbeschreibungen generalisiert, sondern das jeweilige Komplement spezifiziert, was auch als "complementary discrimination learning" (CDL) bezeichnet wird. In diesem Abschnitt wird der Algorithmus erklärt, die Erweiterungen erläutert und seine Eignung für die Adaptionsaufgabe begründet. Abschließend wird das Verhalten des Algorithmus' anhand simulierter Testdaten demonstriert.

5.4.1 Der Algorithmus

Das Ergebnis des CDL4-Algoritmus' ist eine Entscheidungsliste DL, die sich aus einer endlichen Menge von Paaren D_i (Entscheidungen) zusammensetzt. Jede Entscheidung besteht aus einer Vorbedingung p und einem Wert v. Die Vorbedingung ist eine Konjunktion von Prädikaten oder "default", wobei default für eine Tautologie steht. Der Wert v steht für die zu lernenden Klassen. In TELLIM wird "positiv" für das Interesse des Benutzers und "negativ" für Desinteresse verwendet. Eine Entscheidungsliste kann also folgendermaßen aussehen:

$$
\begin{aligned}
DL &= [D_i | 1 \leq i \leq 3] \\
&= [(p,v)_i | 1 \leq i \leq 3] \\
&= [(product \neq Auto, negativ), \\
&\quad ((info \neq Motor) \wedge (medium \neq video), positiv), \\
&\quad (default, negativ)]
\end{aligned}
\tag{5.1}
$$

KAPITEL 5. DAS LERNVERFAHREN

Diese Entscheidungsliste würde folgendermaßen interpretiert: Wenn das Medienelement nicht ein Produkt aus der Gruppe Auto beschreibt, dann ist der Kunde vermutlich nicht interessiert und das Element wird nur als Link in die Präsentation integriert. Handelt es sich jedoch um ein Auto und ist das Medienelement kein Video und beschreibt es nicht die Motorleistung, so wird angenommen, dass der Kunde interessiert ist und das Element wird in den Vordergrund der Präsentation gerückt. Treffen keine der aufgeführten Vorbedingungen zu, so verwendet das System den default-Wert, schätzt das Interesse des Kunden im obigen Beispiel als negativ ein und bestückt die Präsentation daher eher sparsam mit Medienelementen.

Das Ziel des Algorithmus' ist es, inkrementell eine Entscheidungsliste zu lernen, die das Verhalten des Kunden so passend wie möglich voraussagt. Um das zu erreichen, sucht der Algorithmus für jede Instanz durch seine Liste und liefert die erste Entscheidung zurück, bei der die Vorbedingung p_j für die aktuelle Instanz wahr ist. Wenn der Wert v_j mit der Bewertung der Beobachtungs-Komponente übereinstimmt, dann wird die aktuelle Instanz als Beispiel für diese Entscheidung gespeichert. Stimmen die Werte nicht überein, so wird die aktuelle Instanz durch die Entscheidungsliste falsch klassifiziert und p_j muss verändert werden. Dazu berechnet der Algorithmus die minimale Differenz zwischen der aktuellen Instanz x und den bisherigen Beispielen für die Entscheidung D_j. Dazu werden sogenannte Differenz-Prädikate $diff$ für die verschiedenen Attribute berechnet, um x von den anderen Beispielen zu unterscheiden. Das Ergebnis ist eine Disjunktion von Differenz-Prädikaten. Jedes von denen ist wahr für einige Beispiele, aber falsch für die aktuelle Instanz x. Als Beispiel betrachten wir eine aktuelle Instanz x mit einer positiven Bewertung und den folgenden Attributen:

$$x = \{Video, Auto, Sonderausstattung, teuer, 400kB, positiv\} \quad (5.2)$$

Vorhergehende Beispiele waren:

$$\begin{aligned}
y_1 &= \{Text, Auto, Motor, teuer, 2kB, negativ\} & (5.3) \\
y_2 &= \{Bild, Auto, Motor, teuer, 2kB, positiv\} \\
y_3 &= \{Bild, Auto, Innenausstattung, teuer, 300kB, positiv\} \\
y_4 &= \{Text, Auto, Sonderausstattung, teuer, 1kB, negativ\}
\end{aligned}$$

5.4. CDL4

und die aktuelle Entscheidungsliste ist:

$$DL = [(medium \neq Bild, negativ), (default, positiv)] \quad (5.4)$$

Mit dieser Entscheidungsliste würde die aktuelle Instanz als "negativ" klassifiziert. Da dieses jedoch mit der Bewertung nicht übereinstimmt, muss die Entscheidungsliste verändert werden. Dazu werden die Differenz-Prädikate diff$_{xi}$ folgendermaßen konstruiert:

Diskrete Attribute:

$$\begin{aligned} diff_x &\equiv (a \neq a_x) \\ diff_{x1} &\equiv (medium \neq Video) \\ diff_{x2} &\equiv (produkt \neq Auto) \\ diff_{x3} &\equiv (info \neq Sonderausstattung) \\ diff_{x4} &\equiv (preis \neq teuer) \end{aligned} \quad (5.5)$$

Kontinuierliche Attribute:

$$diff_x \equiv \begin{cases} (d < d_x), & \text{wenn mehr als die Hälfte der Werte } D_{yi} \text{ der} \\ & \text{vorhergehenden Beispiele kleiner sind als } d_x \\ (d > d_x), & \text{sonst} \end{cases}$$

$$diff_{x5} \equiv (datei < 300kB) \quad (5.6)$$

Da diese Differenz-Prädikate garantiert falsch sind für die aktuelle Instanz x, können ihre Stärken nur dadurch berechnet werden, für wieviele Beispiele sie wahr sind. Das Differenz-Prädikat mit der höchsten Zahl wird dann verwendet, um die vorherigen Beispiele von der aktuellen Instanz zu unterscheiden. In dem Beipiel müssen y_1 und y_4 betrachten werden, da sie von derselben Entscheidung klassifiziert wurden, wie die aktuelle Instanz x. Aus diesem Grund ist das Differenz-Prädikat mit der höchsten Zahl (hier 2):

$$\begin{aligned} diff_{x1} &\equiv (medium \neq Video) \\ diff_{x5} &\equiv (datei < 300kB) \end{aligned} \quad (5.7)$$

Daher ergibt sich nun die Entscheidung:

$$D_j = [(p_j \wedge diff_1, v_j), \ldots (p_j \wedge diff_n, v_j)] \quad (5.8)$$

KAPITEL 5. DAS LERNVERFAHREN

$$= [((medium \neq Bild) \wedge diff_{x1}, negativ)$$
$$((medium \neq Bild) \wedge diff_{x5}, negativ)]$$

Die neue Entscheidungsliste ist dann:

$$DL = [((medium \neq Bild) \wedge (medium \neq Video), negativ), \quad (5.9)$$
$$((medium \neq Bild) \wedge (datei < 300kB), negativ),$$
$$(default, positiv)]$$

Nachdem die falsche Entscheidung nun korrigiert wurde, wird für die aktuelle Instanz x in dem Rest der Entscheidungsliste nach einer Entscheidung gesucht, die x abdecken würde. Findet man so eine Entscheidung (im Beispiel (default, positiv)), so wird x als Beispiel dieser Entscheidung gespeichert. Andererseits wird diejenige Entscheidung D_n auf dieselbe Art verändert wie beschrieben. Dieser Prozess wird solange durchgeführt, bis die Instanz eine Entscheidung mit dem korrekten Wert findet. Sollte zuvor das Ende der Liste erreicht werden, so wird eine neue default Entscheidung angehängt mit dem Wert der Instanz x.

5.4.2 Eignung für TELLIM

CDL4 ist ein Algorithmus, der inkrementell eine Entscheidungsliste aufbaut und dadurch die Vorlieben des Kunden nach jeder Produktpräsentation neu berücksichtigen kann. Durch seine Vorgehensweise des "complementary discrimination learning" wird bei einem falsch klassifizierten Beispiel die Liste unmittelbar so verändert, dass diese Klassifikation nicht mehr auftreten kann. Treten Widersprüche in den Beispieldaten auf, so verwendet der Algorithmus die neueren Daten. Diese Eigenschaften führen dazu, dass sich das TELLIM-System an die aktuellen Vorlieben des Kunden anpassen kann und spontan auf seine Interaktionen reagiert.

Das Verfahren verwendet attribut-repräsentierte Beispieldaten, wobei sowohl kontinuierliche als auch diskrete Attribute verwendet werden können. Die Produktdaten können daher auf einfache Art und Weise beschrieben werden. Die Effizienz des Verfahrens ist im Vergleich zu anderen Algorithmen wie CN2 [CN89], C4.5[Qui86] und ITI [UBC97] sehr gut, was in Experimenten gezeigt werden konnte [She96]. Es werden nur

5.4. CDL4

Vergleiche durchgeführt, die in der Größenordnung $O(dn^2)$ liegen (d: Zahl der Attribute, n: Zahl der Beispieldaten).

Ein leichter Nachteil ist in der schlechten Lesbarkeit der Entscheidungsliste zu sehen. Zum einen handelt es sich bei diesem Verfahren um eine geordnete Liste, so dass die Reihenfolge der Regeln berücksichtigt werden muss. Zum anderen entstehen durch die Vorgehensweise des Algorithmus' nur Prädikate mit Negationen, die ebenfalls für den menschlichen Leser schwerer verständlich sind. Da jedoch in diesem System der Benutzer keinen Einblick in sein Modell erhält, ist dieser Nachteil für die vorgestellte Adaptionsaufgabe unerheblich.

5.4.3 Anpassung des Algorithmus'

Der Algorithmus CDL4 ist auf zwei Arten für seine Anwendung im TELLIM-System erweitert worden.

Verwendung mengenbasierter Attribute. Zu Beginn der Arbeit erschien es vorteilhaft, wenn die inhaltlichen Beschreibungen der Elemente auch als Mengen formuliert werden können. Der Hersteller könnte dann eine Menge von Attributen definieren, welche das Präsentationselement beschreiben, ohne sich Gedanken darüber zu machen, wie diese Attribute in bestimmte Kategorien strukturiert werden. Beispiel: {Auto, BMW, Innenraum, Cabrio, Wüstenlandschaft...} Um mengenbasierte Attribute in CDL4 zu verarbeiten, muss definiert werden, wie in diesem Fall die Bildung von Differenz-Prädikaten aussieht. Dieses wurde folgendermaßen festgelegt:

$$diff_x \equiv (a_x \notin A) \qquad (5.10)$$
$$Bsp.: diff_{x1} \equiv (Cabrio \notin A)$$

A ist dabei die Menge der Inhaltsattribute. Die jeweiligen Differenzprädikate müssen für jedes Element der Menge gebildet werden. Für die Realisierung des Prototypen hat sich dann jedoch herausgestellt, dass eine so genaue Beschreibung der Inhalte dazu führt, dass zu spezielle Regeln gelernt werden. Das System kann die Präferenzen des Benutzers nicht mehr im ausreichenden Maße generalisieren. Für den aktuellen TELLIM-Prototypen kam diese Erweiterung daher nicht zum Einsatz. Dennoch kann man sich für komplexere Produktkataloge mit einer höheren Navigationstiefe vorstellen, dass mengenbasierte Attribute die Beschreibung der Elemente erleichtern. In jedem Fall stehen dem Hersteller somit vielfältigere Beschreibungsmöglichkeiten zur Verfügung.

Optimierung durch Attribut-Prioritäten. In dem ursprünglichen CDL4 Algorithmus werden alle Differenzprädikate, welche dieselbe Wertung erhalten, in die Entscheidungsliste integriert. So sah man in dem obigen Beispiel in der Gleichung 5.8, dass in der Entscheidungsliste sowohl das Prädikat diff$_{x1}$ also auch diff$_{x5}$ ergänzt wurde. Diese Vorgehensweise führt in realen Umgebungen zu relativ umfangreichen Entscheidungslisten. Aus diesem Grund wurde für das TELLIM System eine Optimierung durch Attribut-Prioritäten eingeführt. Für das Anwendungsfeld des Prototypen wurden dazu die Attribute nach ihrer Wichtigkeit in folgender Reihenfolge sortiert:

$$\text{Medium} > \text{Art des Produktes} > \text{Art der Information} > \text{Dateigröße}$$
(5.11)

Diese Reihenfolge wurde durch das Beobachten von Versuchspersonen an dem Prototypen festgelegt und stellte sich bei der Evaluation (Kapitel 8) als erfolgreich heraus. Das System unterscheidet die Vorlieben des Kunden also zunächst nach der Art des Mediums, dann nach der Produktgruppe, der Art der Information und zum Schluss nach der Dateigröße. In dem obigen Beispiel wäre also nur das Prädikat diff$_{x1}$ in der Entscheidungsliste ergänzt worden. Die Prioritäten treten jedoch nur in Kraft, wenn die Wertigkeit der jeweiligen Prädikate gleich ist. Dieses ist vor allem am Anfang der Sitzung nach der ersten Präsentation der Fall. Das System liefert auf diesem Weg deutlich kürzere Entscheidungslisten. Sehr selten führte diese Optimierung zu falschen Annahmen, nämlich wenn aus der Sicht des Kunden ein Prädikat mit niedrigerer Priorität für seine Interaktionen entscheidend war. Dieser Effekt tritt in der Regel nur zu Beginn auf, da im späteren Verlauf die Wertungen der Prädikate wegen der höheren Zahl der Instanzen meist unterschiedlich sind.

In weiterführenden Arbeiten sollte überlegt werden, ob diese Prioritäten im Zusammenhang mit einem langfristigen Benutzermodell ebenfalls benutzerspezifisch variiert werden können. In dem vorgestellten Ansatz der temporären Benutzermodellierung erschien dieses nicht sinnvoll,

5.4. CDL4

da die Prioritäten vorwiegend zu Beginn Anwendung fanden, wenn noch kein Wissen über den jeweiligen Kunden vorlag.

5.4.4 Simulation mit Testdaten

Um die Vorgehensweise des Lernverfahrens zu demonstrieren, wurden einige typische Verhaltensweisen der möglichen Kunden an dem TELLIM-Prototypen simuliert.

Kunden mit stabilem Verhalten Die Vorlieben sind abhängig von der Art des Mediums und der Art der Information.

1. Kunde A sieht sich sechs Autos an. Beim ersten Auto fordert er das Video an und ignoriert die Bilder und Texte. Das System lernt daraufhin die folgende Entscheidungsliste[1]:

Nr.	Vorbedingung	Schlussfolgerung
1	$(Medium \neq video)$	$(Interesse = negativ)$
2	$(default)$	$(Interesse = positiv)$

   Beim zweiten Auto wird das Video somit gleich in die Präsentation integriert. Alle anderen Elemente erscheinen im kleinen Format. Der Kunde spielt bei allen folgenden fünf Präsentationen die Videos ab. Die Regelmenge bleibt daher unverändert.

2. Kunde B sieht sich ebenfalls sechs Autos an. Beim ersten Auto vergrößert er das erste Bild und klappt beide Stretchtexte auf. Das System lernt die folgenden Regeln.

Nr.	Vorbedingung	Schlussfolgerung
1	$(Info \neq allgemein)$ $\wedge\ (Medium \neq Text)$	$(Interesse = negativ)$
2	$(default)$	$(Interesse = positiv)$

---

[1] Die Entscheidungslisten sind in diesem Abschnitt wegen der besseren Lesbarkeit in halb-formaler Notation aufgeführt

Beim zweiten Auto erscheint daher das erste allgemeine Bild des Autos groß und die Texte sind in aufgeklappter Form integriert. Das Video ist weiterhin nur als Link vorhanden. Der Kunde ist mit dieser Art der Präsentation zufrieden und nimmt keine weiteren Änderungen vor. Die Regeln bleiben in dieser Form erhalten.

Bei diesen ersten beiden Beispielen (Kunde A und B) erkennt man sehr gut, wie das optimierte Verfahren kurze Entscheidungslisten lernt, welche die Vorlieben des Kunden korrekt wiedergeben. Besonders das Verhalten von Kunde B konnte in der Evaluation des Systems sehr häufig beobachtet werden.

Kunde mit zeitlich wechselndem Verhalten Die Vorlieben sind wiederum abhängig von der Art des Mediums und der Art der Information.

3. Kunde C sieht sich sechs Autos an. Er vergrößert bei der ersten Präsentation das erste allgemeine Bild, klappt beide Texte auf und fordert das Video an. Es entsteht die folgende Regelmenge:

Nr.	Vorbedingung	Schlussfolgerung
1	$(Info \neq allgemein)$ $\land (Medium \neq Text)$ $\land (Medium \neq Video)$	$(Interesse = negativ)$
2	$(default)$	$(Interesse = positiv)$

Beim zweiten Auto sieht sich der Kunde wiederum das Video an, welches bereits in der Präsentation eingebunden war. Ab dem dritten Auto ignoriert der Kunde das Video. Das System aktualisiert seine Regeln:

Nr.	Vorbedingung	Schlussfolgerung
1	$(Info \neq allgemein)$ $\land (Medium \neq Text)$ $\land (Medium \neq Video)$	$(Interesse = negativ)$
2	$(Medium \neq Video)$	$(Interesse = positiv)$
3	$(default)$	$(Interesse = negativ)$

5.4. CDL4

In der vierten Präsentation erscheint das Video daraufhin wiederum als Link. Das allgemeine Bild und die Texte sind weiterhin in ihrer maximalen Darstellungsform zu sehen.

4. Kunde D sieht sich sechs PKW an. Bei dem ersten vergrößert er alle Bilder und Texte, um zu sehen, welche Informationen angeboten werden. Das System lernt die folgenden Regeln:

Nr.	Vorbedingung	Schlussfolgerung
1	$(Medium \neq Bild)$ $\wedge$ $(Medium \neq Text)$	$(Interesse = negativ)$
2	$(default)$	$(Interesse = positiv)$

Beim zweiten Auto verkleinert er alle Bilder, bis auf das erste allgemeine Bild. Er klappt den Text zu den technischen Details zusammen und lässt den anderen Text zur Ausstattung aufgefaltet. Das System speichert folgende Veränderungen:

Nr.	Vorbedingung	Schlussfolgerung
1	$(Medium \neq Bild)$ $\wedge$ $(Medium \neq Text)$	$(Interesse = negativ)$
2	$(Info \neq Technik)$ $\wedge$ $(Info \neq Sicherheit)$ $\wedge$ $(Info \neq Design)$ $\wedge$ $(Info \neq Motordaten)$	$(Interesse = positiv)$
3	$(default)$	$(Interesse = negativ)$

Beim nächsten Produkt ist ausser dem ersten Bild auch noch das dritte Bild zum Auto-Innenraum vergrößert. Der Kunde verkleinert es, da er nur das allgemeine Bild zu Beginn vergrößert sehen möchte.

Nr.	Vorbedingung	Schlussfolgerung
1	(Medium $\neq$ Bild) $\wedge$ (Medium $\neq$ Text)	(Interesse = negativ)
2	(Info $\neq$ Technik) $\wedge$ (Info $\neq$ Sicherheit) $\wedge$ (Info $\neq$ Design) $\wedge$ (Info $\neq$ Motordaten) $\wedge$ (Info $\neq$ Innenraum)	(Interesse = positiv)
3	(default)	(Interesse = negativ)

Beim vierten Auto erscheinen alle Bilder klein. Der Kunde fordert das Video an. Das System schätzt seine Präferenzen nun durch folgende Regelmenge ab.

Nr.	Vorbedingung	Schlussfolgerung
1	(Medium $\neq$ Bild) $\wedge$ (Medium $\neq$ Text) $\wedge$ (Medium $\neq$ Video)	(Interesse = negativ)
2	(Info $\neq$ Technik) $\wedge$ (Info $\neq$ Sicherheit) $\wedge$ (Info $\neq$ Design) $\wedge$ (Info $\neq$ Motordaten) $\wedge$ (Info $\neq$ Innenraum)	(Interesse = positiv)
3	(default)	(Interesse = negativ)

An diesem Beispiel sieht man ein Problem des Verfahrens, das auftritt, wenn eine zu große Vielfalt von Attributen verwendet wird. Würden in den folgenden Präsentationen jeweils Bilder auftauchen, die alle eine andere Information übermitteln, so müsste das System für jedes Attribut eine eigene Regel lernen. Um Vorlieben des Benutzers erfolgreich abzubilden, ist es daher sinnvoll, eine begrenzte Zahl an Attribut-Ausprägungen zu verwenden.

Kunde mit produktabhängigen Vorlieben

5. Kunde E sieht sich zuerst drei PKW, danach drei Modellautos und anschließend noch einmal zwei PKW an. Bei dem ersten PKW

vergrößert er das allgemeine Bild und klappt beide Texte auf. Das System lernt die folgenden Regeln (analog zum Kunden B):

Nr.	Vorbedingung	Schlussfolgerung
1	*(Info $\neq$ allgemein)* $\wedge$ *(Medium $\neq$ Text)*	*(Interesse = negativ)*
2	*(default)*	*(Interesse = positiv)*

Bei dem ersten Modellauto bietet ihm das System dieselbe Form der Präsentation an. Das Interesse des Kunden ist bei diesem Produkt jedoch nicht so intensiv. Er möchte nur einen schnellen Einblick bekommen und verkleinert Bild und Texte. Das System verändert seine Regeln daraufhin folgendermaßen:

Nr.	Vorbedingung	Schlussfolgerung
1	*(Info $\neq$ allgemein)* $\wedge$ *(Medium $\neq$ Text)*	*(Interesse = negativ)*
2	*(Produkt $\neq$ Modellauto)*	*(Interesse = positiv)*
3	*(default)*	*(Interesse = negativ)*

Die nächsten beiden Modellautos erscheinen daher als minimale Präsentation. Der Kunde wechselt dann noch einmal zu den PKW und sieht sich dort das vierte Angebot an. Das System zeigt ihm wiederum das vergrößerte Bild und die aufgefalteten Stretchtexte.

An diesem Beispiel erkennt man, dass die Art des Produktes eine größere Priorität als die Art der Information haben sollte. Besonders bei sehr verschiedenen Produkten ist die übermittelte Information der jeweiligen Elemente meist nur schwer vergleichbar. Die Technik eines Kugelschreibers kann zum Beispiel nicht mit der Technik eines Autos gleichgesetzt werden. Auch in der Evaluation wurde die Adaption nach Produktgruppen sehr gut angenommen.

Kunde mit stark schwankenden Vorlieben

6. Kunde F sieht sich sechs Autos an. Beim ersten PKW klappt er beide Texte auf und vergrößert das erste Bild. Das System lernt dieselben Regeln wie beim Kunden B.

KAPITEL 5. DAS LERNVERFAHREN

Nr.	Vorbedingung	Schlussfolgerung
1	(Info ≠ allgemein) ∧ (Medium ≠ Text)	(Interesse = negativ)
2	(default)	(Interesse = positiv)

Beim zweiten Auto verkleinert er das erste Bild wieder. Die Regelmenge wird daher folgendermaßen aktualisiert:

Nr.	Vorbedingung	Schlussfolgerung
1	(Info ≠ allgemein) ∧ (Medium ≠ Text)	(Interesse = negativ)
2	(Medium ≠ Bild)	(Interesse = positiv)
3	(default)	(Interesse = negativ)

Beim dritten Auto vergrößert er das Bild wieder, beim vierten verkleinert er es, usw. Nach sechs Autos verwaltet das System die folgende Regelmenge:

Nr.	Vorbedingung	Schlussfolgerung
1	(Info ≠ allgemein) ∧ (Medium ≠ Text)	(Interesse = negativ)
2	(Medium ≠ Bild)	(Interesse = positiv)
3	(Medium ≠ Bild)	(Interesse = negativ)
4	(Medium ≠ Bild)	(Interesse = positiv)
5	(Medium ≠ Bild)	(Interesse = negativ)
6	(default)	(Interesse = positiv)

An diesem Beispiel sieht man ein weiteres Problem des Verfahrens. Bei sehr schwankendem Verhalten lernt das System eine Reihe überflüssiger Regeln, welche die Entscheidungsliste unnötig verlängern. Dennoch ist das System auf diese Weise in der Lage, sich spontan an die jeweiligen Präferenzen anzupassen. Als weitere Optimierung könnte man sich vorstellen, dass das System in bestimmten Abständen die Entscheidungsliste untersucht und überflüssige Regelpaare eliminiert. In der Evaluation, in der die Versuchspersonen sich 19 Produkte ansehen mussten, enstand jedoch kein unmittelbarer Bedarf. Die längste Entscheidungsliste beinhaltete 11 Regeln mit insgesamt 18 Prädikaten und verursachte keine verlängerte

Rechenzeit. Der Durchschnitt lag bei 5,1 Regeln mit 10,4 Prädikaten.

5.5 Andere Lernverfahren für andere Adaptionsformen

Die inkrementell gesammelten Beispieldaten können für eine Vielzahl von Lernalgorithmen und damit auch für verschiedene Adaptionsformen genutzt werden. Die Lernverfahren sollten mit attributbasierten Eingabedaten rechnen können. Die Beschreibung der Elemente kann dabei in Abhängigkeit von der gewünschten Adaption um beliebige Attribute ergänzt werden. Um diese Flexibilität zu zeigen, wurde für das TELLIM-System zusätzlich ein einfacher Algorithmus implementiert, der durch Attribut-Vergleiche Sonderangebote nach den inhaltlichen Interessen des Kunden auswählt.

Die Wirkung von eigener Werbung, Fremdwerbung oder Sonderangeboten kann maximiert werden, wenn sie den inhaltlichen Interessen des Kunden entsprechen. Aus diesem Grund werden im TELLIM-System die zusätzlichen Angebote (Zusatzelemente) über inhaltliche Attribute beschrieben. Im Folgenden sind drei Beispiele aus dem TELLIM-Prototypen aufgeführt, welche Fremdwerbung aus dem Bereich des Fahrrad- bzw. Autozubehörs darstellen.

ABUS - Fahrrad-Schlösser für alle Fälle.
*Sicher bei **www.ABUS.de***
Attribute {Fahrrad, Zusatz, Sicherheit, Schlösser, ABUS}

ANGEBOT!!! LEGGERO Kinderanhänger Classico,
NUR DM 650
Attribute {Fahrrad, Zusatz, Anhänger, Leggero}

Eezi-bleed! Entlüften von Autobremsen und Kupplung im Einmann-Verfahren! **Sonderangebot: DM 89,00**
Attribute {Auto, Technik, Bremsen, Kupplung, Werkzeug, FANTAS }

KAPITEL 5. DAS LERNVERFAHREN

Das System betrachtet nun die inhaltlichen Attribute der positiv und negativ bewerteten Medienelemente und berechnet für jedes Attribut das Verhältnis aus den positiven Bewertungen zur Gesamtzahl. Tabelle 5.2 zeigt eine Beispielmenge bewerteter Medienelemente von einem Kunden, der sich Fahrräder in einem Katalog angesehen hat. Die Beschreibung der Elemente wurde im Vergleich zu der Tabelle 4.2 um das Attribut "Detail" ergänzt.

ID	Medium	Information	Detail	Kategorie	Preis	Marke	Bewertung
23	Text	Zusatz	Spiegel	Rad	billig	Stevens	pos.
67	Video	Allgemein		Rad	billig	Stevens	neg.
80	Bild	Sicherheit	Abstandhalter	Rad	billig	ABUS	pos.
45	Text	Technik	Werkzeug	Rad	teuer	GST	neg.
46	Text	Funktion		Rad	teuer	Peugeot	pos.
60	Video	Allgemein		Rad	teuer	Peugeot	neg.
35	Bild	Sicherheit	Beleuchtung	Rad	billig	Stevens	pos.
36	Bild	Funktion	Beleuchtung	Rad	billig	Stevens	pos.

Tabelle 5.2: Menge bewerteter Beispieldaten

Aus diesen Beispieldaten würde das System für jedes Inhaltsattribut die normierten Gewichtungen berechnen, wie es in Tabelle 5.3 ansatzweise dargestellt ist. Für jedes Zusatzelement kann dann im nächsten Schritt eine Wertung durch Addition der jeweiligen Attribut-Gewichtungen berechnet werden. Für die obigen Beispiele der Sonderangebote ABUS mit den beschreibenden Attributen {Fahrrad, Zusatz, Sicherheit, Schlösser, ABUS}, Leggero mit {Fahrrad, Zusatz, Anhänger, Leggero} und Eezibleed mit {Auto, Technik, Bremsen, Kupplung, Werkzeug, FANTAS}

5.5. ANDERE LERNVERFAHREN

Attribut	positive Anzahl	Gesamtzahl	Normierte Wichtung
Zusatz	1	1	1
Allgemein	0	2	0
Sicherheit	2	2	1
Technik	0	1	0
Funktion	2	2	1
Spiegel	1	1	1
Abstandhalter	1	1	1
Werkzeug	0	1	0
Beleuchtung	2	2	1
Fahrrad	5	8	0,63
Stevens	3	4	0.75
ABUS	1	1	1
GST	0	1	0
Peugeot	1	2	0.5

Tabelle 5.3: Liste normierter Attribut-Gewichtungen

würden sich aus der Tabelle 5.3 folgende Wertungen ergeben.

$$ABUS : 0,63 + 1 + 1 + 0 + 1 = 3,63 \qquad (5.12)$$
$$Leggero : 0,63 + 1 + 0 + 0 = 1,63$$
$$Eezi - bleed : 0 + 0 + 0 + 0 + 0 + 0 = 0$$

In diesem Beispiel würde daher das Zusatzelement über die ABUS-Schlösser in die Präsentation integriert werden, da dieses die höchste Wertung erhalten hat. Möchte man bestimmte Attribute stärker gewichten, wie zum Beispiel die Produktgruppe, so kann man zusätzliche Faktoren einfügen, mit denen die entsprechenden Attribut-Werte multipliziert werden.

Kapitel 6

Adaptive Gestaltung der Präsentationen

In diesem Kapitel wird betrachtet, wie die zuvor beschriebene Benutzermodellierung für die Adaption der Produktpräsentationen verwendet werden kann. Im ersten Abschnitt werden existierende Arbeiten aus dem Bereich des automatischen Layouts beschrieben. Im Abschnitt 6.2 werden dann Faktoren aufgeführt, welche die automatische Generierung entscheidend beeinflussen, bevor im Abschnitt 6.3 der entwickelte Ansatz im Rahmen des TELLIM-Systems vorgestellt wird. Abschließend erfolgt im Abschnitt 6.4 die Darstellung der verschiedenen Positionen und Aufgaben von Hersteller, Designer und System.

6.1 Existierende Arbeiten zum automatischen Layout

Es existieren bereits eine Reihe von Ansätzen, die sich mit dem automatischen Layout von Präsentationen befassen. Diese haben jedoch meistens als entscheidene Voraussetzung ein fest vorgegebenes Seiten- bzw. Papierformat. Diese Fläche gilt es möglichst optimal auszufüllen. Bei der Gestaltung der Gelben Seiten [JMP+96] bedeutet das zum Beispiel, möglichst viele Adressen und Großanzeigen auf den jeweiligen Seiten unterzubringen. Aspekte eines ästhetisch ansprechenden Layouts - wie für TELLIM gefordert - treten bei dieser Form eines Nachschlagewerks in den Hintergrund. Bei der Bildschirmzeitung Krakatoa Chronicle [KBA93], [BKA98] gilt es ebenfalls, die zur Verfügung stehende Darstellungsfläche optimal zu nutzen. Die Artikel werden dazu entsprechend ihrer Bedeutung für den Anwender ausgesucht, angeordnet und skaliert. Dieser Ansatz ist in TELLIM ebenfalls nicht umzusetzen, da einerseits eine freie Skalierung der enthaltenen Medien nicht immer möglich ist, andererseits alle Informationen zu einem Produkt präsentiert werden müssen. Der Ansatz des Automatic Display Layout [LE95] verfolgt das Ziel, eine Informationsmenge möglichst optimal auf dem Bildschirm anzuordnen. In einer Umsetzung des Konzeptes als Fenstermanager bedeutet dieses, dass alle geöffneten Anwendungsfenster über den Bildschirm verteilt werden, wobei sich die Anordnung der Fenster nach deren Beziehung untereinander richtet und die Größe abhängt von ihrer Bedeutung. Auch hier steht wieder das Problem der Flächenausnutzung im Vordergrund, gestalterische Aspekte werden nicht beachtet. Andere Ansätze verwenden eine feste Auswahl vorgefertigter Style Sheets [MM98], so dass vom Laufzeitsystem nur noch das jeweils am besten geeignete ausgewählt wird. Für die in TELLIM realisierten Interaktionsmöglichkeiten ist dieser Ansatz jedoch nicht geeignet, da für jede denkbare Kombination der Zustände der Präsentationselemente eine separate Präsentation vorbereitet werden müsste. Projekte wie APALO [Kle99] und LayLab [Gra96] realisieren eine "echte" Layout- und Designgestaltung und treffen damit am ehesten den gesuchten Ansatz. Aus einem Pool von Medienelementen, die untereinander in einer gewissen Beziehung stehen, wird mit Hilfe eines Constraint-Systems eine ansprechend gestaltete Bildschirm- oder Papierseite generiert. Erschwerend kommt jedoch in TELLIM der Interaktionsaspekt hinzu. Aus einem - in das Design integrierten - kleinen Bild kann durch Nutzerinteraktion ein großes Bild werden. Die Neugestaltung der Präsentation muss dabei auf der Client-Seite erfolgen, um ein Neuladen des Dokumentes zu vermeiden.

Gesucht ist daher eine Generierungs-Komponente, die auf der einen Seite soviel Flexibilität bietet, dass Präsentationen unter Berücksichtigung von Designaspekten individuell für den einzelnen Benutzer generiert werden können. Auf der anderen Seite muss eine praktikable

6.2. EINFLUSSFAKTOREN

Lösung gefunden werden, die spontane Interaktionen des Kunden mitberücksichtigt ohne zusätzliche Wartezeiten zu verursachen.

6.2 Einflussfaktoren für die automatische Generierung

Um Produktpräsentationen im Web für jeden Kunden individuell zu generieren, müssen verschiedene Einflussfaktoren berücksichtigt werden. Dieses sind für das TELLIM-System:

6.2.1 Daten des Benutzermodells

Die Generierung der einzelnen Präsentationen erfolgt in Abhängigkeit der entsprechenden Informationen, die im Benutzermodell gespeichert sind.

- Regelmenge bzgl. der Präferenzen des Benutzers. Der Algorithmus CDL4, der im vorangegangenen Kapitel 5 beschrieben wurde, bildet eine Entscheidungsliste, welche die Vorlieben des Benutzers für die einzelnen Medienelemente in Abhängigkeit von den beschreibenden Attributen angibt. Für jedes Element, welches in eine Produktpräsentation integriert werden soll, kann somit das System das Interesse als positiv oder negativ voraussagen und die jeweilige Integration in die Präsentation darauf abstimmen.

- Attribut-Wertungen bzgl. der inhaltlichen Interessen des Benutzers. In jede Produktpräsentation soll eine zusätzliche Werbung integriert werden. Diese wird abhängig von der NP-Attributliste ausgewählt, welche im Abschnitt 5.5 beschrieben wurde.

- Größe des Browserfensters. Das System hat die Möglichkeit, die Größe des jeweiligen Browserfensters abzufragen. Dieser Wert wird in Pixel übergeben, wodurch auch die Auflösung des Bildschirmes berücksichtigt wird. Die Präsentation kann somit auf die verfügbare Größe angepasst werden.

- Qualität der Internetverbindung. Zu Beginn jeder Sitzung erfolgt eine Abschätzung der Verbindungsqualität. Abhängig von diesem Wert kann der Gestaltungsrahmen festgelegt werden, wie zum Beispiel die Verwendung eines Hintergrundbildes.

6.2.2 Berücksichtigung der Benutzer-Interaktionen

Das World Wide Web zeichnet sich besonders durch seinen dynamischen und interaktiven Charakter aus. Im TELLIM System werden diese Möglichkeiten dahingehend genutzt, dass der Benutzer über einfache Interaktionen sein Feedback zu einzelnen Medienelementen ausdrücken kann. Einige dieser Interaktionen haben jedoch unmittelbaren Einfluss auf die Gestaltung der Präsentation, wie zum Beispiel das Vergrößern und Verkleinern von Bildern oder das Auf- und Zuklappen von Stretch-Texten. Diese Interaktionen führen dazu, dass für andere Elemente der Seite mehr bzw. weniger Platz zur Verfügung steht, und die Anordnung daher neu berechnet werden muss. Dieses sollte mit einfachen Mitteln auf der Client-Seite erfolgen, damit die Web-Seite nicht neu vom Server geladen werden muss.

Desweiteren sollte die Präsentation trotz interaktiver Veränderungen durch den Benutzer übersichtlich und verständlich bleiben. Die Auswirkungen der Interaktionen müssen nachvollziehbar sein, so dass der Benutzer nicht verwirrt wird. In Abbildung 6.1 ist dieses Problem schematisch dargestellt. Bild (1) zeigt die anfängliche Präsentation mit verschiedenen Präsentationselementen, die als Rechtecke gekennzeichnet sind. Der umrahmte Bereich kennzeichnet dabei den Teil der Präsentation, der gerade im Browser-Fenster sichtbar ist. Vergrößert der Benutzer nun das hervorgehobene schwarze Element (z.B. ein Bild von einem Auto), so ergeben sich mehrere Möglichkeiten für eine Neugestaltung der Seite. Bei dem Beispiel (2) wurde versucht, den verfügbaren Platz optimal zu nutzen. Dieses führt jedoch dazu, dass sich die Reihenfolge der Informationen verändert und einzelne Elemente zum Teil sogar nicht mehr im Sichtbereich liegen. Der Benutzer würde durch diese Vorgehensweise leicht die Orientierung verlieren. In dem Bild (3) wurde die Reihenfolge der Elemente beibehalten. Lediglich das Element (c), welches zum Beispiel ein erklärender Text sein könnte und der in Bild (1) neben dem schwarzen Element steht, erscheint nun unterhalb des schwarzen Ele-

6.3. AUFBAU DER PRÄSENTATIONEN

mentes. Auch wenn die Präsentation (3) eventuell optische Nachteile aufweist, ist sie der Präsentation (2) vorzuziehen, da die Änderungen lokal beschränkt und daher für den Benutzer besser nachvollziehbar sind.

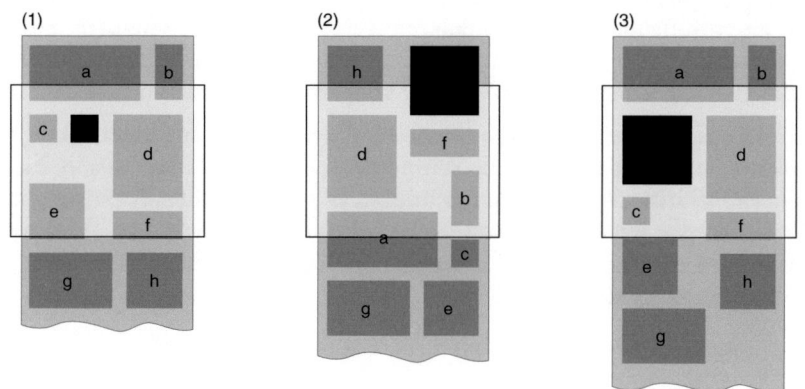

Abbildung 6.1: Verschiedene Möglichkeiten der Neugestaltung einer Präsentation [Sch99b]

6.3 Aufbau der Präsentationen

Dieser Abschnitt beschreibt den Ansatz der automatischen Generierung von Produktpräsentationen im TELLIM-System.

6.3.1 Dynamisches Gestaltungsraster

Die Generierung von Präsentationen basiert häufig auf Gestaltungsrastern [Jut98], welche den vorgegebenen Platz in Abschnitte strukturieren, an denen sich dann die Texte und Bilder ausrichten. Das Raster dient einerseits dem Designer als Werkzeug zur Verbesserung der Lesbarkeit, der Erkennung und des Verständnisses und andererseits führt es zu einer Wiederholbarkeit der Gestaltung, die dem Leser die Aufnahme der Information erleichtert. Die übliche Vorgehensweise bei der Gestaltung einer bedruckten Fläche sieht so aus, dass zunächst der verfügbare Platz festgelegt wird (z.B. A4). Danach werden die Seitenränder oben, unten, rechts und links bestimmt, woraus sich dann die bedruckte Fläche, auch Satzspiegel genannt, ergibt. Dieser wird dann in Abhängigkeit von den zu verteilenden Informationen und den Zielen des Designers in eine Kombination von Spalten unterteilt. Festlegungen in horizontaler und vertikaler Richtung basieren auf der kleinsten verwendeten Schriftart.

Bei Präsentationen im Web ist dieser Vorgang nicht in jedem Punkt zu übertragen. Es gibt keine feste Seitengröße. Benutzer haben unterschiedliche Präsentationsplattformen, wodurch Bildschirmgröße, Auflösung und die Größe des jeweiligen Browser-Fensters variieren können. Abhängig von der jeweiligen Informationsmenge muss der Benutzer daher horizontal oder vertikal scrollen.

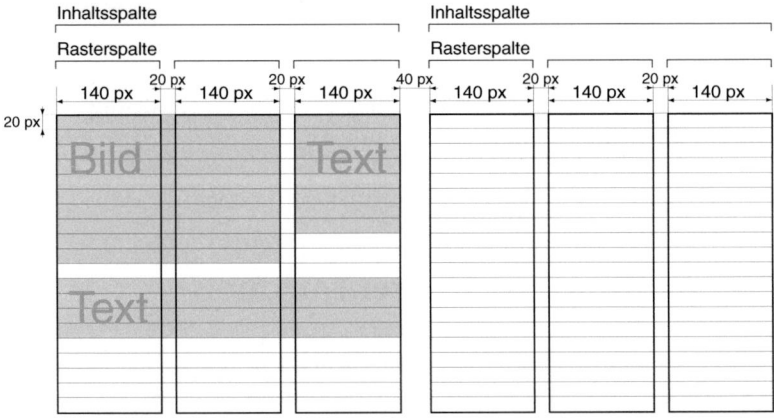

Abbildung 6.2: Dynamisches Gestaltungsraster im TELLIM-Prototypen [Sch99b]

In dem vorgestellten Ansatz wird abhängig von der Größe des jeweiligen Browserfensters, welche im Benutzermodell gespeichert ist, die Breite der Präsentation festgelegt, damit der Benutzer auf der einen Seite nicht gezwungen wird horizontal zu scrollen und auf der anderen Seite nicht zuviel ungenutzte Fläche entsteht. Die Höhe der Präsentation muss

6.3. AUFBAU DER PRÄSENTATIONEN

flexibel bleiben, da Interaktionen des Benutzers die Informationsmenge verändern können. Um diese Anforderungen zu befriedigen, verwendet das TELLIM-System ein dynamisches Gestaltungsraster, welches in horizontaler Richtung erweitert werden kann und in vertikaler Richtung keine Einschränkungen vorsieht. Abbildung 6.2 zeigt das verwendete Raster des TELLIM-Prototypen [Sch99b]. Dieses wurde in Abhängigkeit des vorhandenen Datenmaterials gewählt und kann bei anderen Produktkatalogen einfach verändert werden.

Eine minimale Präsentation ist drei Rasterspalten zu je 140 Pixel groß, wobei zwischen den Spalten ein Zwischenraum von 20 Pixeln freigelassen wird. Dieses Raster kann abhängig von der Fenstergröße um 1-3 Spalten ergänzt werden, wobei diese zu einer weiteren Inhaltsspalte zusammengefasst werden. Die Bildung von Inhaltsspalten dient dazu, die Veränderungen, die durch die Interaktionen des Benutzers entstehen können, lokal zu begrenzen. Abbildung 6.3 zeigt die Auswirkung einer Bildvergrößerung auf zwei Inhaltsspalten. Elemente der linken Spalte verschieben sich linear in vertikaler Richtung, während die Elemente der rechten Inhaltsspalte unverändert bleiben. In vertikaler Richtung wird in dem Gestaltungsraster nur ein Abstandsmaß von 20 Pixeln festgelegt. Die Gesamtlänge bleibt variabel.

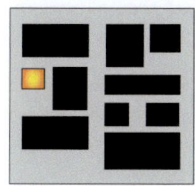 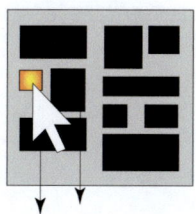 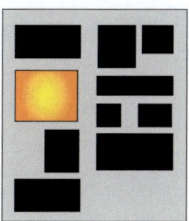

Abbildung 6.3: Vertikale Verschiebung in Inhaltsspalten [Sch99b]

6.3.2 Bildung von Sinneinheiten

Damit bei der automatischen Generierung zusammengehörende Informationen, wie zum Beispiel ein Bild mit einem erklärenden Text, nicht auseinandergerissen werden, sind die Medienelemente in Sinneinheiten strukturiert. Abbildung 6.4 zeigt als Beispiel eine Autopräsentation, bei der vier Sinneinheiten in drei Rasterspalten strukturiert wurden. Die erste Sinneinheit beinhaltet ein Bild des Autos und einen erklärenden Text, die zweite Sinneinheit stellt die Preisinformationen dar. Darauf folgt dann ein Stretchtext über technische Daten, der in diesem Beispiel nicht aufgefaltet wurde. Abschließend ist eine Sinneinheit dargestellt, die wiederum aus einem Bild und einem Text besteht.

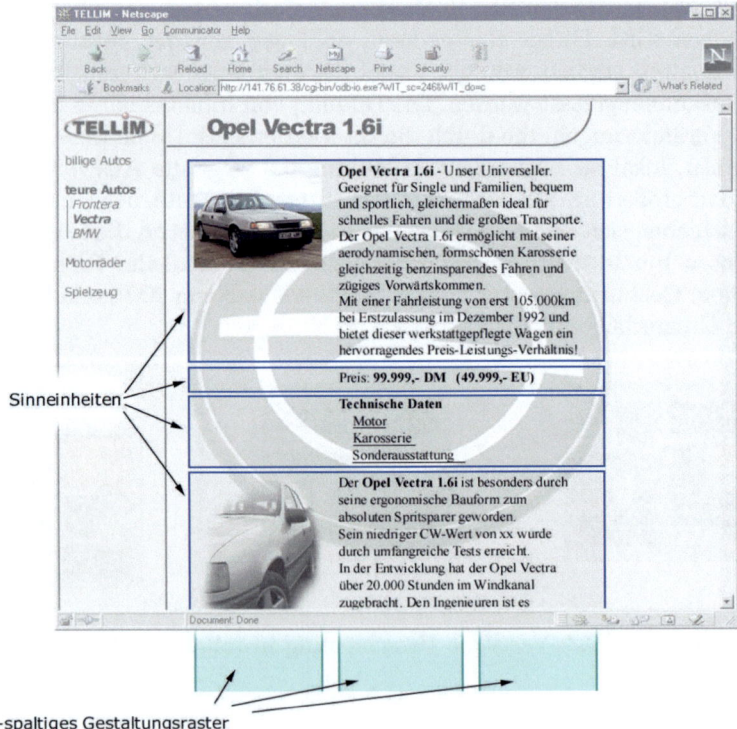

Abbildung 6.4: Beispiel für die Strukturierung in Sinneinheiten

6.3. AUFBAU DER PRÄSENTATIONEN

6.3.3 Metadaten der Medienelemente

Die Gestaltung innerhalb der Sinneinheiten erfolgt nach vorgegebenen Regeln, abhängig von Designinformationen, welche die einzelnen Elemente über sich selbst haben und die als Metadaten gespeichert werden. Diese Metadaten beziehen sich zum Beispiel auf die gewünschte Positionierung des Bildes innerhalb einer Sinneinheit. So hat beispielsweise ein Bild oft eine bestimmte Richtungswirkung. Demzufolge ist es sinnvoll, zu jedem Bild eine Information zu seiner bevorzugten Anordnung abzulegen. Abbildung 6.5 verdeutlicht, welchen Einfluss ein ungünstig angeordnetes Bild auf den Gesamteindruck einer Seite haben kann. Während im linken Beispiel das Auto optisch in die Seite hineinfährt und damit als "Wegweiser" zum Text fungiert, fährt es im rechten Beispiel aus der Seite heraus und lenkt den Betrachter damit sogar vom Text ab. Im aktuellen

Abbildung 6.5: Auswirkung von verschiedenen Bildpositionen [Sch99b]

TELLIM-Prototypen werden als Metadaten (neben den inhaltlichen Beschreibungen durch Attribute) für Bilder zum Beispiel Höhe, Weite und gewünschte Position gespeichert.

6.3.4 Gestaltungsregeln

Die automatische Generierung der Produktpräsentation richtet sich nach einer Reihe von Gestaltungsregeln. Diese sollten zusammen mit dem Designer definiert werden. In dem TELLIM-Prototypen werden derzeit die folgenden Vorschriften verwendet [Sch99b]:

- Text zweispaltig darstellen. In den gängigen Schriftgrößen (11 oder 12) hat der zweispaltige Text bezogen auf das gewählte Gestaltungsraster eine Zeilenlänge von 45 bis 50 Zeichen (ca. 8-12 Worte), wodurch eine gute Lesbarkeit gegeben ist [Jut98]. Längere dreispaltige Zeilen sind schwerer zu erfassen, kürzere einspaltige Zeilen ergeben ein unschönes Schriftbild.

- Texte neben Bildern. Bildbeschreibungen werden bevorzugt neben dem Bild dargestellt anstatt darunter. Da die ganze Seite ein Layout entlang der Vertikalen aufweist, bietet sich so die Möglichkeit, den Blick des Lesers gelegentlich aus dieser Richtung abzulenken und auf diese Weise die Informationsaufnahme interessanter zu gestalten.

- Anordnung der Bilder. Die Darstellung der Bilder erfolgt entsprechend der Vorgabe (rechts/links) innerhalb der Sinneinheit.

- Darstellung von Stretchtexten. Stretchtexte werden durch links danebenstehende Linien angezeigt, die beim Aufklappen verlängert werden. Sie erscheinen bevorzugt zweispaltig. Nur wenn ein größeres Bild enthalten ist, werden sie dreispaltig dargestellt.

- Blocksatz. Zwei und dreispaltiger Text erscheint im Blocksatz, einspaltiger Text wird linksbündig dargestellt.

- Position von Bildern. Vergrößerbare Bilder müssen in beiden Zuständen die gleiche Position behalten.

Design-Regeln in dieser Form hängen natürlich sehr stark von der Art des Produktkataloges und den jeweiligen Vorstellungen des Designers ab und sollten daher für jeden Katalog neu festgelegt werden.

6.3. AUFBAU DER PRÄSENTATIONEN

6.3.5 Anordnung der Sinneinheiten

Die Anordnung der Sinneinheiten zu einer Präsentation richtet sich nach einer Wertigkeit der Einheiten, d.h. wichtige Dinge stehen ganz oben, unwichtige Informationen erscheinen unten (Abbildung 6.6), wie es in der Literatur häufig empfohlen wird [BKA98], [IBM99]. Die Wertigkeit

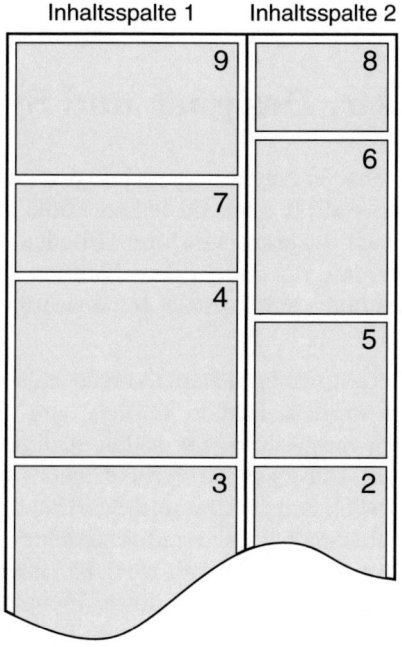

Abbildung 6.6: Anordnung der Sinneinheiten durch Zuordnung von Wertungen

der Einheiten könnte auf verschiedene Arten festgelegt werden. Verwendet das System einen Lernalgorithmus, der nicht nur positiv / negativ Aussagen macht, sondern detailliertere Einschätzungen der Benutzerpräferenzen berechnet (zum Beispiel als Prozentzahl), so könnte durch diese Einschätzungen eine Bewertung der Sinneinheiten stattfinden. Ein Nachteil dieser Vorgehensweise liegt darin, dass sich die Präferenzen des

Benutzers ändern können und somit beim wiederholten Ansehen einer Produktpräsentation das deutlich veränderte Layout den Benutzer verwirren könnte. In TELLIM wird derzeit daher die Bewertung durch den Hersteller bzw. Designer vorgenommen. Dieses hat den Vorteil, dass Produktinformationen, welche vom Hersteller als besonders wichtig angesehen werden, stärker in den Mittelpunkt gerückt werden. Zudem führt es dazu, dass die Reihenfolge der Informationen konstant bleibt und der Kunde nicht die Orientierung verliert.

6.4 Hersteller, Designer und System

Der Erfolg elektronischer Verkaufssysteme hängt neben dem Produktangebot und der Funktionalität auch im hohen Maße von der Gestaltung ab. Es sollen ästhetisch ansprechende und einladend wirkende Präsentationen realisiert werden, die zudem dem Kunden die Orientierung im Produktangebot erleichtern und ihm alle gewünschten Informationen zur Verfügung stellen.

Zur Realisierung eines erfolgreichen Designs müssen eine Reihe von Aspekten betrachtet werden. Farben werden zum Beispiel nach ihrer emotionalen Wirkung ausgesucht. Sie sollen Aufmerksamkeit erregen, Gemeinsamkeiten und Unterschiede verdeutlichen und spezielle Stimmungen erzeugen [Gre98]. Schriftform und Schriftsatz werden nach ihrer Lesbarkeit und in Abhängigkeit der zu übermittelnden Information ausgewählt und besondere Aufmerksamkeit wird dem gesamten Seitenlayout und der Anordnung der Elemente gewidmet. Es spielen sowohl Kenntnisse der Wahrnehmungspsychologie als auch die Erfahrungen und der Stil des Designers und die Art der zu präsentierenden Produkte eine große Rolle. Wegen der hohen Bedeutung des Designs und der Komplexität der Gestaltungsaspekte, ist es daher nicht sinnvoll, Produktpräsentationen im Web allein vom System automatisch generieren zu lassen. Hersteller und Designer sollten wesentlichen Einfluss behalten. Die Lösung des TELLIM-Systems bietet aus diesem Grund an vielen Stellen Einflussmöglichkeiten an.

- Die automatische Generierung der Präsentationen bezieht sich nur auf die eigentliche Produktpräsentation. Der äußere Rahmen kann

6.4. HERSTELLER, DESIGNER UND SYSTEM

im Vorfeld auf das Image des jeweiligen Herstellers abgestimmt werden und bleibt für alle Kunden gleich. Abbildung 6.7 zeigt eine Präsentation des TELLIM-Prototypen, bei welcher die Navigationsleiste auf der linken Seite, das Logo und auch die Form der Überschriften unverändert bleibt. Auf diese Weise wird das Corporate Design des jeweiligen Herstellers berücksichtigt.

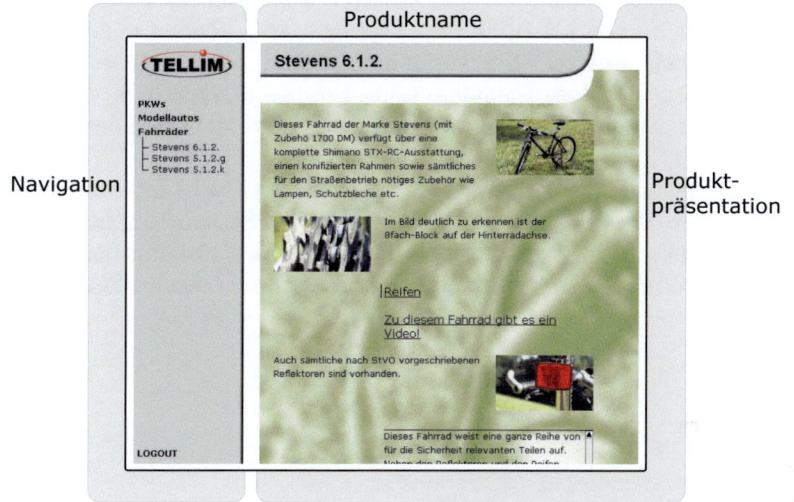

Abbildung 6.7: Beispiel einer Produktpräsentation des TELLIM-Prototypen [Sch99b]

- In der JavaScript-Bibliothek kann über das einfache Verändern von Parametern das Gestaltungsraster definiert werden. Der Designer kann somit verschiedene Spaltenbreiten für die Gestaltung verwenden.

- Für jede Produktgruppe muss ein Template angelegt werden, in dem angegeben wird, wieviele und welche Sinneinheiten in die Präsentation integriert werden sollen. Jeder Sinneinheit kann eine Wertung mitgegeben werden, welche dann die Reihenfolge der Anzeige bestimmt.

- Die zu verwendenden Elemente können vom Designer erstellt und in der Datenbank bereitgestellt werden. Allen Elementen können über zusätzliche Meta-Daten, wie zum Beispiel die gewünschte Bildposition, Gestaltungsangaben mitgegeben werden. Ebenso werden von dem Designer auf diese Weise Hintergrundbilder und Farben sowie Angaben zu Schrifttyp, -größe und -farbe festgelegt.

- Die Regeln, die zur automatischen Anordnung der Präsentationen in der JavaScript-Bibliothek abgelegt sind, können ebenfalls vom Designer ergänzt oder verändert werden. So könnte er die Darstellung einzelner Elemente (zum Beispiel Stretchtexte) verändern oder auch die Reaktion des Systems auf Interaktionen des Kunden.

Die automatische Generierungs-Komponente des TELLIM-Systems bietet also dem Hersteller und Designer an vielen Stellen Einflussmöglichkeiten, so dass das Design trotz der Dynamik der Präsentationen auf die jeweiligen Wünsche und Vorstellungen abgestimmt werden kann.

Kapitel 7

Die Realisierung des Prototypen

Als Beispiel einer konkreten technischen Umsetzung wurde ein Prototyp des TELLIM-Systems implementiert. Dieser besteht aus einer Art Flohmarkt, in dem die Produktgruppen Autos, Fahrräder und Modellautos angeboten werden. Zu den Autos und Fahrrädern sind jeweils 6 Produkte im Angebot, bei den Modellautos sind 7 Produkte im Katalog enthalten. Zu allen Produkten kann sich die Versuchsperson drei bis vier Bilder ansehen, ein Video und ein bis drei ausführliche Texte zu der Ausstattung, technischen Details oder zusätzlichen Informationen über die Produktgruppe. Beispielsitzungen am Prototypen sind in Anhang A.1 dargestellt. In diesem Kapitel wird im Abschnitt 7.1 zunächst ein Überblick über die gesamte Architektur gegeben. Im Abschnitt 7.2 werden dann drei Komponenten detaillierter beschrieben. Dieses sind die Beobachtungskomponente, die Komponente zur Abschätzung der Ladezeit und die Generierungskomponente. Abschnitt 7.3 diskutiert die Begrenzungen durch die heutigen technischen Möglichkeiten und geht auf eventuelle Erweiterungen ein. Abschließend wird in Abschnitt 7.4 betrachtet, wie das TELLIM-System in existierende E-Commerce Systeme integriert werden könnte.

7.1 Die Architektur

Die Architektur des Prototypen ist in Abbildung 7.1 dargestellt. Die Beobachtungskomponente auf der Client-Seite wurde mit Hilfe eines Java-Applets realisiert, welches das Verhalten des Kunden während der Betrachtung der Produkte protokolliert, z.b. welche Links er auswählt, welche Interaktionen mit den verschiedenen Playern stattfinden, ob er Ladevorgänge abbricht, etc. Anhand dieser Interaktionen wird dann bewertet, welche Teile der Präsentation der Kunde genutzt und an welchen Informationen er kein Interesse hatte. Während einer Sitzung wird auf dem Server für jeden Kunden eine History-Liste angelegt, in welche die Beobachtungskomponente über die CGI-Schnittstelle ihre Bewertungen schreibt. Parallel dazu ermittelt die Komponente zur Ladezeitabschätzung durch das Versenden von Testsignalen die Qualität der Internet-Anbindung. Diese Daten werden ebenfalls über die CGI-Schnittstelle in der Benutzermodellierungskomponente auf der Server-Seite gespeichert. Die Daten aus der History-Liste werden im weiteren Verlauf für zwei Lernverfahren verwendet. Der Algorithmus CDL4 lernt aus diesen Informationen Regeln über die Präferenzen des Benutzers hinsichtlich der verschiedenen Medienelemente und die NP-Attributliste wird für die Auswahl der Sonderangebote angelegt. In dem Prototypen wurde die objektorientierte Datenbank Jasmine Version 1.2 [CA98] verwendet, die als Application-Server den sogenannten WebLink-Server in ihrem Produkt integriert hat. Wird nun eine neue Präsentation von dem Kunden angefordert, so lädt der WebLink-Server das entsprechende Template aus der Datenbank und integriert Medienelemente und Sonderangebote gemäß der Aussagen der Benutzermodellierungs-Komponente. Die Präsentation wird dann im letzten Schritt an den Web-Server übergeben. Hierzu kam in dem Prototypen der Internet Information Server von Microsoft zur Anwendung.

7.2 Einzelne Komponenten

Bei der technischen Umsetzung waren drei Komponenten von besonderen Interesse. Dieses sind die Beobachtungskomponente, welche auf der Client-Seite realisiert werden musste, eine Komponente zur Abschätzung

7.2. EINZELNE KOMPONENTEN

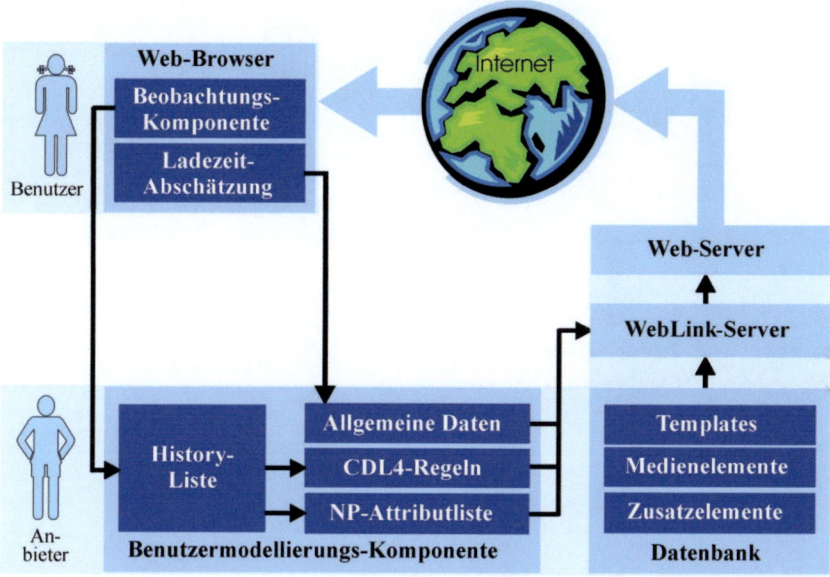

Abbildung 7.1: Architektur des TELLIM-Systems

der Ladezeit und die Generierungskomponente, welche zur Laufzeit die Produktpräsentationen für den Kunden individuell erstellt.

7.2.1 Die Beobachtungskomponente

Die Beobachtungskomponente ist als Java-Applet auf der Client-Seite realisiert. Dieses Applet wird zu Beginn einer Sitzung zu dem Kunden übermittelt und bleibt dann so lange aktiv, bis der Kunde das TELLIM-System wieder verlässt. Abbildung 7.2 zeigt die Architektur dieser Komponente. Wird ein neues Web-Dokument zu dem Client übertragen, so werden zu Beginn dieses Web-Dokumentes zunächst alle Medienelemente, die in dem Dokument integriert sind, mit ihrer eindeutigen Identifikationsnummer bei dem Java-Applet angemeldet. Innerhalb des Applets wird für jedes dieser Elemente ein Objekt (Medienobjekt) generiert und je nach Art des Mediums als Text-, Bild- oder Video-Objekt behandelt.

KAPITEL 7. REALISIERUNG DES PROTOTYPEN

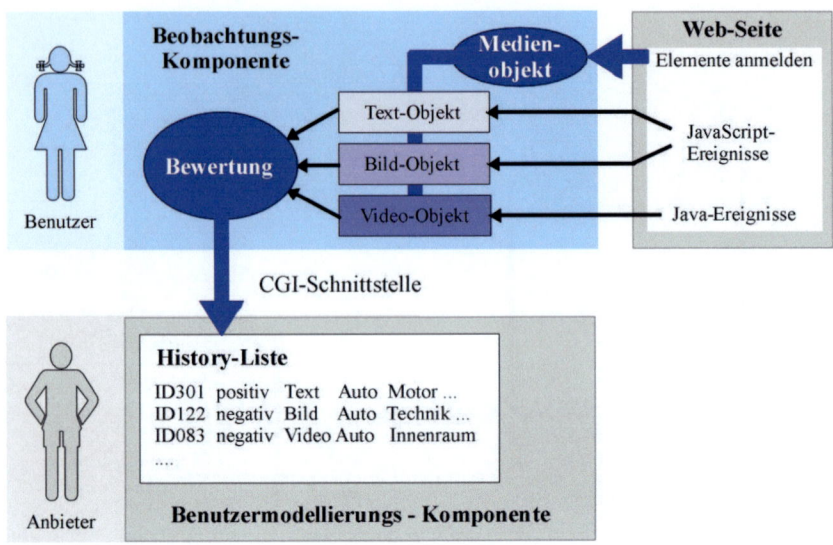

Abbildung 7.2: Architektur der Beobachtungskomponente

Interagiert nun der Benutzer mit der Präsentation, so werden diese Ereignisse an das Applet geschickt und in dem jeweiligen Medienobjekt gesammelt. Dieses kann auf zwei verschiedene Arten erfolgen.

- Die Interaktionen des Kunden mit Stretchtexten und Bildern sind in TELLIM über Dynamic HTML (DHTML) realisiert. DHTML bezeichnet die Verbindung der Technologien HTML, Skriptsprachen, StyleSheets und dem Document Object Model (DOM)[HS99]. Das DOM ist eine Schnittstelle, die Programmen und Skripten den dynamischen Zugriff auf Inhalt, Struktur und Gestaltung von Web-Dokumenten erlaubt. Jedes Element einer Web-Seite wird dazu als Objekt behandelt, das manipuliert werden kann. Auf diese Weise können Elemente gelöscht, hinzugefügt oder Attribute verändert werden. In TELLIM ist es so möglich, durch die Interaktionen des Benutzers Ereignisse an das Applet zu übertragen. Im folgenden Beispiel sieht man die Verwendung von zwei JavaScript-Eventhandlern ("onAbort" und "onLoad"), die beim Ladeabbruch

7.2. EINZELNE KOMPONENTEN 131

eines Bildes oder nach Beendigung des Ladevorganges angesprochen werden und dann die Funktion "newEvent" mit der jeweiligen Identifikationsnummer des Bildes und der entsprechenden Ereignismeldung aufrufen.

```
<td align="right" >
   <IMG SRC=<!MEDIA product.largeImage image/gif >
      width=500 height=400 border=0
      onAbort='parent.newEvent("imageID;","abort",0,"ORG");'
      onLoad='parent.newEvent("imageID;","loaded",0,"ORG");' >
</td >
```

Auf ähnliche Weise erhält das Applet Meldungen, wenn der Benutzer Bilder vergrößert oder verkleinert und Stretchtexte auf- oder zusammenfaltet.

- Videos sind in TELLIM über das Real-Plugin in die Präsentationen integriert. Zu diesem Plugin (wie auch bei vielen anderen) hat der Hersteller Plugin-Klassen zur Verfügung gestellt, so dass die wichtigsten Methoden des Plugins zugänglich sind. Die Überwachung von Aktionen innerhalb des Plugins kann nun über sogenannte callback-Methoden erfolgen [Mic98]. Ein "callback" (Rückruf) ermöglicht eine ereignisgesteuerte Programmierung. Das beobachtende Programm überprüft nicht zyklisch das Auftreten bestimmter Ereignisse, sondern registriert bei dem Objekt eine callback-Funktion. Tritt nun ein Ereignis in diesem Objekt auf, wie zum Beispiel das Betätigen des Abspiel-Knopfes, so ruft das Objekt das Programm über die callback-Methode zurück. Auf diese Weise werden die Ereignisse, die in dem Real-Plugin stattfinden, direkt an das JavaApplet übermittelt.

Die verschiedenen Ereignisse zu jedem Element werden in jedem zugehörigen Medienobjekt gesammelt. Beim Video könnten es zum Beispiel die Ereignisse "geladen", "Ladeabbruch", "start" und "stop" sein, bei Texten "Ladeabbruch", "geladen", "aufgefaltet" und "zugefaltet" und beim Bild "geladen", "Ladeabbruch", "vergrößert" und "verkleinert". Verlässt nun der Kunde das aktuelle Web-Dokument, so wird in dem Java-Applet eine Bewertungs-Funktion aufgerufen (Abbildung 7.2). Für

132 **KAPITEL 7. REALISIERUNG DES PROTOTYPEN**

jedes Medienelement werden die einzelnen Ereignisse betrachtet und daraus ein positives oder negatives Interesse geschlussfolgert. In einem letzten Schritt überträgt das Applet dann diese bewerteten Medienelemente über die CGI-Schnittstelle zu der Benutzermodellierungs-Komponente auf dem Server. Hier werden die Elemente in einer History-Liste gespeichert und stehen zur weiteren Verarbeitung durch die verschiedenen Lernverfahren zur Verfügung.

7.2.2 Die Abschätzung der Ladezeit

Die Benutzer des TELLIM-Systems können über sehr unterschiedliche Netz-Anbindungen verfügen, was bei der Betrachtung multimedialer Web-Seiten zu verschieden langen Wartezeiten führen kann. Das Spektrum der Verbindungs-Qualitäten reicht dabei von 9,6 kBit/s bei einem GSM-Mobiltelefon über ISDN mit 64 (128) kBit/s bis zu LAN Verbindungen mit bis zu 100 MBit/s [Sch99a]. Um nun dem Benutzer langsamer Verbindungen lange Wartezeiten aufgrund umfangreicher Hintergründe zu ersparen und aber andererseits dem Benutzer schnellerer Verbindungen eine optimal gestaltete Präsentation zu bieten, soll eine Komponente zu Beginn einer Sitzung eine erste Aussage über die Qualität der Internet-Verbindung liefern.

Für die Realisierung dieser Komponente gibt es im Rahmen der heutigen technischen Voraussetzungen mehrere Möglichkeiten. Sie kann innerhalb eines eigenen oder eines modifizierten Web-Servers erfolgen, es kann ein zusätzlicher Proxy-Server eingebunden werden oder der Web-Browser kann um entsprechende Komponenten ergänzt werden. Für die Realisierung der Komponente im TELLIM-Prototypen waren zwei Aspekte maßgebend:

1. Die Messungen sollen nicht durch das Zwischenspeichern einzelner Elemente oder vollständiger Seiten im Cache verfälscht werden.

2. Die Komponente soll sich problemlos in die bestehende Architektur des TELLIM-Systems einfügen.

Abbildung 7.3 zeigt das übliche Versenden der Web-Seiten vom Web-Server über einen Proxy-Server zum Web-Browser, wobei sowohl im

7.2. EINZELNE KOMPONENTEN 133

Proxy-Server als auch im Web-Browser ein Cache mit involviert sein kann. Aus diesen Gründen wurde die Komponente zur Abschätzung der Ladezeit mit Hilfe eines Java-Applets realisiert wie es im unteren Teil der Abbildung 7.3 dargestellt ist. Das Java-Applet wird zusammen mit

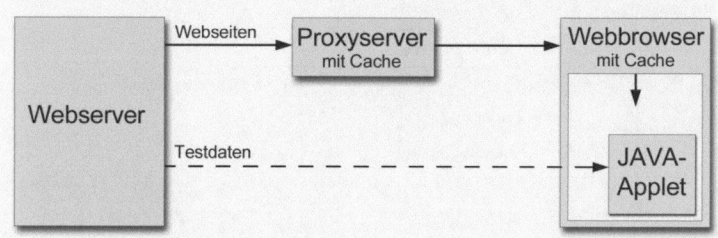

Abbildung 7.3: Übermittlung von Testdaten in TELLIM [Sch99a]

dem Applet zur Beobachtung der Benutzer-Interaktionen zu Beginn einer Sitzung zu dem Client übertragen [Sch99a]. Die Messung der Netzdurchsatzraten erfolgt durch das Übertragen zusätzlicher Testdaten. Dazu sendet das Applet über eine Socket-Verbindung einen eigenen HTTP-Aufruf an den Webserver, ohne den Proxyserver mit den jeweiligen Cache-Möglichkeiten anzusprechen. Der Web-Server versendet daraufhin die Testdaten, wodurch das Applet die benötigten Zeiten messen kann. Dieses ist zum einen die Antwortzeit, die zum Aufbau der Verbindung, dem Senden der HTTP-Anforderung, der Bearbeitungszeit des Web-Servers und dem Zurücksenden des ersten Datenpaketes benötigt wird. Diese Zeit ist annähernd konstant und kann vom Aufbau der Socketverbindung bis zum Eintreffen der ersten Daten gemessen werden. Der eigentlich interessante Wert ist die Zeit, die anschließend bis zum vollständigen Erhalt der Testdatei noch vergeht. Diese Zeitdauer in Abhängigkeit von der Anzahl der übertragenen Bytes ergibt die Übertragungsrate einer bestehenden Verbindung. Die Übertragungszeit kann dann entsprechend der folgenden Formel abgeschätzt werden:

Ladezeit = Antwortzeit + (Größe der Datei / Durchsatzrate)

Da die Testdaten die Verbindung zusätzlich belasten, sollten die Dateien so klein wie möglich sein. Gleichzeitig müssen jedoch soviel Bytes übertragen werden, dass eine aussagekräftige Messung durchgeführt

134 KAPITEL 7. REALISIERUNG DES PROTOTYPEN

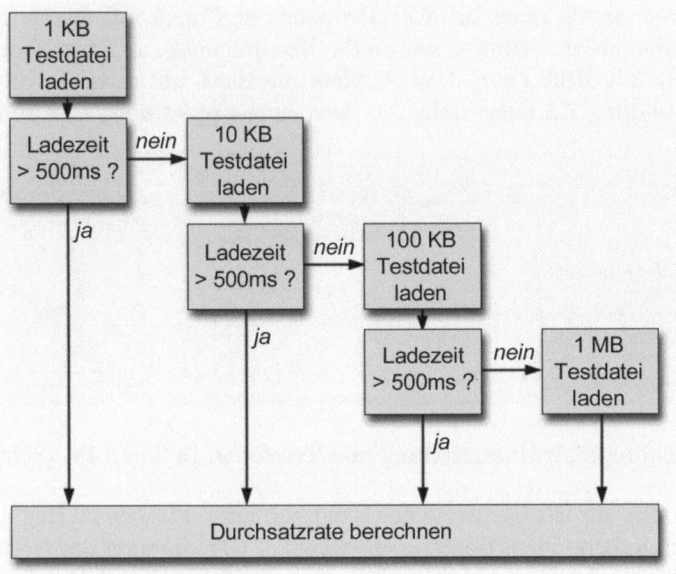

Abbildung 7.4: Ablauf der Messung [Sch99a]

werden kann. Da zu Beginn einer Sitzung die Qualität der Verbindung nicht bekannt ist, wird die Messung in mehreren Stufen durchgeführt. Sie beginnt mit einer kleinen Datei von 1kB. Wird diese in wenigen Millisekunden zu schnell geladen, so wird in diesem Fall die Messung mit der nächst größeren Datei wiederholt. Abbildung 7.4 zeit den Ablauf der Messung, bei der bis zu vier Testdateien in Größen von 1kB, 10kB, 100kB und 1MB übertragen werden können.

Im aktuellen TELLIM-Prototypen wird die Qualität der Internet-Verbindung nur einmalig zu Beginn abgeschätzt. Sollen Schwankungen der Netzdurchsatzraten berücksichtigt werden, können diese Messungen jedoch auch zyklisch wiederholt werden. In weiterführenden Arbeiten sollte zudem untersucht werden, ob die Testdateien eventuell dazu genutzt werden können, zusätzliche Werbungen oder Sonderangebote zu dem Client zu übertragen. Die hier beschriebene Lösung ist ein Kompromiss, der durch die technischen Voraussetzungen Anfang 1999 bestimmt wur-

7.2. EINZELNE KOMPONENTEN

de. Zukünftig könnte man sich vorstellen, dass die Web-Technologien in diesem Bereich integrierte Lösungen anbieten.

7.2.3 Die Generierung der Präsentationen

Die automatische Generierung der Produktpräsentationen basiert auf der Verwendung dynamischer Templates, welche im WebLink Server interpretiert werden, und der Ausnutzung des JavaScript Objektmodells. Der Vorgang der Generierung ist in Abbildung 7.5 dargestellt. Der WebLink-

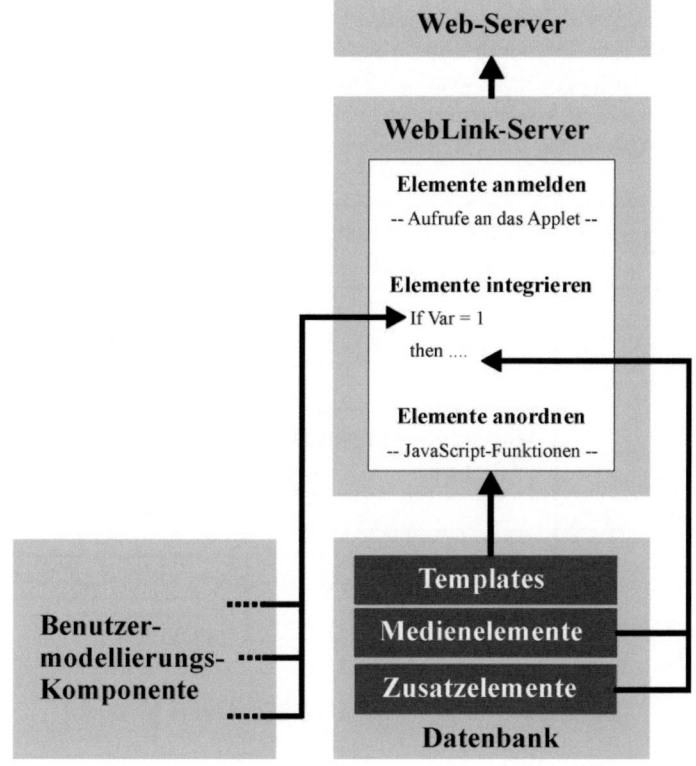

Abbildung 7.5: Generierung der dynamischen Präsentationen

136 KAPITEL 7. REALISIERUNG DES PROTOTYPEN

Server erhält über das "Common Gateway Interface" (CGI) des Web-Servers eine Anfrage an das entsprechende Template einer Produktgruppe und lädt es aus der Datenbank. In diesem Template wird zunächst das gewünschte Produkt aus der Datenbank gesucht und allgemeine Parameter zur Gestaltung gesetzt. Diese Parameter sind ebenfalls zu jedem Produkt in der Datenbank gespeichert und machen zum Beispiel Angaben zu Hintergrundfarbe, Hintergrundbild oder Schriftform. In dem Template ist dann der Programmcode enthalten, der die jeweiligen Medienelemente bei dem Beobachtungs-Applet anmeldet. Im weiteren Verlauf werden die Sinneinheiten definiert, welche in dieser Produktgruppe gezeigt werden sollen. Auch hierzu werden die notwendigen Angaben aus der Datenbank gesucht. Für jedes einzelne Medienelement wird dann über einen Funktionsaufruf der Lernalgorithmus nach seiner Einschätzung befragt und Parameter entsprechend gesetzt. Die gesamte Seite, die Sinneinheiten und die einzelnen Medienelemente sind als JavaScript-Objekte definiert, wie es in Abbildung 7.6 dargestellt ist. Die Formatierung innerhalb der

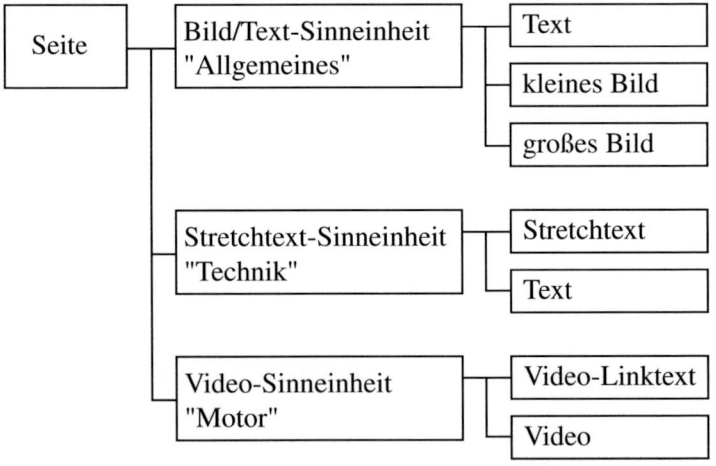

Abbildung 7.6: JavaScript Objektmodell [Sch99b]

Sinneinheiten und auch die Anordnung der Sinneinheiten geschieht erst auf der Client-Seite. Zu diesem Zweck wird dem Client zu Beginn eine entsprechende JavaScript-Bibliothek übermittelt, welche die entsprechenden Funktionen und Gestaltungsregeln enthält. Diese Vorgehensweise hat den Vorteil, dass die einzelnen Templates deutlich vereinfacht werden und die JavaScript-Funktionen nicht mit jedem Produkt neu vom Server geladen werden müssen. Mit Hilfe der JavaScript-Bibliothek werden die Sinneinheiten gemäß ihrer Wertung sortiert und in ein definiertes Gestaltungsraster positioniert. Innerhalb der Sinneinheiten werden die Elemente abhängig von den jeweiligen Metadaten und den Designregeln angeordnet und mit JavaScript-Funktionen versehen, welche als Reaktion auf Benutzer-Interaktionen die Gestaltung verändern können. Auf diese Weise kann der Benutzer zum Beispiel Bilder vergrößern, ohne die komplette Seite neu vom Server laden zu müssen.

7.3 Anmerkungen zur technischen Umsetzung

Bei der Realisierung des Prototypen wurden eine Reihe von Entscheidungen getroffen, die im folgenden näher erläutert werden.

- Da sich die Web-Technologie sehr schnell verändert hat, sind viele Entwicklungen noch nicht standardisiert, was dazu führt, dass es immer wieder zu Inkompatibilitäten zwischen den Web-Browsern oder damit zusammenhängenden Technologien kommt. Für die Entwicklung des ersten Prototypen wurde daher der Netscape-Browser (Version 4.08 aufwärts) ausgewählt. Das System könnte jedoch prinzipiell auch auf den Internet Explorer von Microsoft übertragen werden. Lediglich die Kommunikation vom Java-Applet zum Plugin, welche derzeit über die LiveConnect-Schnittstelle von Netscape implementiert ist, müsste neu betrachtet werden.

- Bei den heutigen Web-Browsern geschieht die Skalierung von Bildern nur mit sehr einfachen Verfahren, so dass die Ergebnisse für Produktpräsentationen unbefriedigend sind. Im aktuellen Prototypen wurde daher davon ausgegangen, dass Bilder in verschiedenen alternativen Größen vorgefertigt werden müssen und die Größe somit zur Laufzeit nicht mehr frei wählbar ist.

- Für die Realisierung des Prototypen fiel die Entscheidung auf die

KAPITEL 7. REALISIERUNG DES PROTOTYPEN

objektorientierte Datenbank Jasmine. Diese Wahl lag zum einen darin begründet, dass in dieser Datenbank bereits viele Funktionen zur Verwaltung multimedialer Daten bereitgestellt werden und zum anderen ein Application Server (WebLink Server) im Lieferumfang enthalten ist, welcher die Verwendung dynamischer Templates erlaubt. Ein weiterer wichtiger Vorteil war die einfache und kostengünstige Verfügbarkeit.

- Als Beispiel einer zeitvarianten Medienart fiel in dem Prototypen die Entscheidung für das RealVideo-Format [Rea00]. Das System könnte jedoch auch auf andere Formate, wie zum Beispiel RealAudio, Quicktime VR oder auch VRML erweitert werden. Für die Formate, die über ein Plugin im Web-Browser dargestellt werden, können über die jeweiligen Plugin-Klassen die Interaktionen in dem Applet beobachtet werden. In VRML ist es zudem möglich, über eine Java-Schnittstelle (External Authoring Interface) direkt auf eine VRML-Szene zuzugreifen und somit über Sensoren die Bewegungen des Kunden zu kontrollieren.

- Möchte man ein System realisieren, welches verstärkt 3D-Objekte und virtuelle Welten verwendet, so könnte auch die Ausstattung des Client-Rechners bezüglich des Grafiksystems und der Prozessorleistung eine entscheidende Rolle spielen. In diesem Fall sollte das System um eine Komponente erweitert werden, die hierzu Abschätzungen vornehmen kann.

7.4 Kommerzielle Verwendung des TELLIM-Systems

Um das TELLIM-System kommerziell einsetzen zu können, gibt es prinzipiell zwei Möglichkeiten. Der implementierte Prototyp könnte um weitere Module (zum Beispiel Bestellfunktionalität) ergänzt und dann mit den Produkten des jeweiligen Herstellers gefüllt werden. Eine zweite Lösung wäre die Integration des TELLIM-Konzeptes in ein bestehendes E-Commerce System.

7.4. KOMMERZIELLE VERWENDUNG 139

Verwendung und Erweiterung des TELLIM-Prototypen. Um den realisierten Prototypen kommerziell für den Verkauf von Produkten zu nutzen, müssten die folgenden Anpassungen erfolgen:

- Der Prototyp ist ein reines Präsentationssystem. Für die kommerzielle Nutzung müsste daher die Funktionalität ergänzt werden, welche dem Kunden erlaubt, Produkte auszuwählen und über das Ausfüllen eines Formulares beim Hersteller zu bestellen. Da dieser Vorgang die temporäre Benutzermodellierung nicht tangiert, kann der Prototyp mit einer solchen Bestellfunktionalität (zum Beispiel unter Verwendung der CGI-Schnittstelle) kombiniert werden.

- Der äußere Gestaltungsrahmen muss an den jeweiligen Hersteller angepasst werden. Dieses betrifft zum Beispiel den Namen, die farbige Gestaltung, die Navigationsleiste und die Integration des Firmenlogos. Für diese Anpassung muss der entsprechende HTML-Code verändert werden.

- Für jede Produktgruppe müssen neue Templates definiert werden. Dazu gehört die Angabe des Gestaltungsrasters und die Definition der jeweiligen Sinneinheiten, die das Produkt beschreiben sollen. Es wird also festgelegt, wieviele Bilder, Texte und andere Elemente zu dieser Produktgruppe angezeigt werden und in welcher Reihenfolge sie erscheinen. Die Anpassungen sind gering, müssen jedoch in den etwas komplex erscheinenden Skripten erfolgen.

- Der hauptsächliche Aufwand bei der Verwendung des Prototypen liegt in dem Füllen der Datenbank. Hier müssen die Präsentationselemente aller Produkte mit ihren beschreibenden Attributen eingegeben werden. Zu jedem Bild, Text oder anderem Medium müsste also eine Festlegung inhaltlicher Beschreibungen erfolgen, wie zum Beispiel die Art des Produktes, die übermittelte Information, die Produktmarke, etc., und die Eingabe gestalterischer Attribute, wie zum Beispiel die Größe eines Bildes oder seine beste Position im Verhältnis zu einem Text. Zusätzlich müssen für jedes Produkt weitere Parameter zur Gestaltung eingegeben werden, wie zum Beispiel Hintergrundfarbe, Hintergrundbild oder Schriftform.

- Die JavaScript-Bibliothek des Prototypen regelt die Anordnung der Elemente auf der Client-Seite. Diese Gestaltungsregeln könnten prinzipiell für beliebige Produkte übernommen werden. Man kann sich jedoch auch vorstellen, abhängig von dem jeweiligen Hersteller hier Änderungen durchzuführen. Diese müssten in JavaScript formuliert werden.

Die Verwendung des TELLIM-Prototypen ist denkbar für eine überschaubare Anzahl von Produkten. Übersteigt diese jedoch die Größenordnung von ca. 30, so wäre in jedem Fall eine Autorenunterstützung wünschenswert, wie sie in Kapitel 9.3 angesprochen wird.

Integration des TELLIM Konzeptes in ein bestehendes E-Commerce System. Damit das TELLIM-System in ein bestehendes E-Commerce System integriert werden kann, müssen folgende Arbeiten vorgenommen werden.

- Die Beobachtungskomponente auf der Client-Seite könnte von dem Prototypen übernommen werden. Das E-Commerce System müsste mit seiner Anfangs-Seite das Applet zum Client übertragen. Anpassungen müssten nur vorgenommern werden, wenn das bestehende E-Commerce System ausser Stretchtexten, Bildern und Videos im Real-Format noch weitere multimediale Elemente verwenden möchte. In diesem Fall müssten positive und negative Interaktionen definiert und die Möglichkeit geschaffen werden, diese Interaktionen im Java-Applet zu registrieren.

- Die Benutzermodellierungs-Komponente kann ebenfalls im Wesentlichen übernommen werden. Anpassungen wären hier notwendig, wenn der Hersteller mehr Attribute verwenden will als bisher definiert sind. Dieses hätte kleinere Änderungen in dem Lernalgorithmus zur Folge, welcher in C++ programmiert wurde.

- Der hauptsächliche Aufwand bei der Kombination von TELLIM mit einem existierenden E-Commerce System liegt in der Anpassung der Generierungs-Komponente. Für die Generierung der Dokumente verwenden die Hersteller in der Regel bereits Templates, die mit den Produkten aus einer Datenbank gefüllt werden. Diese bestehende Lösung müsste um folgende Aspekte ergänzt werden:

7.4. KOMMERZIELLE VERWENDUNG

- Die Produktdaten in der Datenbank müssen um die beschreibenden Attribute ergänzt werden.
- In den Templates müssen die Medienelemente bei dem Java-Applet angemeldet werden.
- Der Application-Server muss die Möglichkeit bieten, über einfache Programmkonstrukte die Sinneinheiten zu definieren. Dazu ist es notwendig, Variablen zu definieren, Zuordnungen vorzunehmen und if-then-else Konstrukte zu verwenden.
- Es muss eine Schnittstelle zwischen dem Application-Server des E-Commerce Systems und der Benutzermodellierungs-Komponente geschaffen werden, so dass in den Templates über Funktions-Aufrufe Elemente in Abhängigkeit von den Aussagen der Lernverfahren integriert werden können.
- Die JavaScript-Bibliothek des Prototypen muss auf der Anfangs-Seite integriert werden. Die Gestaltungsregeln könnten für das E-Commerce System übernommen werden. Es können jedoch auch Anpassungen durchgeführt werden, wie zum Beispiel in der Darstellung der Stretchtexte oder der Anordnung von Bild und Text.

Kapitel 8

Evaluation des Ansatzes

Die Evaluation eines adaptiven Einkaufssystems kann auf drei Weisen erfolgen. Das System kann von Experten aus dem Bereich der Mensch-Maschine-Kommunikation bewertet werden, die aufgrund ihrer Erfahrung und anhand verschiedener Richtlinien, wie zum Beispiel den Dialoggestaltungsprinzipien der Norm ISO 2941-10, die Qualität der Benutzerschnittstelle betrachten. Eine zweite Möglichkeit ist die Bewertung durch Produkthersteller. Diese würden nicht nur das Interesse ihrer Kunden abschätzen, sondern das System vor allem im Hinblick auf eine mögliche Gewinnsteigerung beurteilen. Die dritte Vorgehensweise ist eine Evaluation aus der Sicht der Kunden (Benutzer). Für das TELLIM-System wird aus zwei Gründen die zuletzt genannte Bewertungsform ausgewählt. Zum einen ist die Hauptzielrichtung des adaptiven Einkaufssystems die Verbesserung der Benutzerakzeptanz. Es ist daher ein wichtiges Anliegen, diese in einer direkten Befragung zu überprüfen. Zum zweiten spielt die Machbarkeit der Evaluationsmethode eine wichtige Rolle. So muss die Verfügbarkeit von Versuchspersonen/Experten gewährleistet sein und die anfallenden Kosten müssen im vorgegebenen Rahmen bleiben.

In diesem Kapitel wird daher die erste Evaluation des TELLIM-Systems aus der Sicht des Benutzers dargestellt. Dazu wird in dem Abschnitt 8.1 zunächst der erwartete Nutzen des Systems für den Benutzer beschrieben und Thesen formuliert, welche durch die Evaluation bestätigt werden sollen. Abschnitt 8.2 betrachtet als Basis der Evaluation die Norm ISO 9241-11 über den Anwendungsrahmen für Gebrauchstauglichkeit von Software und geht dann genauer auf spezielle Aspekte des World Wide Web und den Test adaptiver Systeme ein. Abschnitt 8.3 beschreibt die Versuchsdurchführung und stellt dazu die Systemumgebung, die Aufgabenstellung und die verwendeten Fragebögen vor. Das Kapitel endet mit der Darstellung der Ergebnisse im Abschnitt 8.4.

8.1 Thesen zur Evaluation

Ein wichtiges Problem bei dem Test adaptiver Systeme liegt darin, die Messgrößen zu bestimmen, mit denen man das adaptive Verhalten evaluieren möchte. Dazu ist es wichtig, die Eigenschaften des Systems zu formulieren, welche durch die adaptiven Komponenten hinsichtlich der Qualität oder der benötigten Zeit verbessert werden sollen. Intelligente Lernsysteme können zum Beispiel den Lernerfolg des Benutzers verstärken, das Ziel von adaptiven Information Retrieval Systemen liegt in der Optimierung der Qualität der Informationen bezüglich der notwendigen Zeit und intelligente Hilfesysteme sollen das Verständnis des Benutzers für das System erhöhen und seine Fehler minimieren.

Das TELLIM-System beobachtet das Verhalten des Kunden bei der Betrachtung multimedialer Präsentationen und versucht, die nachfolgenden Seiten abhängig von den aktuellen Wünschen zu generieren. Für den Kunden bleiben dabei alle Informationen verfügbar. Das System entscheidet jedoch, welche Präsentationselemente in den Vordergrund gestellt werden und welche nur als Link auf der Seite erscheinen. Eine wichtige Eigenschaft des Systems ist es also, in den Produktpräsentationen von Anfang an alle Informationen zu integrieren, die den Benutzer interessieren. Präsentationselemente, die der Kunde nicht nutzen kann oder möchte, weil ihm zum Beispiel das notwendige Plugin fehlt, seine Anbindung an das Internet von zu schlechter Qualität ist oder aber ihn einfach nicht interessieren, sollen nur als Link bzw. als kleines Bild in der Präsentation erscheinen.

Im Vergleich zu nicht-adaptiven Produktpräsentationen sollen in dem TELLIM System damit folgende Ergebnisse erreicht werden. Die Anzahl der notwendigen Interaktionen innerhalb einer Produktpräsentation wie das Ausklappen von Stretchtexten, das Nachladen großer Bilder oder das Anfordern von Videos, sollen sinken, ohne dass der Benutzer stärker beansprucht wird. Da Elemente, die den Benutzer interessieren, bereits im Vordergrund präsentiert werden, besteht für ihn im Idealfall keine Notwendigkeit, weitere Informationen anzufordern. Die durchschnittliche Ladezeit sollte daher kleiner werden, da bei dem adaptiven System überflüssige Medienelemente weitestgehend vermieden werden. Die adaptiven Produktpräsentationen sollen deshalb für den Kunden effizienter zu nutzen sein. Eine weitere Eigenschaft des adaptiven Ansatzes soll eine höhere Akzeptanz auf der Seite des Benutzers sein. Dieses ergibt sich zum einen aus der bereits erwähnten Effizienzsteigerung. Zum anderen ist es bei dem adaptiven System in höherem Maße möglich, multimediale Elemente, wie zum Beispiel große Bilder und Videos, zu integrieren. Kunden, die eine multimediale Darstellungsform mögen, können auf diese Weise lebhaftere Präsentationen geboten werden. Trotzdem werden andere, die aus verschiedenen Gründen lieber auf multimediale Elemente verzichten möchten, durch diese Präsentationen nicht belästigt. Die allgemeine Zufriedenheit der Kunden mit den Produktpräsentationen soll deshalb durch das adaptive System gesteigert werden.

Zusammenfassend werden folgende Thesen bezüglich des adaptiven Einkaufssystems aufgestellt, welche in der Evaluation bestätigt werden sollen.

- Die Zahl der notwendigen Interaktionen mit den Produktpräsentationen sinkt.

- Die Akzeptanz auf der Seite der Benutzer wird gesteigert.

- Die notwendige Ladezeit und die damit verbundenen Kosten sind im Durchschnitt geringer.

8.2 Basis der Evaluation

Für die Evaluation des TELLIM-Systems wird zunächst die ISO-Norm 9241-11 über die Anforderungen an die Gebrauchstauglichkeit von Software betrachtet. Zudem werden die Besonderheiten des World Wide Web und die Vorgehensweise beim Test adaptiver Systeme näher untersucht.

8.2.1 ISO 9241-11: Anwendungsrahmen für Gebrauchstauglichkeit

In der ISO-Norm 9241-11 wird der Nutzen einer Software über den Begriff der "Gebrauchstauglichkeit" gemessen. Die Gebrauchstauglichkeit einer Software ist dabei folgendermaßen definiert:

> *"Das Ausmaß, in dem ein Produkt durch bestimmte Benutzer in einem bestimmten Nutzungskontext genutzt werden kann, um bestimmte Ziele effektiv, effizient und zufriedenstellend zu erreichen."*

Die Gebrauchstauglichkeit ist also im hohen Maße von dem Nutzungskontext abhängig, welcher den Benutzer, die Arbeitsaufgabe, die Arbeitsmittel und die Umgebung beschreibt und wird über die Effizienz, die Effektivität und die Zufriedenstellung des Benutzers gemessen. Das Zusammenspiel dieser Faktoren ist in Abbildung 8.1 beschrieben. In den folgenden beiden Abschnitten werden die genannten Faktoren für das Anwendungsfeld des TELLIM-Systems näher analysiert. Dazu wird zunächst der Nutzungskontext beschrieben, indem die möglichen Kunden des TELLIM-Systems agieren würden. Anschließend wird untersucht, was die Maße der Gebrauchstauglichkeit in der konkreten Anwendung des TELLIM-Systems bedeuten und wie sie gemessen werden können.

Nutzungskontext Der Nutzungskontext wird bestimmt durch den Benutzer, die Arbeitsmittel, die Umgebung und die Arbeitsaufgabe.

- Als Benutzer eines elektronischen Produktkataloges kommen nur die Menschen in Frage, die Zugang zum Internet haben und diesen auch verwenden. Nach der GVU Umfrage, die von Oktober bis Dezember 1998 [GVU98] mit über 5000 Testpersonen online durchgeführt wurde, sind in Europa die Mehrzahl der Internet-Benutzer zwischen 20 und 35 Jahre alt (68,4%). Ein Drittel der Benutzer ist weiblich und zwei Drittel sind männlich. Die überwiegende Zahl hat bereits seit mehr als einem Jahr Erfahrungen mit dem Internet (87,1%). Bei der Betrachtung dieser Umfrage ist zu beachten,

8.2. BASIS DER EVALUATION

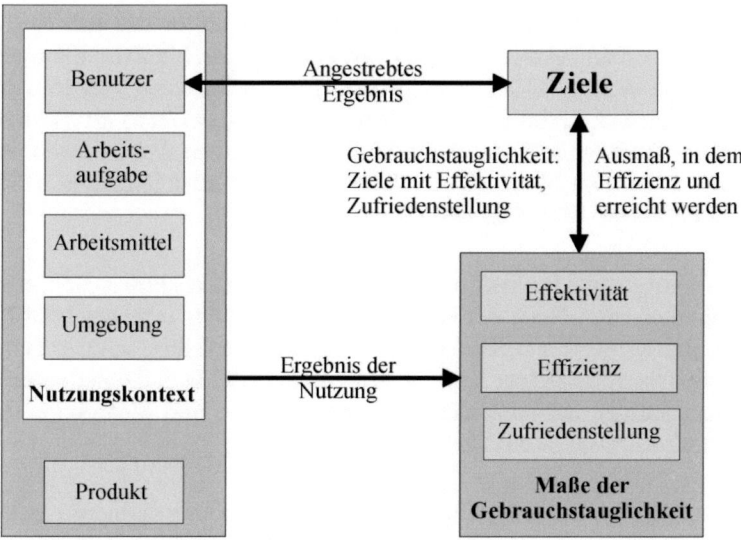

Abbildung 8.1: Ein Anwendungsrahmen für die Gebrauchstauglichkeit von Software nach der Norm ISO 9241-11

KAPITEL 8. EVALUATION DES ANSATZES

dass sie nicht repräsentativ ist, da die Testpersonen nicht nach verschiedenen Kriterien ausgewählt wurden, sondern sich freiwillig an der Umfrage beteiligten. Aus diesem Grund sind vermutlich die sehr unerfahrenen Internet-Benutzer in dieser Umfrage nicht entsprechend vertreten.

- Als Arbeitsmittel verwenden nach der GVU Umfrage die meisten Internet-Benutzer eine PC-Plattform (72%). Viele der Befragten (66,3%) verwenden Modems (14k bis 56k). Der Netscape Browser wird von 53,7% verwendet, der Microsoft Explorer war mit 31,3% vertreten. Die Bildschirmgröße variiert von 10in bis 21in, die meisten Bildschirme (62%) lagen jedoch in dem Intervall von 15in bis 18in. Auch die Auflösungen nahmen vielfältige Werte an. So sind sowohl Auflösungen von 640x480 üblich, als auch Auflösungen von 1289x1024. Die Mehrheit der Benutzer verwendet jedoch 800x600 (30,7%) oder 1024x768 (27,7%)

- Die Umgebung für das elektronische Einkaufen kann sehr unterschiedlich sein. Nach der GVU Umfrage wird das Internet bei 57% der Befragten von zu Hause aus genutzt, bei ca. 30% vom Arbeitsplatz. Die potentiellen Kunden können unterschiedliche Zeitrestriktionen haben und auch die gesamte Stimmung und Motivation des Benutzers kann situationsabhängig variieren.

- Die Aufgabe, die mit Hilfe elektronischer Produktkataloge gelöst werden soll, ist in der Regel der Kauf von Produkten bzw. die Informationsbeschaffung. Bei dem verwendeten TELLIM-Prototypen sind Kaufabwicklungsmöglichkeiten noch nicht integriert worden. Es handelt sich derzeit also um ein reines Präsentationssystem, so dass es nur der Gewinnung von Informationen über bestimmte Produkte dienen kann.

Die Analyse des Nutzungskontextes soll dahingehend verwendet werden, dass bei der Testreihe die realen Bedingungen weitestgehend simuliert werden, um aussagekräftige Ergebnisse zu erhalten. Dieses betrifft die Auswahl der Versuchspersonen, die verwendete Systemumgebung und die gestellten Aufgaben.

8.2. BASIS DER EVALUATION

Maße der Gebrauchstauglichkeit Die Gebrauchstauglichkeit von Software wird nach der ISO-Norm anhand von drei Maßen bestimmt: Effektivität, Effizienz und Zufriedenstellung.

- Effektivität bezeichnet die Genauigkeit und Vollständigkeit, mit der Benutzer ein bestimmtes Ziel erreichen [ISO 9241-11]. Im Bereich der reinen Informationssuche wird die Effektivität häufig über die Anzahl der passenden Daten gemessen. Man untersucht, wieviele Informationen verfügbar sind und wie einfach die Versuchsperson sie erreichen kann [Bev95]. Dieses ist beim elektronischen Einkaufen prinzipiell auch ein sehr wichtiger Gesichtspunkt, da die Kunden auf möglichst einfache Art und Weise zu den gewünschten Informationen gelangen sollen. Bei dem zu untersuchenden TELLIM-System ist jedoch das Ziel, die Qualität der Präsentation zu erhöhen, so dass sowohl Inhalte als auch die Darstellung der Informationen den Wünschen des Benutzers entsprechen. Die Navigation in dem Produktkatalog wurde in diesem Ansatz nicht betrachtet. Da zudem in dem realisierten Prototypen die Navigationsstruktur eher flach gehalten wurde, liegt die Effektivität nicht im Fokus der Untersuchung.

- Effizienz ist ein Maß für den im Verhältnis zur Genauigkeit und Vollständigkeit eingesetzten Aufwand, mit dem Benutzer ein bestimmtes Ziel erreichen [ISO 9241-11]. Um die Effizienz eines Systems zu bestimmen, wird häufig die Zeit gemessen, die der Benutzer zur Durchführung spezieller Aufgaben benötigt. Dieses ist beim elektronischen Einkaufen nicht sinnvoll, da es nicht das Ziel einer Präsentation ist, dass der Kunde die Seite möglichst schnell wieder verlässt. Dennoch ist es ein wichtiges Ziel des TELLIM-Systems (Thesen 1 und 3), die Effizienz der Produktpräsentationen dahingehend zu steigern, dass der Kunde keine Zeit dadurch verschwendet, dass er auf multimediale Elemente wartet, die er gar nicht sehen wollte oder auf der anderen Seite sehr viele Interaktionen tätigen muss, um die gewünschten Informationen zu erhalten. Jede Interaktion innerhalb einer Seite bedeutet entweder, dass Elemente nachgeladen werden müssen oder aber dass überflüssige Elemente geladen wurden. Um also die Effizienz bei der Benutzung des TELLIM-Systems zu bestimmen, kann als ein Aspekt die

Zahl der Interaktionen gemessen werden, die innerhalb einer Seite stattfanden [Höö97]. Ein weiterer Hinweis kann die durchschnittliche Ladezeit sein.

- Als Zufriedenstellung wird die Freiheit von Beeinträchtigungen und die positiven Einstellungen gegenüber der Nutzung des Produktes bezeichnet [ISO 9241-11]. Die Erhöhung der Zufriedenstellung und damit der Akzeptanz des elektronischen Einkaufens ist das Hauptziel des TELLIM-Systems. Um Aussagen darüber zu treffen, können die Teilnehmer während der Benutzung des Systems beobachtet und eventuelle Bemerkungen dabei aufgezeichnet werden. Nach der Durchführung des Experimentes können die Versuchsteilnehmer mittels Fragebogen über ihre Ansicht zum System befragt werden. Dabei sollen verschiedene Kriterien, die bei Web-Präsentationen eine Rolle spielen, abgefragt werden. Dieses ist zum einen die Übersichtlichkeit der Präsentationen, die entscheidend den Erfolg bei der Informationssuche beeinflusst und damit die empfundene Effektivität der Versuchsperson bei der Bearbeitung der Aufgaben widerspiegelt. Als zweiter Aspekt soll nach der Meinung zur Gestaltung der Seiten gefragt werden. Dieses kann sich sowohl auf die einzelnen Medienelemente als auch auf das gesamte Design der Produktpräsentationen beziehen. Das dritte Kriterium ist die Ansicht zur Effizienz des Prototypen. Die Versuchspersonen sollen beurteilen, ob das System schnell und effizient zu nutzen war. Als letzter Punkt sollte nach dem Gesamturteil der Versuchspersonen gefragt werden.

8.2.2 Evaluation adaptiver Systeme im Web

Die Evaluation von Software-Systemen ist eine schwierige Aufgabe, die noch etwas komplizierter wird, wenn es sich um adaptive Systeme handelt. Um die Auswirkung der adaptiven Techniken zu messen, werden in Experimenten häufig die Systeme mit und ohne die adaptiven Komponenten verglichen [Vas96], [SAS+97], [WS97]. Bei dieser Form der Evaluation muss jedoch beachtet werden, dass die Systeme als adaptive Systeme konzipiert wurden. Schaltet man die Adaption einfach aus, so wirken die Systeme oft unvollständig und sind schlechter, als Systeme, die von Beginn an ohne adaptive Techniken geplant wurden [Höö97]. Es

8.2. BASIS DER EVALUATION

ist daher wichtig, das Design der nicht-adaptiven Systeme sorgfältig zu überprüfen.

Bei der Durchführung der Experimente testen die Versuchspersonen in der Regel nacheinander beide Systemvarianten. Da nach der Benutzung des ersten Systems ein Lerneffekt eintreten kann, ist es wichtig, die Reihenfolge der Systemvarianten zu wechseln. Eine andere Vorgehensweise teilt die Versuchspersonen vor den Experimenten in Gruppen und lässt jede Gruppe nur an einem System arbeiten. Diese Methode ist für die Versuchspersonen einfacher und liefert im allgemeinen aussagekräftigere Ergebnisse, da für die Versuchspersonen das Ziel der Experimente nicht so transparent ist und sie daher objektiver die jeweiligen Systeme bewerten [Nie98]. Nachteilig ist hierbei jedoch, dass die individuellen Unterschiede der Versuchspersonen die Ergebnisse stärker beeinflussen, was nur durch eine große Anzahl Versuchspersonen gemildert werden kann. Wegen der höheren Objektivität wurde für die Evaluation des TELLIM-Systems die zweite Vorgehensweise gewählt. Ein weiterer Grund lag in dem Umfang des Prototypen, der nicht dafür ausreichend gewesen wäre, dass eine Versuchsperson mehrere Systemvarianten an ihm testet.

Eine zweite wichtige Vorüberlegung bei dem Test adaptiver Systeme im Web betrifft den Ort der Evaluation. In der realen Umgebung haben die Benutzer sehr unterschiedliche Voraussetzungen, die sowohl die allgemeine Ausstattung des Computers als auch besonders die Anbindung an das Internet betreffen. Diese unterschiedlichen Bedingungen können erheblichen Einfluss auf die Zufriedenheit des Benutzers mit dem jeweiligen Web-basierten System haben. Auf der anderen Seite sind die Evaluationmöglichkeiten in der realen Umgebung sehr beschränkt. Es können lediglich auf der Server-Seite Logfiles verglichen und die Versuchsperson zur Beantwortung eines Fragebogens aufgefordert werden. Es bestehen jedoch keine weiteren Kontroll- oder Messmöglichkeiten. Findet die Evaluation hingegen im Labor statt, so haben alle Versuchspersonen dieselben Bedingungen, die dann jedoch zum Teil sich stark von den realen Bedingungen unterscheiden. Demgegenüber stehen jedoch die Vorteile detaillierter Beobachtungsmöglichkeiten [Whi97]. Für die erste Evaluation des TELLIM-Prototypen wurden aus diesem Grund die Tests im Labor bzw. Büro durchgeführt. Es wäre jedoch wünschenswert, diese ersten Ergebnisse in einem späteren Feldversuch mit einem realen Industriepartner zu untermauern.

8.3 Durchführung der Experimente

Wie bereits im Abschnitt 8.2.2 diskutiert, fand diese erste Evaluation im Labor statt, wobei jede Versuchsperson nur eine Systemvariante getestet hat. Um These 1 (Verringerung der Interaktionen) aus Abschnitt 8.1 zu bestätigen, war es notwendig, die Interaktionen der Versuchspersonen mit dem System aufzuzeichnen, um so die Anzahl zu bestimmen und Vergleiche tätigen zu können. Zur Untersuchung der zweiten These (Akzeptanzsteigerung) wurden Fragebögen eingesetzt, es wurde das Verhalten der Versuchspersonen durch den Experimentator beobachtet und ein abschließendes Gespräch mit den Versuchspersonen geführt. Von einer Videoüberwachung wurde wegen des hohen Aufwandes Abstand genommen.

Die dritte These (Verringerung der durchschnittlichen Ladezeit) konnte in dieser ersten Evaluation nicht untersucht werden, da alle Versuchspersonen eine sehr schnelle Internetverbindung im Labor verwendeten. Diese These müsste daher in einem weiteren Feldversuch näher betrachtet werden, in dem die Versuchspersonen in ihrer normalen Umgebung das System nutzen und dadurch verschiedene Anbindungen an das Internet verwenden würden.

8.3.1 Vorgehensweise

Der TELLIM-Prototyp wurde in dieser ersten Evaluation mit 23 Versuchspersonen getestet, welche zum großen Teil Studenten aus dem ersten Semester des Studienganges Medieninformatik waren und zu einem geringeren Anteil wissenschaftliche Mitarbeiter der medizinischen Fakultät. Die Vorgehensweise bei der Durchführung der Versuche ist in der Abbildung 8.2 dargestellt.

Zu Beginn erhielten die Teilnehmer einen Fragebogen mit Fragen zu demographischen Angaben. Abhängig von ihren Antworten wurden sie dann annähernd gleichmäßig in vier Gruppen aufgeteilt:

- N1: Versuchspersonen, die mit einem nicht-adaptiven System arbeiten, in dem alle Informationen in ihrer minimalen Darstellungsform integriert werden, d.h. kleine Bilder, Videos als Links und

8.3. DURCHFÜHRUNG DER EXPERIMENTE

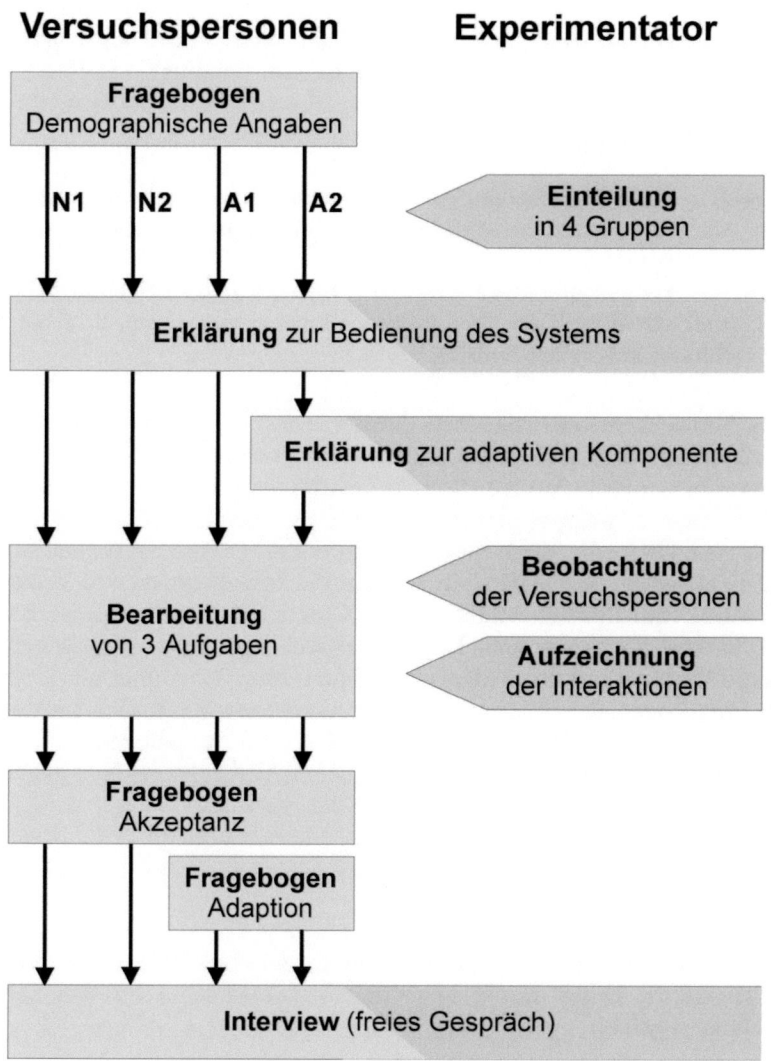

Abbildung 8.2: Versuchsdurchführung

zusammengefaltete Stretchtexte.

- N2: Versuchspersonen, die mit einem nicht-adaptiven System arbeiten, in dem alle Informationen in ihrer maximalen Darstellungsform integriert werden, d.h. große Bilder, ausgefaltete Stretchtexte und Videos in den entsprechenden Playern.

- A1: Versuchspersonen, die mit einem adaptiven System arbeiten und von diesem Umstand jedoch keine Kenntnis haben.

- A2: Versuchspersonen, die mit einem adaptiven System arbeiten und vor dem Test über dessen Vorgehensweise mit drei bis vier Sätzen aufgeklärt wurden.

Alle Versuchspersonen mussten dann drei Aufgaben zur Informationsbeschaffung lösen, bei denen sie sich alle Produkte ansehen und nach vorgegebenen Kriterien ein Produkt auswählen sollten. Den Teilnehmern wurde dazu in wenigen Sätzen das System erklärt. Die Gruppe A2 erhielt zusätzlich eine kurze Beschreibung der adaptiven Komponente. Bei der Bearbeitung der Aufgaben wurden die Interaktionen der Versuchspersonen vom System aufgezeichnet. Gleichzeitig wurde das Verhalten der Versuchspersonen vom Experimentator beobachtet. Im Anschluss an die Bearbeitung der Aufgaben erhielten alle Teilnehmer einen weiteren Fragebogen zur Untersuchung der Akzeptanz. Zusätzlich wurde den Versuchspersonen der Gruppen A1 und A2 ein Fragebogen zu der adaptiven Systemkomponente vorgelegt. Zum Abschluss erfolgte ein freies Gespräch über die Vor- und Nachteile des Systems.

8.3.2 Versuchsumgebung

Die Versuche wurden in einem Büro der Technischen Universität Dresden durchgeführt. Dabei waren folgende Voraussetzungen für den Server-Rechner gegeben:

- Hardware: PC mit einem Intel Pentium 233 MHz Prozessor, 128 MB RAM Arbeitsspeicher und einer 100Mbit/s Fast Ethernet Verbindung zum Internet.

8.3. DURCHFÜHRUNG DER EXPERIMENTE

- Software: Windows NT 4.0 Server mit dem Internet Information Server als Web Server, die objektorientierte Datenbank Jasmine Version 1.2 mit dem WebLink Server als Schnittstelle zwischen Datenbank und Web Server.

Der Client-Rechner, der in einem anderen Büro stand, hatte die folgende Ausstattung:

- Hardware: PC mit einem Intel Pentium 233 MHz Prozessor, 64 MB RAM Arbeitsspeicher, einer 100Mbit/s Fast Ethernet Verbindung zum Internet und einem 20 Zoll Bildschirm mit einer Auflösung von 1024x768.
- Software: Windows NT 4.0 Workstation, Netscape Communicator Version 4.51, ausgerüstet mit dem G2-Real-Plugin.

8.3.3 Fragebogen zu demographischen Daten

Bei der Auswahl der Testpersonen für die Evaluation des TELLIM-Systems sollte darauf geachtet werden, die verschiedenen Benutzergruppen entsprechend dem analysierten Nutzungskontext zu berücksichtigen. Als Zielvorstellung sollte ein Drittel weiblich und zwei Drittel männlich sein, ein Drittel sollte sehr wenig Erfahrungen mit dem Internet haben, zwei Drittel sollten gut bis sehr gut mit Internet und elektronischem Einkaufen vertraut sein. Die jüngere Generation bis 35 Jahre sollte stärker vertreten sein. Um diese Voraussetzungen der Testpersonen zu kontrollieren, wurde Ihnen vor der Durchführung der Experimente ein Fragebogen vorgelegt, der in Abbildung 8.3 zu sehen ist.

8.3.4 Aufgabenstellungen

Die Aufgabenstellungen, die in Abbildung 8.4 zu sehen sind, sollten die Versuchspersonen dazu anleiten, sich ausführlich mit den Produkten auseinanderzusetzen. Bei der ersten Aufgabe soll der Benutzer sich alle Modellautos nach eigenem Ermessen ansehen. Es gibt keine weiteren Anforderungen, der Benutzer kann durch den Katalog blättern, wie es ihm gefällt. Bei der zweiten Aufgabe ist der Benutzer angewiesen, nach

Teil 1 (Allgemeine Angaben)

1. Alter: __ Jahre
2. Geschlecht: __ weiblich __ männlich
3. Welche der folgenden Angaben beschreibt Ihre Schulbildung am ehesten?
   __ Hauptschulabschluss / kein Abschluss
   __ Realschulabschluss
   __ Abitur
   __ Hochschul- oder Fachhochschulabschluss
4. Bitte nennen Sie uns Ihre derzeitige Tätigkeit:
   __ Freie Berufe (rzte, Künstler, etc.)
   __ Selbst. Gewerbetreibende
   __ Leitende Angestellte / Beamte
   __ Sonstige Angestellte / Beamte
   __ Sonstige Arbeiter
   __ Hausfrau
   __ Student
   __ In sonstiger Schul- bzw. Berufsausbildung
5. Wie lange beschäftigen Sie Sich schon mit dem Internet?
   __ noch gar nicht
   __ kürzer als 6 Monate
   __ 6 Monate bis 1 Jahr
   __ länger als 1 Jahr
6. Wie würden Sie auf einer Skala von 1-7 Ihre Kenntnisse rund um das Internet beschreiben? Bitte kreuzen Sie das betreffende Feld an.

   | 1 | 2 | 3 | 4 | 5 | 6 | 7 |

7. Haben Sie schon über das Internet eingekauft?
   __ Nein
   __ 1 mal
   __ 2-5 mal
   __ mehr als 5 mal

Abbildung 8.3: Fragebogen zu demographischen Daten

8.3. DURCHFÜHRUNG DER EXPERIMENTE

bestimmten Informationen (technische Daten) zu suchen und besonders auf den Zustand der gebrauchten Fahrräder zu achten. Diese zusätzlichen Anforderungen sollen das genaue Betrachten von Bildern und Texten unterstützen. Zudem wurde eine Begründung für die jeweilige Entscheidung gefordert, wodurch der Benutzer dazu angehalten wurde, sich detailliert mit den Produkten auseinander zu setzen. Bei der dritten Aufgabe soll der Benutzer sich alle Autos des Kataloges ansehen und das Auto mit dem besten Preis-Leistungs-Verhältnis heraussuchen. Bei dieser Aufgabe wurde eine Zeiteinschränkung gefordert, so dass ein gewisser Druck auf dem Benutzer lastete. Die Lösung dieser Aufgabe kann daher besonders Anhaltspunkte über die Effizienz des Systems geben.

Aufgabe 1: Stellen Sie sich vor, Sie suchen ein Modellauto zum Verschenken. Sehen Sie sich bitte alle 7 Modellautos des Kataloges an und sagen Sie, welches Sie auswählen würden.

Aufgabe 2: Stellen Sie sich vor, Sie suchen ein gebrauchtes Fahrrad. Sehen Sie sich bitte alle Räder des Kataloges an. Achten Sie besonders auf die technische Ausstattung und den Zustand des Rades. Welches Fahrrad würden Sie wählen. Begründen Sie Ihre Entscheidung.

Aufgabe 3: Stellen Sie sich vor, Sie suchen ein gebrauchtes Auto. Sehen Sie sich bitte alle Autos des Kataloges an. Welches Auto hat Ihrer Ansicht nach das beste Preis-Leistungs-Verhältnis? Lösen Sie diese Aufgabe bitte in möglichst kurzer Zeit.

Abbildung 8.4: Aufgabenstellungen

8.3.5 Fragebogen zur Akzeptanz

Nach der Bearbeitung dieser Aufgaben an dem TELLIM Prototypen wurden den Versuchspersonen Fragebögen vorgelegt, in denen sie den Produktkatalog bewerten sollten. Die Struktur der Fragebögen orientierte sich ansatzweise an bestehenden Fragebögen, wie PUTQ [LCS97] und dem immer noch häufig eingesetzten QUIS [CDN88]. Es wurden daher auch Skalafragen verwendet, die es den Versuchspersonen ermöglichen, die Stärke ihrer Meinung auszudrücken. Ein weiterer Vorteil dieser Frageform liegt in der einfachen Verdichtung der Daten, so dass über Mittelwertbildung mehrere Systemvarianten verglichen werden können. Die Skala reichte von 1 bis 7. Dabei bedeutete 1 keine Zustimmung und 7

158 KAPITEL 8. EVALUATION DES ANSATZES

volle Zustimmung. Da eine ungerade Skalengröße gewählt wurde, konnten die Versuchspersonen auch eine neutrale Bewertung (4) ankreuzen. Auf diese Weise sollten die Versuchspersonen frei ihre Meinung äussern können, ohne in eine Richtung gedrängt zu werden.

Der Umfang der Fragebögen betrug 26 Fragen. Zusätzlich zu den 22 Skalafragen waren vier offene Fragen enthalten, so dass die Gelegenheit gegeben war, Ansichten frei zu formulieren und somit weitere Anregungen zu dem System zu geben. Auf diese Weise konnten die Versuchspersonen ausfüllen, welche Informationen sie sich noch gewünscht hätten, warum sie Informationen nicht finden konnten und welches für sie positive und negative Eigenschaften des Systems sind.

Inhaltlich richten sich viele Fragebögen nach den Kriterien der Dialoggestaltung für Softwaresysteme, wie sie in der Norm ISO 9126 genannt werden. Die Fragen betreffen daher vielfältige Aspekte von Softwaresystemen, wie zum Beispiel Funktionalität des System, Fehlertoleranz, Lernbarkeit, Sicherheit, Erwartungskonformität, etc., wodurch der Umfang der Fragebögen oftmals sehr groß ist (zum Beispiel 100 Fragen bei PUTQ). Vergleicht man zudem umfangreiche Softwaresysteme mit Produktkatalogen im Web, dann erscheinen viele dieser Fragen für die geplante Evaluation des TELLIM-Systems übertrieben. So dürfte die Funktionalität des Einkaufssystems oder auch die Fehlertoleranz durch die adaptive Komponente nicht wesentlich beeinflusst werden. Bei der Entwicklung der Fragebögen wurden daher stärker die Eigenschaften von Web-Seiten betrachtet, welche unmittelbar durch den adaptiven Ansatz Veränderungen unterliegen. Dazu gehören die Übersichtlichkeit der Seiten, die Gestaltung und auch die Effizienz in der Nutzung.

Bei der Formulierung der Fragebögen wurde darauf geachtet, dass über Kontrollfragen das Verständnis bei den Versuchspersonen überprüft werden kann. So wurden einige Sachverhalte sowohl über eine positiv formulierte Aussage (z.B. die Präsentationen waren übersichtlich gestaltet), als auch durch eine negative Aussage (die Präsentationen waren von Produkt zu Produkt zu unterschiedlich und damit verwirrend) bewertet. Die verwendeten Fragebögen sind in den Abbildungen 8.5 bis 8.10 dargestellt.

8.3. DURCHFÜHRUNG DER EXPERIMENTE

Teil 2a (Akzeptanz - Informationsgehalt)

Bitte geben Sie auf einer Skala von 1-7 an, in wie weit Sie mit den folgenden Aussagen übereinstimmen.(1=stimme überhaupt nicht zu, 7=stimme voll zu)

8. Es waren alle Informationen, die mich interessiert haben, verfügbar.

   | 1 | 2 | 3 | 4 | 5 | 6 | 7 |

9. Es fehlten folgende Daten:

Abbildung 8.5: Fragebogen Teil 2a zum Informationsgehalt

Teil 2b (Akzeptanz - Übersichtlichkeit)

Bitte geben Sie auf einer Skala von 1-7 an, in wie weit Sie mit den folgenden Aussagen übereinstimmen.(1=stimme überhaupt nicht zu, 7=stimme voll zu)

10. Die Präsentationen waren übersichtlich gestaltet.

    | 1 | 2 | 3 | 4 | 5 | 6 | 7 |

11. Ich habe alle Informationen schnell finden können.

    | 1 | 2 | 3 | 4 | 5 | 6 | 7 |

12. Die Präsentationen waren von Produkt zu Produkt zu unterschiedlich und damit verwirrend.

    | 1 | 2 | 3 | 4 | 5 | 6 | 7 |

13. Ich hatte Probleme, Informationen zu finden, weil ...

Abbildung 8.6: Fragebogen Teil 2b zur Übersichtlichkeit

Teil 2c (Akzeptanz - Gestaltung)

Bitte geben Sie auf einer Skala von 1-7 an, in wie weit Sie mit den folgenden Aussagen übereinstimmen.(1=stimme überhaupt nicht zu, 7=stimme voll zu)

14. Die Präsentationen waren sehr ansprechend

$\boxed{1}\boxed{2}\boxed{3}\boxed{4}\boxed{5}\boxed{6}\boxed{7}$

15. Ich fühlte mich durch einzelne Elemente, wie zum Beispiel umfangreiche Texte, große Bilder oder Videos belästigt.

$\boxed{1}\boxed{2}\boxed{3}\boxed{4}\boxed{5}\boxed{6}\boxed{7}$

16. Die ausführlichen Texte haben mir sehr gut gefallen.

$\boxed{1}\boxed{2}\boxed{3}\boxed{4}\boxed{5}\boxed{6}\boxed{7}$

17. Die Bilder haben mir sehr gut gefallen.

$\boxed{1}\boxed{2}\boxed{3}\boxed{4}\boxed{5}\boxed{6}\boxed{7}$

18. Die Videos haben mir sehr gut gefallen.

$\boxed{1}\boxed{2}\boxed{3}\boxed{4}\boxed{5}\boxed{6}\boxed{7}$

Abbildung 8.7: Fragebogen Teil 2c zur Gestaltung

Teil 2d (Akzeptanz - Zeitliche Aspekte)

Bitte geben Sie auf einer Skala von 1-7 an, in wie weit Sie mit den folgenden Aussagen übereinstimmen.(1=stimme überhaupt nicht zu, 7=stimme voll zu)

19. Die Ladezeiten für die Produktpräsentationen waren angemessen.

20. Die Präsentationen waren schnell und effizient zu nutzen.

$\boxed{1}\boxed{2}\boxed{3}\boxed{4}\boxed{5}\boxed{6}\boxed{7}$

Abbildung 8.8: Fragebogen Teil 2d zu den zeitlichen Aspekten

8.3. DURCHFÜHRUNG DER EXPERIMENTE

Teil 2e (Akzeptanz - Adaptivität positiv)

Bitte geben Sie auf einer Skala von 1-7 an, in wie weit Sie mit den folgenden Aussagen übereinstimmen.(1=stimme überhaupt nicht zu, 7=stimme voll zu)

21. Die Präsentationen haben sich während der Benutzung verändert. (Beispiel: Beim ersten Produkt war das erste Bild klein und der Text aufgeklappt, später war das erste Bild immer groß dargestellt.)

    | 1 | 2 | 3 | 4 | 5 | 6 | 7 |

22. Die Texte, die mich interessiert haben, waren häufig schon aufgefaltet, so dass die Informationen sofort verfügbar waren.

    | 1 | 2 | 3 | 4 | 5 | 6 | 7 |

23. Die Bilder, die mich interessiert haben, waren häufig groß dargestellt.

    | 1 | 2 | 3 | 4 | 5 | 6 | 7 |

24. Die Videos, die ich sehen wollte waren bereits im entsprechenden Player integriert.

    | 1 | 2 | 3 | 4 | 5 | 6 | 7 |

25. Die Präsentationen haben sich meinen Vorlieben angepasst.

    | 1 | 2 | 3 | 4 | 5 | 6 | 7 |

Abbildung 8.9: Fragebogen Teil 2e zum adaptiven Verhalten (positiv)

Teil 2f (Akzeptanz - Adaptivität negativ)

Bitte geben Sie auf einer Skala von 1-7 an, in wie weit Sie mit den folgenden Aussagen übereinstimmen.(1=stimme überhaupt nicht zu, 7=stimme voll zu)

26. Ich fühlte mich durch aufgefaltete Texte belästigt, da diese z. B. viel Platz einnehmen oder zum Lesen zu langweilig sind.

| 1 | 2 | 3 | 4 | 5 | 6 | 7 |

27. Ich wurde durch große Bilder belästigt, da kleine Bilder z. B. auch ausreichen.

| 1 | 2 | 3 | 4 | 5 | 6 | 7 |

28. Ich fühlte mich durch integrierte Videos belästigt, weil z. B. Player zuviel Platz einnehmen und das Laden zu lange dauert.

| 1 | 2 | 3 | 4 | 5 | 6 | 7 |

29. Die Veränderungen der Präsentationen fand ich unangenehm.

| 1 | 2 | 3 | 4 | 5 | 6 | 7 |

Abbildung 8.10: Fragebogen Teil 2f zum adaptiven Verhalten (negativ)

Teil 2e (Akzeptanz - Gesamturteil)

Bitte geben Sie auf einer Skala von 1-7 an, in wie weit Sie mit den folgenden Aussagen übereinstimmen.(1=Nein, gar nicht, 7=Ja, sehr)

30. Hat Ihnen das gesamte System gefallen?

| 1 | 2 | 3 | 4 | 5 | 6 | 7 |

31. Hat Ihnen die Bedienung und das Betrachten der Präsentationen Spass gemacht?

| 1 | 2 | 3 | 4 | 5 | 6 | 7 |

Abbildung 8.11: Fragebogen Teil 2g zum Gesamturteil

Teil 2h (Akzeptanz - Allgemeine Kritik)
32. Nennen Sie bitte die Aspekte, die Ihnen besonders gut gefallen haben.   --   33. Nennen Sie bitte die Aspekte, die Sie besonders negativ empfanden.   --

Abbildung 8.12: Fragebogen Teil 2h zu allgemeiner Kritik

8.4 Ergebnisse der Experimente

In diesem Abschnitt werden die wichtigsten Ergebnisse dieser Evaluation dargestellt.

8.4.1 Zusammensetzung der Versuchsgruppen

Die Versuchsreihe wurde mit 23 Versuchspersonen durchgeführt. 16 von ihnen (70%) waren Studenten im ersten Semester des Studiengangs Medieninformatik, 7 (30%) waren Mitarbeiter der medizinischen Fakultät. Das Alter der Versuchspersonen lag aus diesem Grund überwiegend in dem Intervall von 18 bis 23 Jahren (83%) und nur zu einem geringen Anteil über 23 Jahren (17%). Abbildung 8.13 zeigt die genaue Verteilung der Versuchspersonen bezüglich des Alters. Von den 23 Versuchspersonen waren 7 weiblich (30%) und 16 männlich (70%). Die meisten von ihnen hatten bereits Erfahrungen mit dem Internet, verwendeten es bisher jedoch wenig zum Einkaufen. Das linke Diagramm der Abbildung 8.14 zeigt den Zeitraum in Monaten, in denen sich die Versuchspersonen bereits mit dem Internet beschäftigt haben. Das rechte Diagramm zeigt die Zahl der Einkäufe, die bereits über das Internet getätigt wurden. Von den Versuchspersonen haben demnach 5 (22%) keine oder nur sehr wenig Erfahrung mit dem Internet, der Rest (78%) beschäftigt sich länger als ein halbes Jahr mit dem Internet. Dieses Ergebnis bestätigte sich auch in der eigenen Einschätzung der Versuchspersonen (Frage 6), bei der sie auf einer Skala von 1 bis 7 ihre Kenntnisse im Bereich des

164 *KAPITEL 8. EVALUATION DES ANSATZES*

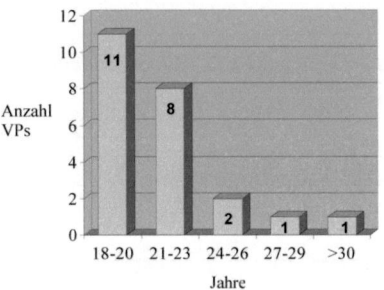

Abbildung 8.13: Das Alter der Versuchspersonen (Frage 1)

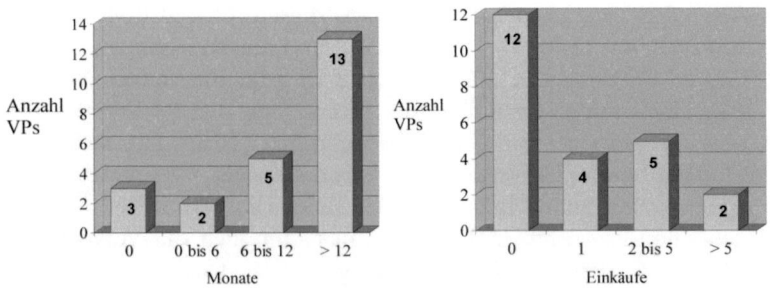

Abbildung 8.14: Erfahrungen mit dem Internet (Fragen 5 und 7)

8.4. ERGEBNISSE DER EXPERIMENTE

Internet einschätzen sollten. 6 von ihnen (26%) halten sich selbst für Anfänger, 15 (65%) gaben an, dass sie über einen mittleren Kenntnisstand verfügen und 2 (9%) bezeichnen sich als Experten. Vergleicht man diese Daten der Versuchspersonen mit dem analysierten Nutzungskontext aus Abschnitt 8.2.1, so findet man eine ungefähre Übereinstimmung in der Verteilung des Geschlechtes und des Kenntnisstandes über das Internet. Lediglich in der Altersstruktur könnten die älteren Generationen etwas stärker berücksichtigt werden. Für eine erste Versuchsreihe sind die Versuchspersonen jedoch gut geeignet.

8.4.2 Allgemeine Einstellung der Versuchspersonen

In dem Fragebogen zur Untersuchung der Akzeptanz wurden mehrere Fragen gestellt, die sich auf Aspekte des Systems beziehen, die nicht in unmittelbarem Zusammenhang zu der Adaptivität stehen. So wurden die Versuchspersonen gefragt, ob ihnen die Texte, Bilder und Videos gefallen haben und ob alle Informationen verfügbar waren, die sie zu den Produkten erwartet haben. Die Antworten zu diesen einzelnen Fragen und der Durchschnitt der vier Fragen ist in Abbildung 8.15 dargestellt.

Darin ist zu erkennen, dass sich die Gruppen in den einzelnen Fragen etwas unterscheiden. Besonders die Gruppe N2, die mit dem nichtadaptiven System mit den großen Elementen gearbeitet hat, bewertete die einzelnen Medien etwas besser als die anderen Gruppen. Dieses ist vermutlich dadurch zu erklären, dass diese Gruppe alle Texte, großen Bilder und Videos präsentiert bekam und dadurch sich intensiver damit beschäftigt hat. Im Durchschnitt zeigt sich jedoch, dass die Gruppen zu einer ähnlichen Bewertung kamen, so dass davon auszugehen ist, dass die Gruppe A2, die von der adaptiven Komponente wusste, dass System aufgrund dieses Wissens nicht generell positiver bewertet hat.

In dem Fragebogen wurden die Versuchspersonen unter anderem aufgefordert, allgemeine Anregungen und Kritik zu nennen (Fragen 32 und 33). Bei den positiven Aspekten wurde die Gestaltung der Präsentationen genannt, die knappen aber aussagekräftigen Erläuterungen zu den Bildern und die kurzen Ladezeiten. Als negativ wurde besonders das Fehlen einer Überblicksseite genannt, die den Vergleich von Produkten erleichtern würde. Bei den einzelnen Medien wurde die Qualität und der Infor-

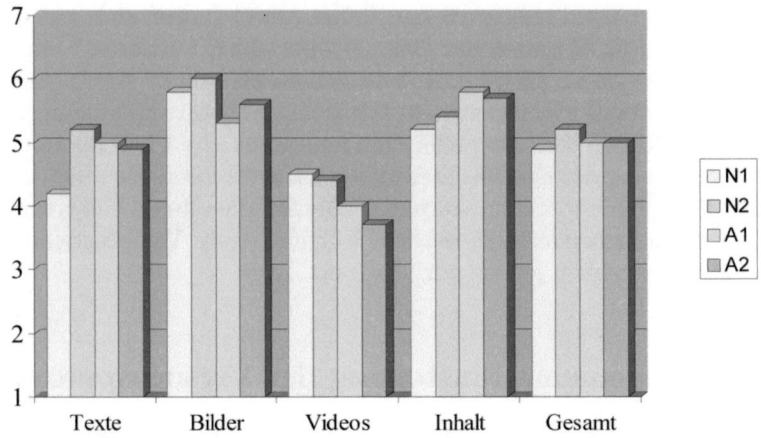

Abbildung 8.15: Allgemeine Einstellung der Versuchspersonen (Fragen 16 (Text), 17 (Bilder), 18 (Video), 8 (Inhalt) und Durchschnitt der vier Fragen (Gesamt))

mationsgehalt der Videos kritisiert und für die langen Texte eine bessere Strukturierung gewünscht. Zudem waren einigen Versuchspersonen die Produktpräsentationen zu lang. Sie schlugen eine Aufteilung auf mehrere Seiten vor, um das Scrollen zu vermeiden. Diese Anregungen sollte bei einer Überarbeitung des Prototypen so weit wie möglich berücksichtigt werden.

8.4.3 Die Akzeptanz der Versuchspersonen

Um die Auswirkung des adaptiven Ansatzes zu untersuchen, wurden die verschiedenen Systemvarianten N1, N2, A1 und A2 anhand von vier Kriterien verglichen, die maßgebend für den Erfolg von Web-Präsentationen sind: Übersichtlichkeit, Gestaltung, Effizienz und Gesamtempfinden. Zusätzlich wurden die beiden Gruppen A1 und A2 zu ihrer Ansicht bezüglich des adaptiven Verhaltens des Systems befragt.

8.4. ERGEBNISSE DER EXPERIMENTE

Übersichtlichkeit Die Qualität von Produktpräsentationen im Web werden ganz wesentlich dadurch bestimmt, wie schnell der Kunde die gewünschten Informationen findet und wie transparent die Präsentation dem jeweiligen Kunden erscheint. Dieser Aspekt ist besonders bei adaptiven Systemen entscheidend, da hier häufig der Vorwurf im Raum steht, dass automatisch veränderte Präsentationen den Kunden zu stark verwirren und damit eher negative Auswirkungen haben. Das linke Dia-

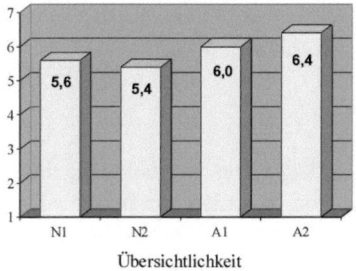 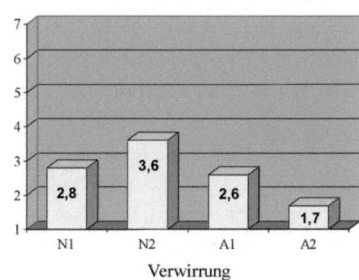

Abbildung 8.16: Bewertung der Übersichtlichkeit (Fragen 10 und 12)

gramm in Abbildung 8.16 zeigt das Ergebnis der Frage 10, in der die Versuchspersonen die Aussage "Die Präsentationen waren übersichtlich gestaltet" bewerten sollten. Hier sieht man, dass eigentlich alle Systemvarianten positiv bewertet wurden. Am schlechtesten schnitt die nichtadaptive Variante mit den großen Elementen ab (N2), am besten die Gruppe, die bewusst mit dem adaptiven System gearbeitet hat (A2). Diese Tendenz verstärkt sich im rechten Diagramm, welches das Antwortverhalten auf die Aussage "Die Präsentationen waren von Produkt zu Produkt zu unterschiedlich und damit verwirrend" zeigt. Hier ist noch deutlicher zu erkennen, dass die Gruppe N2 in diesem Aspekt Einschränkungen sieht. Dieses ist dadurch zu erklären, dass die Präsentationen durch die großen Elemente sehr lang und damit unübersichtlicher werden. Erstaunlich ist jedoch das gute Abschneiden der Gruppe A2 im Vergleich zu der nicht-adaptiven Variante mit den kleinen Elementen (N1), welche mehr als einen ganzen Skalenwert schlechter beurteilt wurde.

Dieses könnte durch zwei Beobachtungen erklärt werden. Bei der adaptiven Variante erscheint eine Produktpräsentation häufig in derselben Form, in der die vorhergehende verlassen wurde. Hat der Kunde bei

168 KAPITEL 8. EVALUATION DES ANSATZES

dem ersten Auto das allgemeine Bild am Anfang vergrößert und den Technik-Stretchtext aufgeklappt, so erscheint das zweite Auto bereits mit demselben großen Bild und dem aufgeklappten Text. Bei der Gruppe N1 hingegen, würde auch bei dem zweiten Auto das allgemeine Bild wieder klein dargestellt und der Text nur als Link erscheinen, wodurch sich die Struktur der Präsentation im Vergleich zu der letzten Ansicht des vorhergehenden Autos verändert. Eine zweite mögliche Erklärung liegt in der bewussten Steuerung der Präsentation, welche der Gruppe A2 durch die adaptive Fähigkeit des Systems ermöglicht wird. Diese Einflussnahme könnte dazu führen, dass sich die Benutzer stärker mit den Präsentationen identifizieren.

Gestaltung Für ein gelungenes Marketing ist es bedeutsam, dass die Gestaltung der Produktpräsentationen den Kunden anspricht. Da bei dem adaptiven System, ausgewählte Elemente in den Vordergrund gestellt werden, stellt sich die Frage, ob sich Kunden unter Umständen dadurch belästigt fühlen. Um diese Aspekte bei den vier Versuchsgruppen zu untersuchen, wurde ihnen zwei Aussagen vorgelegt, die sie wiederum auf einer Skala von 1-7 bewerten sollten. Das linke Diagramm der Ab-

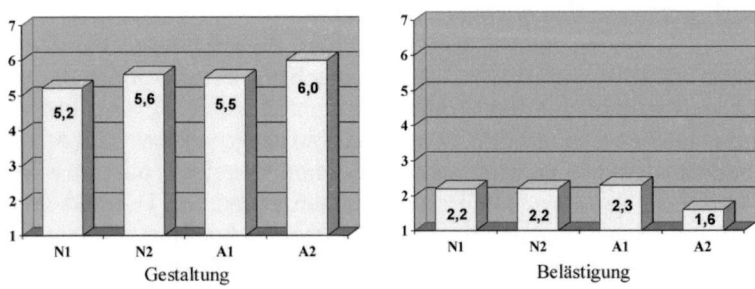

Abbildung 8.17: Bewertung der Gestaltung (Fragen 14 und 15)

bildung 8.17 zeigt die Meinungen zu der Aussage "Die Präsentationen waren sehr ansprechend". Das rechte Diagramm stellt das Antwortverhalten dar zu der Aussage "Ich fühlte mich durch einzelne Elemente, wie zum Beispiel umfangreiche Texte, große Bilder oder Videos belästigt". Die Versuchsgruppen bewerteten die Gestaltung generell positiv, was

8.4. ERGEBNISSE DER EXPERIMENTE

auch bereits im Abschnitt 8.4.2 bei den allgemeinen Anregungen aufgeführt wurde. In einem Bereich zwischen 5.2 und 6.0 liegt die Gruppe N1, die mit dem nicht-adaptiven System mit der minimalen Darstellung gearbeitet hat, am unteren Ende. Dieses ist vermutlich dadurch zu erklären, dass die Präsentationen nicht so überzeugend sind, wenn Texte und Videos nur als Link erscheinen und Bilder nur in einer sehr kleinen Darstellung eingefügt werden. Die einzelnen Medien haben so vermutlich eine geringere Wirkung. Am oberen Ende liegt die Gruppe A2 mit der Bewertung 6.0. Bei der Frage nach der Belästigung durch große Medien zeigen sich ebenso nur geringe Unterschiede. Die Bewertungen der nicht-adaptiven Systeme sind identisch (2.2). Geringfügig schlechter ist die Wertung der Gruppe A1 (2.3), die nicht über das adaptive Verhalten unterrichtet war. Am besten ist wiederum das Urteil der Gruppe A2, die im Durchschnitt nur eine 1.6 vergibt. Aus dem erkennbaren Unterschied zwischen den Gruppen A1 und A2, zeigt sich, dass die Benutzer bei einer bewussten Steuerung der Adaption zufriedener sind und sich weniger belästigt fühlen.

Effizienz Bei allen Präsentationen im Web, ist die Ladezeit immer noch ein sehr kritischer Aspekt. Ein wichtiges Ziel des TELLIM-Systems ist daher die Steigerung der Effizienz dadurch, dass der Benutzer nur auf Elemente warten muss, die ihn wirklich interessieren. Überflüssige Wartezeit soll somit vermieden werden. Um diesen Aspekt näher zu untersuchen, wurden den Versuchsgruppen wiederum zwei Aussagen zur Bewertung vorgelegt. Die Ergebnisse zu der Aussage "Die Ladezeiten für die Produktpräsentationen waren angemessen" sind im linken Diagramm der Abbildung 8.18 zu erkennen. Die Bewertung zu der Aussage "Die Präsentationen waren schnell und effizient zu nutzen" sind in dem rechten Diagramm dargestellt. Zusätzlich zu dieser Befragung der Versuchspersonen wurden während der Bearbeitung der Aufgaben die Zahl der Interaktionen gemessen, die innerhalb einer Präsentation stattfanden. Das Ergebnis dieser Messung ist in Abbildung 8.19 dargestellt.

Betrachtet man zunächst die Beurteilung der Ladezeit, so findet man eine annähernd gleich gute Bewertung der Gruppen N1, A1 und A2. Lediglich die Gruppe N2, bei der alle Elemente groß eingebunden waren, ist bezüglich der Ladezeit wie erwartet deutlich unzufriedener. Bei der Frage nach der effizienten Bedienung des Systems, unterscheiden sich

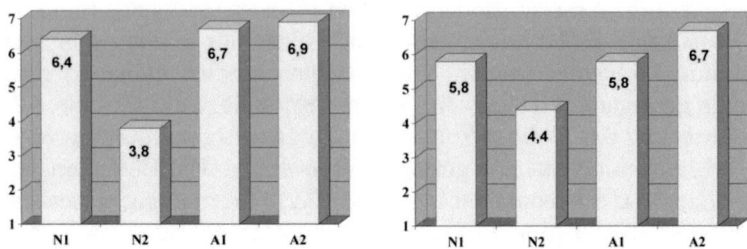

Abbildung 8.18: Bewertung der Effizienz (Fragen 19 und 20)

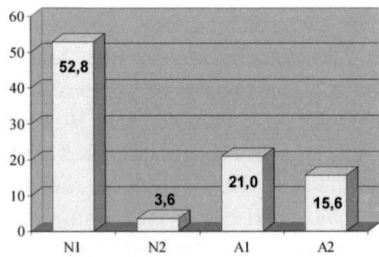

Abbildung 8.19: Anzahl der Interaktionen

8.4. ERGEBNISSE DER EXPERIMENTE

die Bewertungen etwas deutlicher. Auch hier bewertet die Gruppe N2 ihre Systemvariante am schlechtesten (4.4), während die Gruppen N1 und A1 eine gute Bewertung von 5.8 gaben. Herausragend ist jedoch die Gruppe A2, die mit dem Wert 6.7 noch einmal deutlich über den anderen Bewertungen lag. Dieses Ergebnis lässt darauf schließen, dass die angestrebte Steigerung der Effizienz bei der Bedienung des adaptiven TELLIM-Systems in dieser Versuchsreihe von den Versuchspersonen bestätigt wird. Das Ergebnis wird auch zusätzlich durch die gemessene Zahl der Interaktionen gestützt (Abb. 8.19). Von 52.8 Interaktionen bei dem nicht-adaptiven System N1, konnte diese Zahl bei dem adaptiven System A1 auf 21,0 und bei dem System A2 auf 15,6 gesenkt werden. Dieses zeigt, dass besonders bei der Gruppe A2 die multimedialen Präsentationselemente im überwiegenden Maß passend eingebunden waren, so dass für den Benutzer keine weiteren Interaktionen notwendig waren. Dasselbe war auch bei der Gruppe A2 beim Lösen der Aufgaben zu beobachten. Die Mehrzahl der Interaktionen fand bei den jeweils ersten beiden Produkten einer Produktgruppe statt. Danach waren die Elemente sichtbar, welche die Versuchspersonen sehen wollte, so dass die weiteren Produkte ohne weitere Interaktionen angesehen werden konnten.

Adaptives Verhalten Die Gruppen A1 und A2, die mit dem adaptiven System gearbeitet haben, wurden in dem Fragebogen gesondert zu ihrer Ansicht bezüglich der adaptiven Fähigkeit des Systems befragt. Die Bewertungen der Aussage "Die Präsentationen haben sich während der Benutzung verändert" sind im linken Teil der Abbildung 8.20 zu sehen. Die Bewertungen der Aussage "Die Präsentationen haben sich meinen Vorlieben angepasst" sind im rechten Teil dargestellt. An diesen Ergebnissen erkennt man, dass Versuchspersonen, die nicht über die adaptiven Fähigkeiten informiert waren (Gruppe A1), diese während der Benutzung nicht erkannt haben bzw. eine passende Adaption nicht stattfand. Sehr positiv ist dagegen die Beurteilung der Gruppe A2, die eine Veränderung der Präsentationen bemerkte und zu einem sehr großen Teil der Meinung war, dass sich die Präsentationen an ihre Vorlieben angepasst haben.

172   KAPITEL 8. EVALUATION DES ANSATZES

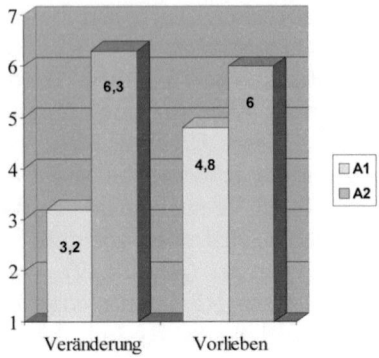

Abbildung 8.20: Bewertung des adaptiven Verhaltens (Fragen 21 und 25)

Gesamtempfinden In der Frage 30 wurden die Versuchspersonen nach ihrem Gesamturteil zu dem System gefragt. Hier zeigt sich in Abbildung 8.21, dass alle Versuchsgruppen das System recht positiv beurteilt haben, was zu einem gewissen Grad durch die sehr guten Bedingungen (schnelle Verbindung zum Internet) erklärt werden kann. Dennoch hat auch hier die Gruppe A2 die beste Bewertung (6.3) abgegeben.

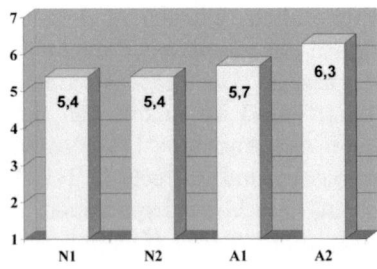

Abbildung 8.21: Frage 30 zum Gesamturteil

8.4. ERGEBNISSE DER EXPERIMENTE

8.4.4 Das Verhalten der Versuchspersonen bei der Benutzung des adaptiven Systems

Während der Bearbeitung der Aufgaben wurden die Versuchspersonen vom Experimentator beobachtet und ihre Interaktionen von dem System automatisch aufgezeichnet. Auf diese Weise konnte das Verhalten der Versuchspersonen bei der Bedienung des adaptiven Systems analysiert werden. Eine wichtige Fragestellung war in diesem Zusammenhang, ob sich stabile Benutzermodelle bilden oder das Verhalten der Versuchspersonen sich während der Bedienung des Systems verändert. Bei dieser Evaluation konnten die folgenden Verhaltensweisen beobachtet werden:

- Das Verhalten der Versuchspersonen war von der Produktgruppe abhängig. Fast alle Versuchspersonen sahen sich die Modellautos auf eine andere Art und Weise an als Autos und Fahrräder. Dabei gab es sowohl Versuchspersonen, die sich bei den Autos und Fahrrädern viele Bilder im großen Format ansahen und Modellautos nur in der minimalen Variante betrachteten, als auch Versuchspersonen, die sich bei Autos und Fahrrädern auf die Texte konzentrierten und dafür bei den Modellautos viele multimediale Elemente bevorzugten.

- Bei ca. 50% der Versuchspersonen konnte man deutlich erkennen, dass die Information von Bedeutung war, die durch ein Präsentationselement übertragen wurde. Diese Versuchspersonen vergrösserten zum Beispiel nur die Bilder zu technischen Details, wärend sie die anderen Bilder im kleinen Format betrachteten. Es gab kaum einen Benutzer, der sich alle Elemente eines Mediums in minimaler oder in maximaler Form ansah. Lediglich bei den Videos gab es Versuchspersonen, die vollständig auf dieses Medium verzichteten.

- Bei den Produktgruppen Autos und Fahrrädern kristallisierte sich bei vielen Versuchspersonen (ca. 70%) eine Prsentationsform heraus, bei der das allgemeine Bild des Produktes im großen Format und beide Texte in aufgefalteter Form integriert waren. Alle anderen Elemente erschienen in ihrer minimalen Form.

- Ca. 25% der Versuchspersonen sahen sich die Produkte einer Produktgruppe zweimal an und wechselten dabei die Präsentationsform. So wurden zum Beispiel im ersten Durchgang die Autos anhand ihrer technischen Daten (Texte) verglichen und beim zweiten Ansehen der Schwerpunkt auf die bildliche Darstellung gelegt.

Die Verhaltensweisen der Versuchspersonen in dieser ersten Evaluation lassen die temporäre Benutzermodellierung sinnvoll erscheinen. Die gezeigten Vorlieben bezüglich der Produktgruppen und der übertragenen Information können schnell bei der aktuellen Präsentation berücksichtigt werden. Besonders interessant sind dabei die Versuchspersonen, die sich Produkte mehrmals jedoch auf verschiedene Weisen ansehen wollten. Dieses Verhalten kann mit statischen Modellen nicht unterstützt werden. Die temporäre Modellierung konnte jedoch durch ihre schnelle Anpassung den Wünschen des Kunden unmittelbar folgen. Da es dennoch bei zwei Produktgruppen eine Präsentationsform gab, die häufig auftrat, wäre es für zukünftige Arbeiten eventuell sinnvoll, diese Präsentationsform zum Beispiel als "Default-Einstellung" zu verwenden.

8.4.5 Zusammenfassung

Bei dieser Versuchsreihe wurden vier verschiedene Versuchsgruppen betrachtet:

- Nicht-adaptives System / minimale Darstellung. Diese Versuchsgruppe war im wesentlichen zufrieden mit dem System. Die Bewertungen anhand der vier Kriterien lagen zwischen 5.2 und 6.4, wobei der schlechteste Wert in der Gestaltung der Seite erreicht wurde. In den allgemeinen Anregungen wurde mehrfach die schnelle Ladezeit, die übersichtliche Gestaltung und die Möglichkeit zusätzliche Informationen abzurufen gelobt. Multimediale Produktpräsentationen in dieser Form sind also durchaus empfehlenswert, wobei die nachfolgenden Betrachtungen zeigen, dass sie noch keineswegs das Optimum darstellen.

- Nicht-adaptives System / maximale Darstellung. Obwohl während der Versuchsreihe eine sehr schnelle Internet-Verbindung genutzt werden konnte, beurteilte diese Versuchsgruppe das System besonders in der Ladezeit und der effizienten Bedienung schlechter als

8.4. ERGEBNISSE DER EXPERIMENTE

die anderen Gruppen. Alle Elemente sind in ihrer maximalen Form eingebunden, so dass kaum Interaktionen erforderlich sind. Das bedeutet in diesem Fall jedoch, dass der Benutzer durch zu lange Wartezeiten und lästiges Scrollen der sehr langen Präsentationen sich belästigt fühlt. Da in einer realen Umgebung diese Probleme durch die schlechtere Qualität der Netzverbindungen in den meisten Fällen deutlich verstärkt würden, ist diese Variante multimedialer Produktpräsentationen nicht zu empfehlen.

- Adaptives System ohne Informationen. Sieht man sich die Ergebnisse dieser Gruppe genauer an, so erkennt man, dass die Bewertungen sehr stark schwanken. Bei vielen Fragen (zum Beispiel Frage 12 nach der möglichen Verwirrung der Produktpräsentationen, Frage 21 nach dem Bemerken der Veränderungen oder Frage 25 nach der passenden Adaption) wurde von den Versuchspersonen das gesamte Bewertungsspektrum zwischen 1 und 7 ausgenutzt. Dieses liegt darin begründet, dass ca. die Hälfte der Versuchspersonen dieser Gruppe mit der Präsentation "gespielt" haben. Das bedeutet, dass Bilder vergrößert, verkleinert und wieder vergrößert wurden und auch Texte mehrfach auf- und zugeklappt wurden. Für das System waren die Vorlieben des Benutzers daher nicht erkennbar. Eine sinnvolle Anpassung der Präsentation konnte nicht stattfinden. Die zweite Hälfte dieser Versuchsgruppe unterlag nicht diesem "Spielzwang". Bei ihnen fand daher eine Adaption statt, die dann auch von den Versuchspersonen erkannt und positiv bewertet wurde. Zusammenfassend kann man jedoch sagen, dass eine Anpassung ohne den Benutzer darüber zu informieren bei diesem Ansatz nicht zu empfehlen ist, da viele Benutzer dann nicht die Möglichkeit wahrnehmen, das System bewusst zu steuern und daher durch die Reaktion des Systems verwirrt werden können.

- Adaptives System mit Informationen. Diese Versuchsgruppe wurde vor der Benutzung des System in wenigen Sätzen über die adaptive Fähigkeit aufgeklärt. Dabei wurde jedoch nur erwähnt, was das System als positives bzw. negatives Feedback wertet. Die genaueren Hintergründe wurden nicht erläutert. Diese Systemvariante erhielt in allen vier Aspekten die besten Bewertungen (von 6,0 bis 6,9), wobei besonders die Vorteile in der effektiven Bedienung gesehen wurde. Dieses bestätigte sich auch in der stark reduzierten Anzahl der Interaktionen innerhalb einer Seite. Überraschend war zudem, dass das System entgegen den Vorurteilen zu adaptiven Systemen auch in der Frage nach der möglichen Verwirrung der Versuchspersonen das beste Ergebnis erzielte. Da auch bei den allgemeinen Anregungen von vielen die einfache Handhabung und die Veränderbarkeit positiv herausgestellt wurde, ist davon auszugehen, dass die bewusste Steuerung der Adaption als Ursache anzusehen ist.

Abbildung 8.22 zeigt noch einmal im Überblick die Bewertung der vier Gruppen. Dabei sind die Skalafragen aufgeführt, die von allen vier Gruppen beantwortet wurden. Die Bewertung der zwei negativ formulierten Aussagen wurden aus Gründen der Anschaulichkeit in positiv bewertete Aussagen umgerechnet. Man sieht hier noch einmal, dass bei den Fragen nach den einzelnen Medien (Fragen 16, 17, 18) die rote Kurve der Gruppe A2 im Mittelfeld liegt. Bei fast allen anderen Fragen, die Aspekte betreffen, welche durch die adaptive Komponente beeinflusst wurden, gaben die Versuchspersonen der Gruppe A2 die höchste Wertung.

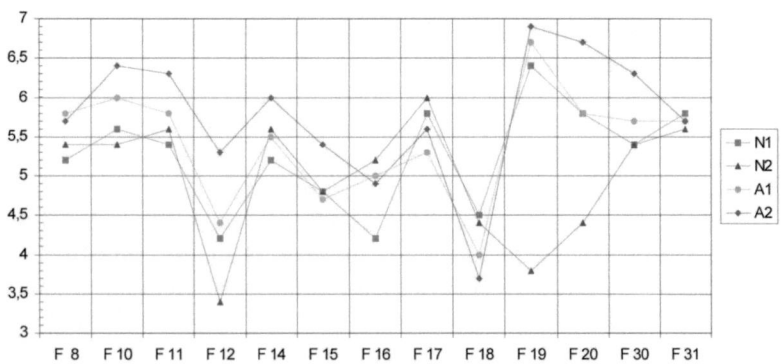

Abbildung 8.22: Ergebnisse der Fragebögen im Überblick

Die ersten beiden Thesen aus Abschnitt 8.1 (Verringerung der Interaktionen und Steigerung der Akzeptanz) konnten in dieser ersten Versuchsreihe positiv bestätigt werden. Zur Untersuchung der dritten These (Verringerung der durchschnittlichen Ladezeit) wäre es wünschenswert

8.4. ERGEBNISSE DER EXPERIMENTE

eine weitere Versuchsreihe durchzuführen, bei der die Versuchspersonen verschiedene Internetanbindungen verwenden. Zudem ist zu beachten, dass durch die Fragebögen im wesentlichen die Einstellung der Benutzer untersucht wurde und nur zu einem geringen Anteil ihr Verhalten. Eine weitere Versuchsreihe müsste daher mit einem realen Einkaufskatalog durchgeführt werden, um die Auswirkungen des TELLIM-Systems in der wirklichen Umgebung zu evaluieren.

Kapitel 9

Zur Abrundung

Dieses Kapitel betrachtet vier Aspekte, welche die Thematik dieser Arbeit abrunden. Im Abschnitt 9.1 wird die Sicherheit elektronischer Einkaufssysteme analysiert und speziell die Probleme und Lösungsmöglichkeiten für das TELLIM-System dargestellt. Abschnitt 9.2 beschäftigt sich mit langfristigen Benutzermodellen, die mit dem vorgestellten Ansatz der temporären Modellierung kombiniert werden könnten. Abschnitt 9.3 betrachtet die notwendige Unterstützung bei der Erstellung von Produktkatalogen.

9.1 Sicherheitsaspekte

Entsprechend dem Grundgesetz der Bundesrepublik Deutschland nimmt das Persönlichkeitsrecht des Einzelnen eine gesonderte Stellung ein. Die Gewährleistung dieses Rechtes muss daher im Umgang mit personenbezogenen Daten kritisch betrachtet werden. Besonders auf dem Gebiet des elektronischen Einkaufens sollte der Datenschutz und die Datensicherung eine große Rolle spielen. Die Aktualität dieser Thematik erkennt man auch bei der Betrachtung existierender adaptiver E-Commerce Systeme. Der Kunde findet fast immer Hinweise zum Datenschutz, bei denen der Hersteller darüber informiert, welche Daten gespeichert werden und er sich verpflichtet, keine Daten des Kunden weiterzugeben. Auch erscheinen gelegentlich Formulierungen, wie zum Beispiel das Prädikat "Trusted Shop" bei [BOL99], die das Vertrauen der Kunden stärken sollen.

9.1.1 Rechtlicher Rahmen

Der rechtliche Rahmen für den Bereich des E-Commerce ist durch das Bundesdatenschutzgesetz (BDSG) gegeben. Dieses stellt eine allgemeine Grundlage für den Umgang mit personenbezogenen Daten dar. Zusätzlich wurde 1997 das Teledienstedatenschutzgesetz (TDDSG) formuliert, das diese Gesetze für den Bereich der Teledienste konkretisiert. Für adaptive E-Commerce-Systeme sind folgende Anforderungen von Bedeutung:

- Die Speicherung und Übermittlung personenbezogener Daten ist unter folgenden Bedingungen gestattet (§28 Abs. 1 BDSG):

    1. Im Rahmen eines Vertragsverhältnisses mit der betreffenden Person.
    2. Wenn es im Interesse der speichernden Stelle liegt und der Betroffene kein Interesse am Ausschluss der Verarbeitung haben kann.
    3. Wenn die Daten aus allgemein zugänglichen Quellen stammen.
    4. Wenn es für wissenschaftliche Forschung notwendig ist.

- Werden erstmalig personenbezogene Daten gespeichert oder übermittelt, so muss der Betroffene darüber informiert werden (§33 Abs. 1 BDSG).

- Sollen personenbezogene Daten in anonymisierter Form übermittelt werden, so sind die Merkmale, mit denen persönliche oder sachliche Verhältnisse einzelnen Personen zuordbar sind, getrennt zu speichern. Diese Merkmale dürfen mit den Einzelangaben nur zusammengeführt werden, wenn dieses für die Speicherung oder für wissenschaftliche Forschung notwendig ist (§30 Abs. 1 BDSG).

Diese Auszüge aus dem BDSG zeigen, dass die Verwendung von Benutzerprofilen im E-Commerce durch diese Gesetze generell ermöglicht

9.1. SICHERHEITSASPEKTE

wird. Der Kunde muss lediglich über das Speichern seiner Daten informiert werden. Das neuere TDDSG macht jedoch auf diesem Gebiet etwas stärkere Einschränkungen:

- Personenbezogene Daten dürfen vom Diensteanbieter zur Durchführung von Telediensten nur erhoben, verarbeitet und genutzt werden, soweit dieses Gesetz oder eine andere Rechtsvorschrift es erlaubt oder der Nutzer eingewilligt hat (§3 Abs. 1 TDDSG).

- Der Diensteanbieter darf die Erbringung von Telediensten nicht von einer Einwilligung des Nutzers in eine Verarbeitung oder Nutzung seiner Daten für andere Zwecke abhängig machen, wenn dem Nutzer ein anderer Zugang zu diesen Telediensten nicht oder in zumutbarer Weise nicht möglich ist (§3 Abs. 3 TDDSG).

- Die Gestaltung und Auswahl technischer Einrichtungen für Teledienste hat sich an dem Ziel, keine oder so wenige personenbezogene Daten wie möglich zu erheben, zu verarbeiten und zu nutzen, auszurichten (§3 Abs. 4 TDDSG).

- Der Nutzer ist vor der Erhebung über Art, Umfang, Ort und Zwecke der Erhebung, Verarbeitung und Nutzung personenbezogener Daten zu unterrichten (§3 Abs. 5 TDDSG).

- Der Nutzer ist vor Erklärung seiner Einwilligung auf sein Recht auf jederzeitigen Widerruf mit Wirkung für die Zukunft hinzuweisen (§3 Abs. 6 TDDSG).

- Der Diensteanbieter hat durch technische und organisatorische Vorkehrungen sicherzustellen, dass

    1. der Nutzer seine Verbindung mit dem Diensteanbieter jederzeit abbrechen kann,
    2. die anfallenden personenbezogenen Daten über den Ablauf des Abrufs oder Zugriffs oder der sonstigen Nutzung unmittelbar nach deren Beendigung gelöscht werden, soweit nicht eine längere Speicherung für Abrechnungszwecke erforderlich ist,
    3. der Nutzer Teledienste gegen Kenntnisnahme Dritter geschützt in Anspruch nehmen kann,

4. die personenbezogenen Daten über die Inanspruchnahme verschiedener Teledienste durch einen Nutzer getrennt verarbeitet werden; eine Zusammenführung dieser Daten ist unzulässig, soweit dies nicht für Abrechnungszwecke erforderlich ist (§4 Abs. 2 TDDSG).

- Nutzungsprofile sind nur bei Verwendung von Pseudonymen zulässig. Unter einem Pseudonym erfasste Nutzungsprofile dürfen nicht mit Daten über den Träger des Pseudonyms zusammengeführt werden (§4 Abs. 4 TDDSG).

- Eine Verarbeitung und Nutzung der Bestandsdaten für Zwecke der Beratung, der Werbung, der Marktforschung oder zur bedarfsgerechten Gestaltung technischer Einrichtungen des Diensteanbieters ist nur zulässig, soweit der Nutzer in diese ausdrücklich eingewilligt hat (§5 Abs. 2 TDDSG).

Das Teledienstedatenschutzgesetz setzt für adaptive E-Commerce Systeme wesentlich strengere Maßstäbe. Dieses betrifft zum einen die Benachrichtigung des jeweiligen Kunden über die erhobenen Daten und zum anderen die deutliche Beschränkung bei der Verwendung von Nutzungsprofilen. Diese dürfen nur noch unter Verwendung von Pseudonymen erhoben und nicht mit den personenbezogenen Daten zusammengeführt werden. Zudem hat der Hersteller datenschutzrechtliche Pflichten in dem Sinne, dass er personenbezogene Daten vor dem Zugriff Dritter schützen muss. An vielen Stellen ist das TDDSG relativ allgemein formuliert. Dieses liegt zum Teil daran, dass durch die sich sehr schnell entwickelnden Web-Technologien die jeweiligen technischen Möglichkeiten zum Schutz aber auch zum Missbrauch personenbezogener Daten nur schwer abgeschätzt werden können.

9.1.2 Sicherheitslücken und -lösungen in TELLIM

Der Ansatz der temporären Benutzermodellierung im TELLIM-System genügt bereits in wichtigen Aspekten den vorgestellten Anforderungen des TDDSG. Die Nutzungsprofile werden unter einem Pseudonym (der Sitzungsnummer) während einer Sitzung gespeichert und anschließend ohne weitere Verarbeitung gelöscht. Für einen Einsatz in der Praxis

9.2. LANGFRISTIGE BENUTZERMODELLIERUNG

müsste lediglich eine Information an den Kunden ergänzt werden, in welcher er über die Art und den Umfang der Erhebung informiert wird.

Ein weiterer wichtiger Aspekt ist jedoch der Schutz der Daten bei der Übertragung [Nes99]. In dem TELLIM-Prototypen werden von einem Java-Applet im jeweiligen Web-Browser Daten an den Web-Server übermittelt. Dieses geschieht mittels des unverschlüsselten Standard-Protokolls HTTP. Um hier mehr Sicherheit zu gewährleisten, sollten die Daten bei einer kommerziellen Anwendung verschlüsselt werden. Dazu bietet sich das Sicherheitsprotokoll SSL ("Secure Socket Layer") an, welches bei der Web-Nutzung am häufigsten verwendet wird [Bun99], besonders auch von E-Commerce Systemen [BOL99].

Mit SSL können Verbindungen dadurch abgesichert werden, dass Verbindungsinhalte verschlüsselt werden, die übertragenen Daten auf Vollständigkeit und Korrektheit überprüft werden, die Identität des Servers und optional die Identität der Client-Seite kontrolliert werden. Das SSL-Protokoll ist zwischen dem Protokoll der Transportschicht (TCP im Internet) und dem Protokoll der Anwendungsschicht (HTTP im Web) eingebettet. Bei SSL werden zu Beginn zwischen dem Browser und dem Server Zertifikate mit öffentlichen Schlüsseln ausgetauscht. Anschließend wird geschützt durch das asymmetrische Verschlüsselungsverfahren RSA ein symmetrischer Schlüssel ausgetauscht. Für die Verschlüsselung der eigentlichen Datenübertragung wird ein symmetrisches Verfahren benutzt, da dieses große Datenmengen schneller verschlüsseln kann. Bei jeder Transaktion wird ein anderer symmetrischer Schlüssel als "Session Key" ausgehandelt. Zudem kann zur Datenkompression zusätzlich ein Hashverfahren eingesetzt werden.

9.2 Kombination mit einem langfristigen Benutzermodell

Viele Adaptionsformen können erst sinnvoll eingesetzt werden, wenn das System detaillierteres Wissen über den Kunden in einem langfristigen Benutzermodell speichert. Sind dem System zum Beispiel persönliche Daten wie Geschlecht, Alter und Beruf bekannt, so könnten die Kunden in Benutzergruppen (Stereotypen) strukturiert werden und die Präsentation stärker auf die angenommenen Vorlieben angepasst werden. Abbildung 9.1 zeigt auf der rechten Seite eine Autopräsentation, welche für die Zielgruppe der jungen, dynamischen Kunden gestaltet wurde, während auf der linken Seite das Auto eher konservativ für den gesetzteren Kunden dargestellt wird. Auch Produktvorschläge, die das System aktiv für

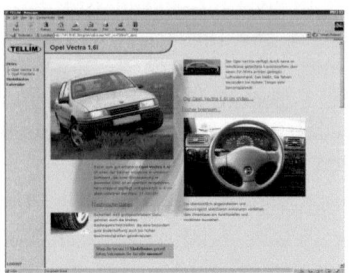
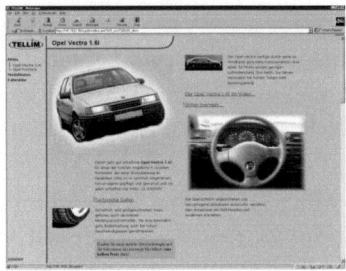

Abbildung 9.1: Präsentationen in Abhängigkeit von der Zielgruppe [Sch99b]

den Kunden generiert, sind nur möglich, wenn das System ausreichendes Wissen über die jeweiligen Interessen hat. Da Wissen, welches über mehrere Sitzungen gesammelt wurde, ein umfangreicheres Bild des Kunden liefert und die Qualität der Produktvorschläge deutlich verbessert, wäre auch hierzu eine langfristige Benutzermodellierung notwendig.

9.2.1 Zu betrachtende Probleme

Für das TELLIM-System besteht prinzipiell die Möglichkeit, die temporäre Modellierung mit einem langfristigen Modell optional zu kombinieren. Der Kunde würde am Ende der Sitzung gefragt, ob er sich registrieren und seine Daten speichern möchte. Bei einer positiven Antwort könnte das System dann die Entscheidungsliste dem Modell des Kunden zuordnen und für die nächste Sitzung erneut verwenden. Diese Vorgehensweise beinhaltet jedoch mehrere Probleme:

- Die beschriebene Vorgehensweise ist nach dem Teledienstedatengesetz kritisch zu betrachten. §4 Abs. 4 des TDDSG besagt, dass unter einem Pseudonym erfasste Nutzungsprofile nicht mit Daten

9.2. LANGFRISTIGE BENUTZERMODELLIERUNG

über den Träger des Pseudonyms zusammengeführt werden dürfen. Der Kunde müsste daher bei der Registrierung ein weiteres Pseudonym verwenden.

- Die Entscheidungsliste in dem TELLIM-System gibt immer nur eine Einschätzung der aktuellen Vorlieben des Kunden wieder. Es wird keine Mittelung der Präferenzen vorgenommen, welches für ein langfristiges Modell wünschenswert wäre. Hat ein Kunde sich zum Beispiel zu fast allen Autos große Bilder angesehen und nur zum Schluss bei dem letzten Auto aus Zeitgründen darauf verzichtet, so würde die Entscheidungsliste am Ende der Sitzung diese aktuelle Stimmung widerspiegeln. Für eine Speicherung in dem langfristigen Modell wäre die Einschätzung ungeeignet.

- Die zeitlichen Möglichkeiten, technischen Voraussetzungen und augenblicklichen Präferenzen des Kunden können sich in verschiedenen Sitzungen stark unterscheiden. Der Kunde kann von zu Hause oder vom Arbeitsplatz aus arbeiten, er kann schnell ein Geschenk suchen oder ausführlich Autos betrachten. Aus diesem Grund erscheint es nicht unbedingt sinnvoll, das System mit der Entscheidungsliste der letzten Sitzung zu initialisieren. Der vorgestellte Ansatz der temporären Benutzermodellierung kann bereits nach dem zweiten Produkt Anpassungen vornehmen. Deshalb ist es möglicherweise günstiger, den Kunden bezüglich der Integration multimedialer Elemente in jeder Sitzung unvoreingenommen zu betrachten und sich auf die aktuellen Wünsche einzustellen.

9.2.2 Integrationsmöglichkeiten in TELLIM

Unter Berücksichtigung der genannten Probleme kann man sich eine Reihe von Adaptionsformen vorstellen, welche mit Hilfe einer langfristigen Benutzermodellierung den vorgestellten Ansatz des TELLIM-Systems ergänzen würden.

Verwendung der bestehenden Wissensakquisition Nach einer Sitzung könnte dem Kunden angeboten werden, unter einem Pseudonym seine Daten zu speichern und somit ein langfristiges Modell aufzubauen.

Das System würde dann alle bewerteten Medienelemente, die während der jeweiligen Sitzung angefallen sind, erneut betrachten und mit Hilfe eines Lernverfahrens beständige Vorlieben des Kunden ermitteln. Dieses Verfahren braucht nicht inkrementell zu arbeiten, da alle Daten zu einem Zeitpunkt zur Verfügung stehen. Es sollte nur die Präferenzen des Kunden herausstellen, die während der ganzen Sitzung gültig waren. Dieses könnte zum Beispiel wegen fehlender technischer Voraussetzungen eine generelle Ablehnung eines Mediums sein (z.b. Video) oder aber ein starkes Interesse an bestimmten Produktgruppen (z.b. Cabrio-Modelle). Die so gespeicherten langfristigen Präferenzen können auf drei Arten genutzt werden:

- Generelle Vorlieben oder Abneigungen für bestimmte Medien können zur Initialisierung der Entscheidungsliste verwendet werden.

- Inhaltliche Interessen können zur Anpassung des Produktsortimentes verwendet werden. Der Hersteller könnte auf der Anfangsseite spezielle Hinweise auf interessante Produkte einfügen oder aber die Darstellung dieser Produkte besonders betonen, wie zum Beispiel durch eine Hervorhebung der Links oder eine auffällige farbige Gestaltung.

- Sind dem Hersteller in dem langfristigen Modell des Kunden allgemeine Vorlieben für bestimmte Produktgruppen bekannt, so könnte in komplexeren Katalogen auch die Navigationsstruktur entsprechend angepasst werden. Alle Produkte sollten weiterhin zur Verfügung stehen. Die Anzahl der notwendigen Interaktionen zu den bevorzugten Produkten könnten jedoch für den jeweiligen Kunden verkürzt werden.

Verwendung zusätzlicher Informationen Erhält der Kunde zu Beginn einen kurzen Fragebogen, so besteht die Möglichkeit zusätzliche Informationen für das Benutzermodell zu gewinnen. Nach dem TDDSG §3 Abs. 1 darf der Hersteller personenbezogene Daten verarbeiten und nutzen, wenn der Kunde eingewilligt hat. Je nach Art der Fragen werden dann weitere Adaptionsformen ermöglicht. Es besteht sowohl die Alternative, die gewünschten Informationen direkt zu erfragen oder über demographische Angaben wie Alter, Geschlecht, Ausbildung oder Beruf den Kunden in Stereotypen einzuordnen, über die das System dann weitere Schlussfolgerungen ziehen kann.

- Fragt der Hersteller nach den inhaltlichen Interessen, so können Produktvorschläge generiert werden, welche im Interessengebiet des Kunden liegen. Dieses kann bis zu einer Produktberatung führen, wie es bereits im Kapitel 2 beschrieben wurde. Zudem können passende Sonderangebote eingeblendet und auch hier eine Anpassung der Navigationsstruktur vorgenommen werden.

- Stellt der Hersteller Fragen zu der Präsentation, so kann in vielen weiteren Aspekten eine Anpassung an die Bedürfnisse des Kunden erfolgen. Dazu gehören zum Beispiel Gestaltungsparameter wie Farben, Schriftgrößen und Wahl des Hintergrundes. Zusätzlich wäre es möglich, verschiedene Alternativen für die einzelnen Medienelemente bereitzustellen. Texte könnten zum Beispiel in lebhafter Umgangssprache für junge Kunden formuliert werden, während für ältere Kunden eine formalere Ausdrucksweise gewählt wird. Andere Medien wie Bilder oder Videos könnten in verschiedenen Qualitätsstufen vorliegen, so dass je nach technischer Ausrüstung des Kunden eine Alternative gewählt wird, die eine gute Qualität bei zumutbarer Dateigröße darstellt.

9.3 Der Autorenprozess

Wie bereits im Kapitel 6.4 beschrieben wurde, ist es notwendig, dass der Hersteller bzw. Designer an vielen Stellen auf die Gestaltung des Produktkataloges Einfluss nehmen kann. Damit die Erstellung mit wirtschaftlich vertretbarem Aufwand und auch für Personen ohne tiefgehende Programmierkenntnisse möglich wird und zudem eine visuelle Darstellung die Gestaltung eines Produktkataloges erleichtert, ist für die praktikable Umsetzung des TELLIM-Systems eine Autorenunterstützung notwendig.

9.3.1 Autorenunterstützung für elektronische Produktkataloge

Es gibt eine Vielzahl von Software-Systemen, welche die Erstellung dynamischer Produktkataloge ermöglichen, wie zum Beispiel Net.Commerce [IBM98] oder Intershop [INT98]. Neben der Bereitstellung verschiedener Funktionalitäten wie Abrechnungsverfahren, Verwendung eines Warenkorbes, etc. wird der Hersteller im Wesentlichen bei zwei Aufgaben unterstützt.

- Import von Produkten. Die Produkte des Herstellers müssen in einer Datenbank zusammen mit beschreibenden Informationen gespeichert werden. Um diese Arbeit zu erleichtern, bieten die Systeme Eingabemasken an, mit denen der Hersteller die entsprechenden Daten eingeben kann. Dazu gehört zum Beispiel Produktname, Preis, Farb- oder Größenangaben sowie die Zuordnung zu einem Template mit dessen Hilfe das Produkt dargestellt werden soll. Die Eingabefelder hängen dabei zum großen Teil von der Art der Produkte ab und können vom Hersteller angepasst werden. Liegt eine grosse Menge von Produktdaten bereits vor, so ermöglichen die Systeme eine Massenimportfunktion, bei der das System automatisch aus ASCII-Dateien eine größere Menge an Daten einliest.

- Erstellung der Templates. Die Templates bestimmen ganz wesentlich das Aussehen des Produktkataloges, da durch sie der Gestaltungsrahmen definiert wird. Die Systeme bieten hierzu einen Template-Manager an, der mehr oder weniger komfortabel dem Hersteller die Definition eines Templates erleichtert. Abbildung 9.2 zeigt den Template-Editor von Net.Commerce, der als WYSWYG-Editor dem Hersteller die Anordnung der Gestaltungselemente und Produktinformationen ermöglicht und gleichzeitig vordefinierte Objekte wie Produkttabellen, Auswahlfelder oder Grafiken bereitstellt. In vielen Fällen liegen in den Software-Systemen auch vorgefertigte Templates bereit, welche dann an die Produkte des jeweiligen Herstellers angepasst werden können.

9.3. DER AUTORENPROZESS

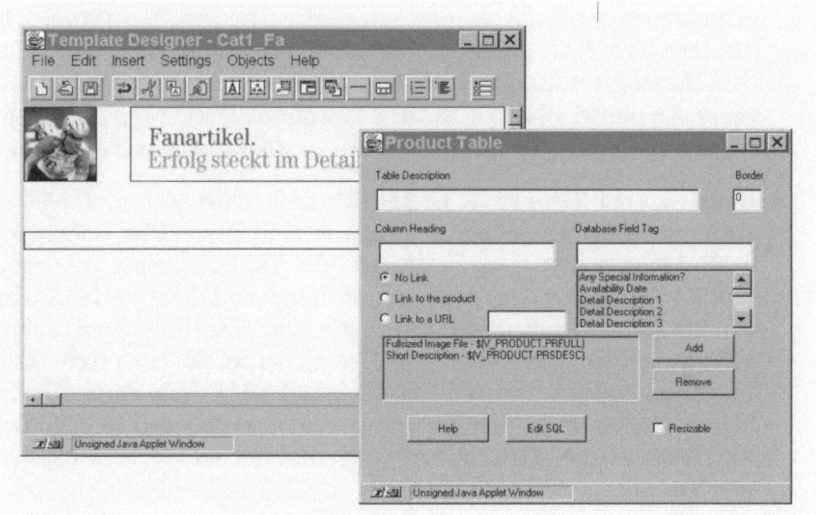

Abbildung 9.2: Template-Editor in Net.Commerce [IBM98] [Höf98]

9.3.2 Erweiterungen für das TELLIM-System

Bei der kommerziellen Verwendung des TELLIM-Systems wäre es besonders hilfreich, wenn die notwendigen Eingaben von Präsentationselementen und deren beschreibenden Attributen erleichtert würde und auch eine visuelle Prüfung der Eingaben möglich wäre. Aufbauend auf den beschriebenen Werkzeugen für die Erstellung von Produktkatalogen, müssten für das TELLIM-System an drei Stellen Erweiterungen entwickelt werden:

- Eingabe der Produktdaten. Die Masken zur Eingabe der Produktdaten müssten dahingehend erweitert werden, dass zu den Produkten zusätzliche Attribute zur Gestaltung eingegeben werden können, wie zum Beispiel Hintergrundbilder und Schriftgrößen. Zudem müssten zusätzliche Masken realisiert werden, welche die Eingabe der zum Produkt zugehörigen Medienelemente ausführen. Dabei müssen sowohl die inhaltlichen Attribute definiert werden können wie "Art des Produktes", "Art der Information" oder "Preisgruppe" als auch die technischen und gestalterischen Daten wie "Dateigröße", "Art des Mediums" oder "gewünschte Position". Um dem Hersteller weitere Arbeit abzunehmen, wäre es wünschenswert, wenn Attribute, die vom System geschlussfolgert werden können, wie zum Beispiel "Art des Produktes", automatisch gesetzt würden.

- Definition der Templates. Dieser Schritt könnte auch in ähnlicher Form erfolgen, wie es beim Template Editor von Net.Commerce beschrieben wurde. Der Hersteller oder Designer sollte an einem WYSWYG-Editor den Gestaltungsrahmen und die Anordnung der Präsentationselemente bestimmen können. Das System sollte daraus automatisch Templates generieren, welche die entsprechenden Datenbankaufrufe und die Funktionsaufrufe an das Applet beinhalten. Zudem muss das System aus der angegebenen Reihenfolge der Elemente die Wertung berechnen und bei der Generierung verwenden.

- Definition von Gestaltungsregeln. Dieser Teil des TELLIM-Prototypen ist am schwierigsten zu automatisieren. Es handelt sich um Regeln, welche als JavaScript-Bibliothek auf der Client-Seite die dynamische Gestaltung der Präsentation bestimmen. Hier wäre es wünschenswert, wenn in dem System eine größere Menge von Regeln bereits zur Verfügung gestellt würden und der Hersteller oder Designer dann nur noch aus diesen Regeln die passenden auswählen könnte. Zudem sollte es möglich sein, die Definition des Gestaltungsrasters über die Eingabe entsprechender Parameter anzupassen. Da durch die Gestaltungsregeln wesentliche Aspekte des Designs festgelegt werden, sollte das System so weit wie möglich visuelle Hilfen anbieten und zum Beispiel die Veränderungen des Gestaltungsrasters anzeigen.

Kapitel 10

Zusammenfassung und Ausblick

Für das Marketing und den Verkauf von Produkten wird im großen Ausmaß seit einigen Jahren das World Wide Web eingesetzt. Die Angebote reichen dabei von einfachen Werbungen über komplexe Produktkataloge bis hin zu umfangreichen Shopping-Malls. Ein zentraler Aspekt dieser Anwendungen und damit Thema dieser Arbeit ist die optimale Präsentation der Produkte.

Problemstellung. Der Erfolg von Produktpräsentationen im Internet wird häufig dadurch vermindert, dass statische Präsentationen nicht in der Lage sind, die sehr unterschiedlichen Bedürfnisse der Kunden zu befriedigen. Verschiedene Anbindungen an das Internet und die vielfältigen Präsentationsplattformen bestimmen im hohen Maße die Möglichkeiten zur Nutzung multimedialer Elemente. Hinzu kommen die unterschiedlichen Interessen und Präferenzen des Kunden hinsichtlich der Produktinformationen und der Darstellungsform.

Die Adaption von Produktkatalogen ist ein nahe liegender Lösungsansatz. Er wirft jedoch besonders im Bereich der Wissensakquisition eine Reihe von Problemen auf.

KAPITEL 10. ZUSAMMENFASSUNG UND AUSBLICK

Um Anpassungen vornehmen zu können, muss das System Wissen über den Kunden haben. Dieses könnte direkt erfragt werden, was jedoch wegen der geringen Bereitschaft der Kunden persönliche Daten einzugeben kritisch zu sehen ist. Werden die Informationen über den Kunden dagegen automatisch ermittelt, so erhält das System oftmals nicht genügend Informationen. Bestehende Systeme verfolgen lediglich auf der Server-Seite, welche Web-Dokumente vom Kunden angefordert werden. Aus diesem Wissen kann jedoch nur eine unzureichende Anpassung der Präsentationen erfolgen. In dieser Arbeit sollte daher eine Form der Wissensakquisition entwickelt werden, welche den Kunden nicht belästigt und dennoch genügend Informationen bereitstellt.

Da die klassische Verarbeitung der Benutzerdaten zum Beispiel durch Regeln oder Stereotypen oftmals zu wenig Flexibilität bietet und zudem einen hohen Aufwand bei der Initialisierung des Systems bedeutet, fiel in dieser Arbeit die Entscheidung auf die Verwendung maschineller Lernverfahren. Es musste daher eine Möglichkeit gefunden werden, die gesammelten Kundendaten so aufzubereiten, dass sie für Klassifikationsverfahren nutzbar werden. Dazu war es notwendig, nicht nur positive Aussagen des Kunden zu erhalten, die zum Beispiel durch den Besuch einer Web-Seite geschlussfolgert werden können, sondern auch negative Aussagen. Des weiteren musste ein Algorithmus ausgewählt und angepasst werden, so das er den besonderen Anforderungen des Anwendungsfeldes genügt. Diese liegen zum Beispiel darin, dass dem System häufig nur sehr geringe Datenmengen vorliegen, dass die aktuellen Vorlieben des Kunden stärker zu gewichten sind und dass der zusätzliche Aufwand zur Realisierung einer Adaption für den Hersteller sehr gering zu halten ist.

Werden Produktpräsentationen automatisch generiert, so ergibt sich das Problem, dass auf der einen Seite ein ansprechendes Design realisiert werden soll, bei dem der Hersteller bzw. Designer Einfluss nehmen kann, und auf der anderen Seite das System genügend Flexibilität bieten muss, um eine automatische Adaption durchführen zu können. Hier musste eine Lösung gefunden werden, die beiden Anforderungen im ausreichenden Maße genügt. In dieser Arbeit sollte also ein Ansatz entwickelt werden, welcher Produktpräsentationen an den einzelnen Kunden anpasst. Dadurch sollte die Verwendung multimedialer Elemente verbessert und die Akzeptanz auf der Seite der Kunden gesteigert werden.

Lösungsansatz. In der vorliegenden Arbeit wurde der Ansatz der temporären Benutzermodellierung entwickelt, der es ermöglicht, zur Laufzeit für jeden Kunden individuelle Präsentationen zu generieren. Der Ansatz zeichnet sich durch folgende Eigenschaften aus:

- Die Wissensakquisition erfolgt auf der Client-Seite durch Beobachtung natürlicher Interaktionen des Kunden mit einzelnen Präsentationselementen, wie zum Beispiel das Vergrößern eines Bildes oder das Starten eines Video-Players. Diese Vorgehensweise hat den Vorteil, dass der Kunde keinen zusätzlichen Aufwand leisten muss, wie er vor allem beim Beantworten von Fragebögen entsteht. Dennoch erhält das System genügend Informationen über die jeweiligen Präferenzen, da nicht nur der Besuch ganzer Seiten registriert wird, sondern die Nutzung der einzelnen Elemente. Der Kunde hat auf diese Weise die Möglichkeit, das Adaptionsverhalten des Systems bewusst zu steuern ohne zusätzliche Aufgaben lösen zu müssen.

- Die Beobachtungen werden dahingehend weiterverarbeitet, dass zu jedem Element das System bewertet, ob das Interesse des Kunden positiv oder eher negativ eingeschätzt werden kann. Zusätzlich werden die Elemente durch Attribute beschrieben, die sich sowohl auf die übermittelten Inhalte (zum Beispiel Produktgruppe "Auto", Information "Motordaten") als auch auf technische Eigenschaften (Art des Mediums "Text", Dateigröße "3 kB") beziehen. Durch diese Vorgehensweise erhält das System eine Reihe von bewerteten Beispieldaten, die in der Attribut-Wert-Repräsentation vorliegen und daher von einer Vielzahl maschineller Lernverfahren verwendet werden können.

- Für die adaptive Integration multimedialer Präsentationselemente wurde der Algorithmus CDL4 aus der Klasse der Entscheidungslisten-Verfahren ausgewählt und an die besonderen Anforderungen angepasst. CDL4 arbeitet inkrementell und bevorzugt bei widersprüchlichen Eingabedaten die aktuelleren Informationen. Es kann somit eine temporäre Abbildung der Kundenvorlieben erfolgen, die zum einen bereits nach einer betrachteten Produktpräsentation Aussagen machen kann und zum anderen sehr flexibel die wechselnden Bedürfnisse des Kunden berücksichtigt.

- Die Generierung der individuellen Produktpräsentationen erfolgt zur Laufzeit mit Hilfe dynamischer Templates, in welche die einzelnen Elemente in Abhängigkeit der Aussagen des temporären Benutzermodells integriert werden. Die Anordnung der Elemente erfolgt erst auf der Client-Seite. Auf diese Weise wird Designwissen berücksichtigt und das System hat die Möglichkeit, als Reaktion auf Benutzerinteraktionen eine schnelle Neuberechnung der Anordnung vorzunehmen. Da ansprechende Präsentationen ein wichtiger Aspekt einer erfolgreichen Marketing-Strategie sind, hat der Hersteller bzw. Designer trotz der automatischen Generierung weitreichende Einflussmöglichkeiten, wie zum Beispiel durch Festlegung des Gestaltungsrasters oder Definition von Design-Regeln.

Praktische Realisierung und Evaluation des Ansatzes. Als Beispiel einer technischen Umsetzung wurde zu dem Ansatz ein Prototyp realisiert, der Gebrauchtwagen, -fahrräder und -modellautos anbietet. In diesem Produktkatalog wurden vier verschiedene Adaptionsformen realisiert. Dieses ist zum einen die Anpassung der multimedialen Gestaltungselemente, welche im Fokus des entwickelten Ansatzes lag. Um die vielfältigen Nutzungsmöglichkeiten der temporären Benutzermodellierung zu demonstrieren, wurde als zweite Adaptionsform ein einfaches Klassifikationsverfahren implementiert, welches Sonderangebote oder zusätzliche Werbung nach den inhaltlichen Interessen des Kunden auswählt. Als dritte Adaptionsform wird die Gestaltung des Hintergrundes bei der automatischen Generierung der Präsentationen an die Qualität der jeweiligen Internet-Verbindung angepasst. Kunden mit einem langsamen Modem werden somit nicht durch unnötige Bilder belästigt, während für Kunden mit schneller Anbindung eine ansprechendere Gestaltung realisiert werden kann. Als vierte Adaptionsform wird die jeweilige Größe des Browserfensters und die Bildschirmauflösung berücksichtigt, so dass der verfügbare Platz möglichst optimal genutzt werden kann.

Mit Hilfe des Prototypen konnte eine erste Evaluation des Ansatzes erfolgen. Hierzu wurde in einer Studie mit 23 Versuchspersonen das TELLIM-System hinsichtlich der Effizienz in der Benutzung und der Akzeptanz auf Seiten der Versuchspersonen getestet. Die Effizienz wurde durch Messung der Interaktionen bestimmt, die innerhalb der jeweiligen

Präsentationen stattfanden, und durch Befragung der Versuchspersonen. Die Akzeptanz wurde mit Hilfe von Fragebögen untersucht, wobei besondere Aufmerksamkeit auf die Kriterien Übersichtlichkeit, Gestaltung und effiziente Bedienung gelegt wurde.

In dieser Evaluation konnte gezeigt werden, dass die Akzeptanz bei der Benutzung des adaptiven TELLIM-Systems im Vergleich zu dem nicht-adaptiven System höher war. Dieses zeigte sich in allen Kriterien. Besonders deutlich wurde es bei der Bewertung der Übersichtlichkeit und der Effizienz. Als weiteres Anzeichen für die Verbesserung der Effizienz konnte eine erhebliche Verringerung der Interaktionen gemessen werden. In einem Vergleich zwischen zwei Versuchsgruppen, die sich in ihrer Kenntnis über das adaptive Verhalten des Systems unterschieden, wurde gezeigt, dass ein wichtiger Erfolgsfaktor darin liegt, dass der Kunde im Vorfeld mit drei bis vier Sätzen über das adaptive Verhalten informiert wird. In diesem Fall waren die Versuchspersonen in der Lage, das adaptive Verhalten bewusst zu steuern und für ihre Zwecke zu nutzen. Die Bewertung dieser Versuchspersonen war auch in abschließenden Gesprächen ausgesprochen positiv. Waren die Versuchspersonen nicht über das adaptive Verhalten informiert, so konnten die Fähigkeiten des Systems wegen "Spielerei" mit einzelnen Elementen (zum Beispiel mehrfaches Verkleinern und Vergrößern eines Bildes) häufig nicht genutzt werden.

Zusammenfassung der Ergebnisse. Zusammenfassend wurden in dieser Arbeit folgende Ergebnisse erzielt:

- Die Entwicklung einer Benutzermodellierung zur Adaption von Produktpräsentationen, welche die besonderen Anforderungen des Anwendungsgebietes "E-Commerce" berücksichtigt.

- Eine neue Form der Wissensakquisition, die über natürliche Interaktionen dem Kunden eine bewusste Steuerung des Adaptionsprozesses ermöglicht und gleichzeitig dem System genügend Informationen zur Verfügung stellt.

- Die Aufbereitung der Benutzerinformationen, so dass eine Basis für die Anwendung maschineller Lernalgorithmen zur Klassifikation von Benutzerinteressen geschaffen wurde.

KAPITEL 10. ZUSAMMENFASSUNG UND AUSBLICK

- Auswahl und Anpassung eines Lernverfahrens, welches eine schnelle und flexible Adaption der Präsentationselemente an die Benutzerpräferenzen ermöglicht.

- Realisierung einer praktikablen Generierungs-Komponente, welche unter Berücksichtigung von Designwissen Präsentationen zur Laufzeit automatisch erstellt und dennoch dem Hersteller und Designer eine Einflussnahme ermöglicht.

- Implementierung eines Prototypen, der vier verschiedene Adaptionsformen realisiert und somit individuelle Präsentationen für jeden Kunden generiert.

- Positive Evaluation des Ansatzes in einer ersten Studie unter Laborbedingungen.

Mögliche Erweiterungen. Ausgehend von dieser Arbeit könnten eine Reihe von Verfeinerungen und Ergänzungen in weiterführenden Studien betrachtet werden.

- Bei der Vorverarbeitung der Daten hat sich gezeigt, dass es einen Zusammenhang gibt zwischen den gewählten Attributen, der Adaptionsaufgabe und der Struktur des Produktkataloges. Soll sich das System zum Beispiel nur an die inhaltlichen Vorlieben des Kunden adaptieren, so müssen entspechende beschreibende Attribute gewählt werden und dem Kunden müssen diese Inhalte in der Produktpräsentation ersichtlich sein. Für eine vielfältige Anwendung des vorliegenden Ansatzes zur temporären Kundenmodellierung wäre es wünschenswert, Richtlinien zu formulieren, welche diese Zusammenhänge widerspiegeln und welche einen systematischen Überblick über die möglichen Adaptionsformen geben.

- Um die Ergebnisse der ersten Evaluation zu untermauern, sollte das System in einer realen Web-Umgebung getestet werden. Dazu müsste der Prototyp auf andere Browser übertragen werden. Zudem müsste das SSL-Protokoll verwendet werden, um den Sicherheitsanforderungen im World Wide Web zu genügen. Eine weitere Möglichkeit wäre die Integration in ein bestehendes Einkaufssystem. In diesem Fall müsste das TELLIM-System an die bestehende Architektur angepasst werden bzw. in das bestehende System integriert werden. Notwendige Anpassungen wurden in Kapitel 7.4 angesprochen.

- Damit die Individualität des Ansatzes für den Kunden transparenter wird, wäre es möglich, einen personifizierten Agenten zu ergänzen, der in der Rolle des Verkäufers dem Kunden Hinweise geben kann. So könnte dieser virtuelle Verkäufer zu Beginn den Kunden auf die Fähigkeiten des Systems hinweisen und bei stark wechselnden Vorlieben zum Beispiel explizit nach den jeweiligen Wünschen fragen. Der Kunde hätte auf diese Weise einen Ansprechpartner, was das Einkaufserlebnis verbessern könnte.

- Wie bereits in Kapitel 9 angesprochen, haben viele Produkthersteller ein großes Interesse daran, langfristige Kundenmodelle zu speichern. Aus diesem Grund sollte die Kombination des vorliegenden Ansatzes mit einer langfristigen Modellierung näher betrachtet werden.

- Einige Systeme aus dem Bereich der Planung [AFG+93] beschäftigen sich mit der Erstellung komplexer multimedialer Präsentationen. Diese Ansätze sind für die unmittelbare Anpassung der Medienelemente an die Vorlieben des Kunden ungeeignet. Es wäre jedoch denkbar, für komplexe Produkte oder auch zur Firmendarstellung Präsentationen zu erstellen, die das Benutzermodell berücksichtigen und die als eine Art individuelle Verkaufsshow zusätzlich angeboten werden.

Elektronisches Einkaufen im Web gewinnt zunehmend an Bedeutung. Um eine persönliche Komponente in dieses technische Medium zu integrieren und um die individuellen Bedürfnisse des Kunden zu berücksichtigen, spielt die Entwicklung adaptiver Systeme auch in Zukunft eine zentrale Rolle. Die vorgeschlagenen Erweiterungsmöglichkeiten lassen erkennen, dass Potential für weitere Arbeiten vorhanden ist. Besonders die technische Umsetzung und der Einsatz in der Praxis werden dabei ein wichtige Aspekte sein, um Erfahrungen mit adaptiven Einkaufssystemen zu sammeln.

Anhang A

Beispielsitzungen am TELLIM-Prototypen

A.1 Anpassung der Medienelemente

Die folgenden Bildschirmschnappschüsse zeigen eine Beispielsitzung am TELLIM-Prototypen, welche die Anpassung der Medienelemente demonstriert. Die Interaktionen des Kunden sind dabei durch schwarze Pfeile gekennzeichnet.

ANHANG A. BEISPIELSITZUNGEN

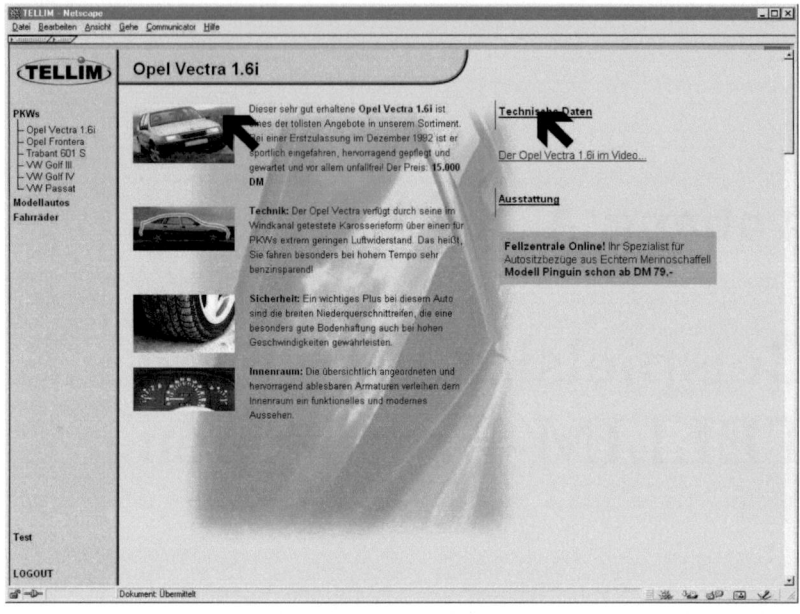

Abbildung A.1: Der Kunde betrachtet den Opel Vectra, vergrößert das erste Bild und klappt den Stretchttext über die technischen Daten auf.

A.1. ANPASSUNG DER MEDIENELEMENTE

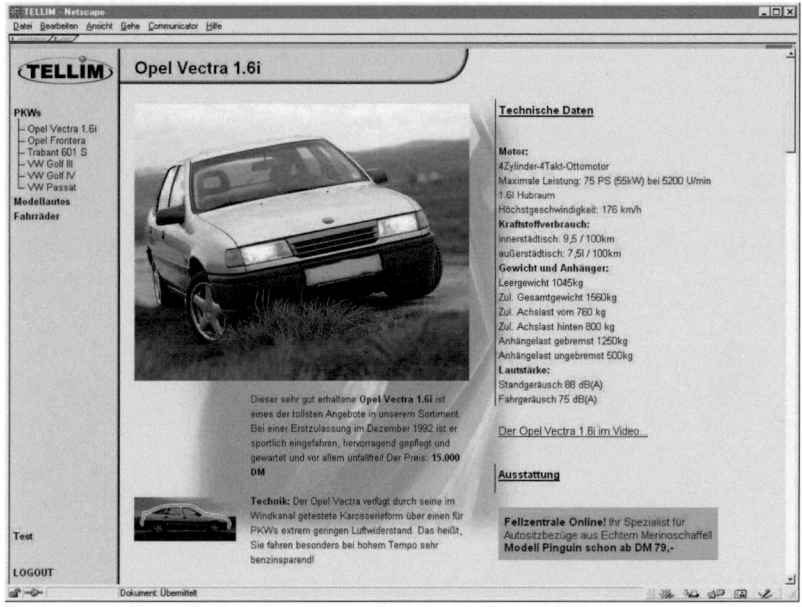

Abbildung A.2: Der Kunde sieht den Vectra daher auf diese Weise.

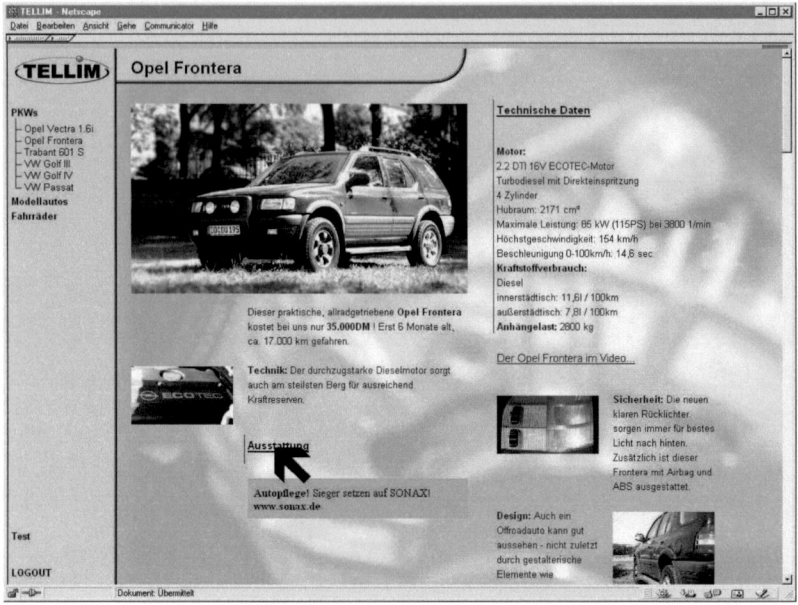

Abbildung A.3: Als zweites Auto wird der Opel Frontera angefordert. In dieser Präsentation ist das erste Bild bereits vergrößert und auch der Stretchtext zu den technischen Details ist bereits aufgeklappt. Der Kunde möchte nun zusätzlich Informationen über die Ausstattung bekommen und klappt den entsprechenden Stretchtext auf.

A.1. ANPASSUNG DER MEDIENELEMENTE

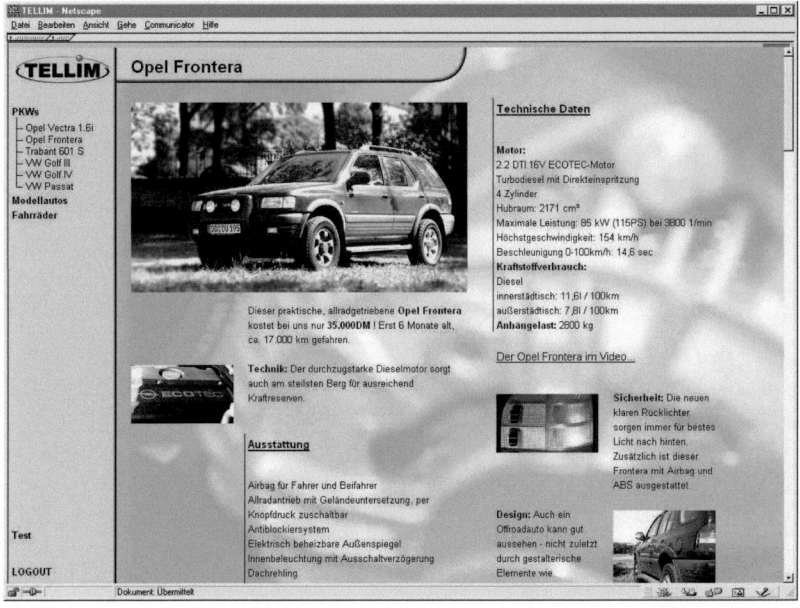

Abbildung A.4: Der Kunde sieht den Frontera nun mit den dargestellten Informationen.

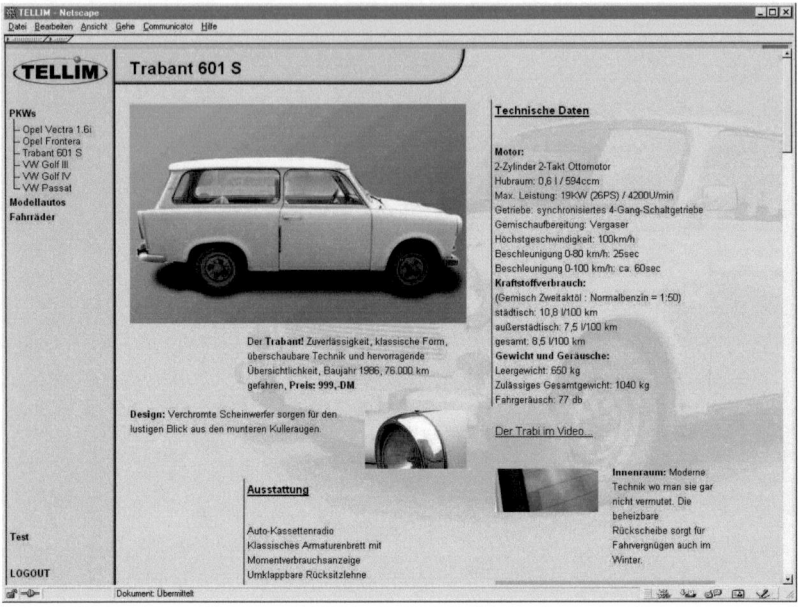

Abbildung A.5: Als dritter PKW wird der Trabant angefordert, der sich nun mit großem ersten Bild und zwei aufgeklappten Stretchtexten präsentiert.

A.1. ANPASSUNG DER MEDIENELEMENTE 205

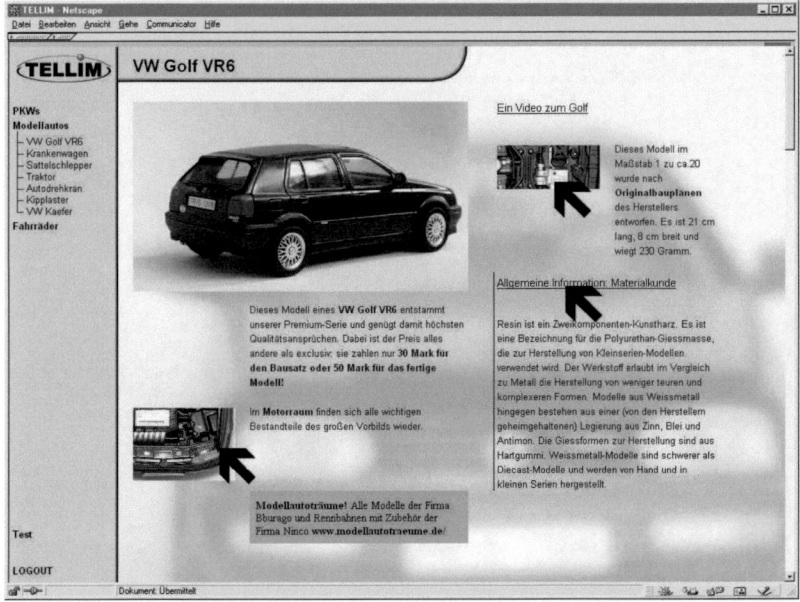

Abbildung A.6: Der Kunde wechselt nun zu den Modellautos. Hier verzichtet er auf Textinformationen und möchte lieber nur große Bilder betrachten. Er klappt daher den Stretchtext zu und vergrößert die restlichen Bilder.

Abbildung A.7: Die sich ergebende Präsentation des Modellautos.

A.1. ANPASSUNG DER MEDIENELEMENTE

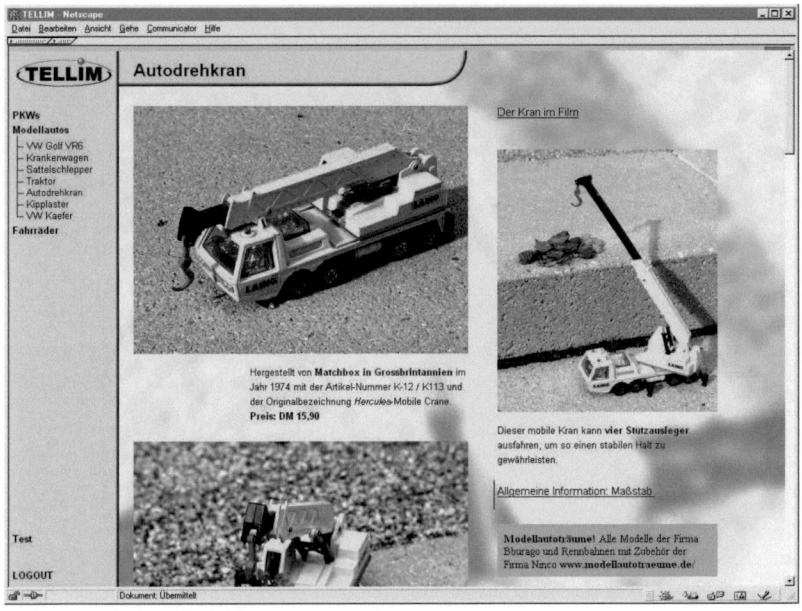

Abbildung A.8: Beim nächsten Modellauto erscheinen nun gleich alle Bilder im großen Format. Die Textinformation ist nur als Link verfügbar.

208   ANHANG A. BEISPIELSITZUNGEN

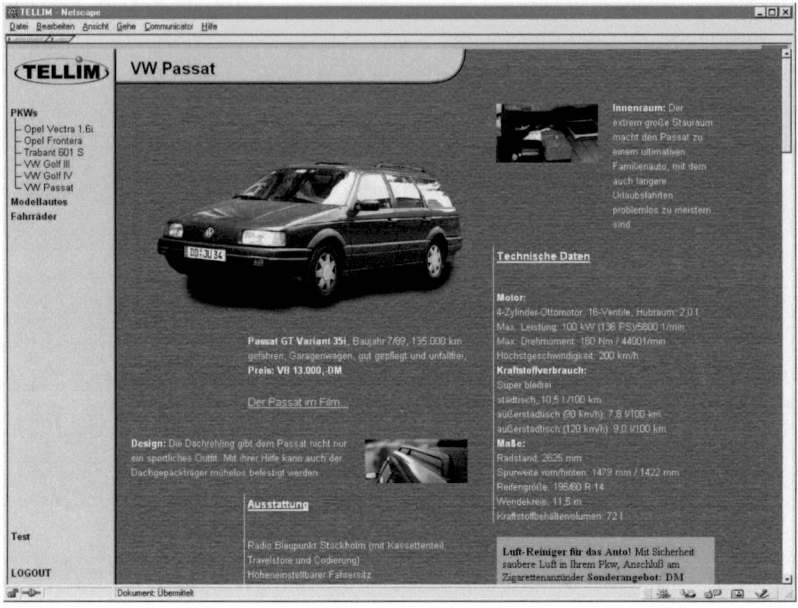

Abbildung A.9: Der Kunde wechselt noch einmal zu den PKW und fordert sich den VW Passat an. Da die Vorlieben auch produktabhängig betrachtet werden, erscheint hier wieder die Darstellung mit ausgeklappten Texten und einem vergrößerten Bild.

A.2 Anpassung der Sonderangebote

Die folgenden Bildschirmschnappschüsse zeigen die Anpassung der Sonderangebote anhand von zwei Beispiel-Kunden.

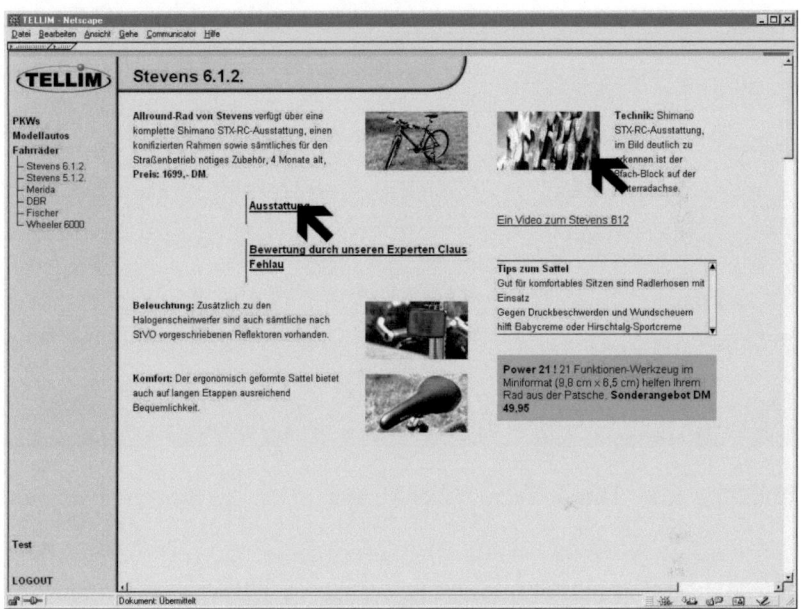

Abbildung A.10: Dieser Kunde betrachtet Fahrräder und interessiert sich besonders für technische Daten. Er vergrößert daher das Technik-Bild und klappt den Text mit der Ausstattung auf.

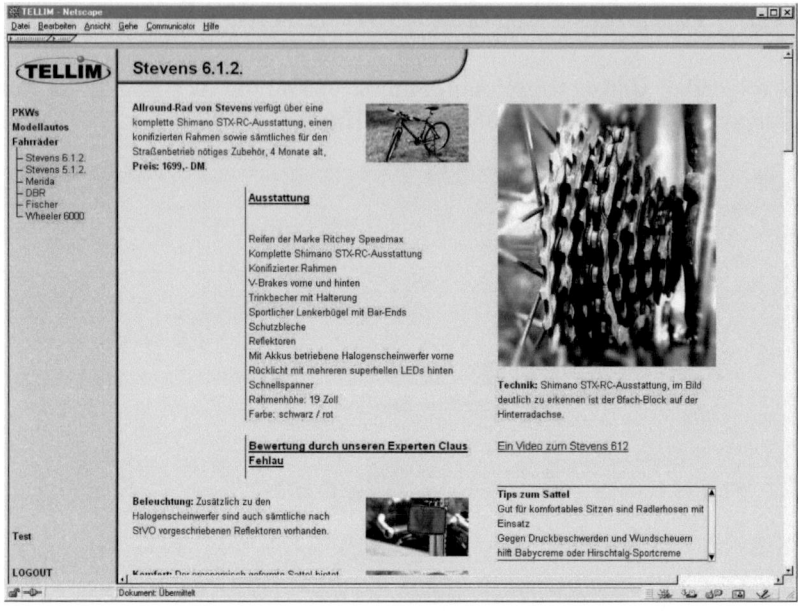

Abbildung A.11: Die sich ergebende Präsentation des Stevens-Fahrrades.

A.2. ANPASSUNG DER SONDERANGEBOTE 211

Abbildung A.12: Beim nächsten Fahrrad wird nun eine Werbung eingeblendet, die sich auf technische Interessen bezieht; hier ein Multifunktions-Kettennieter.

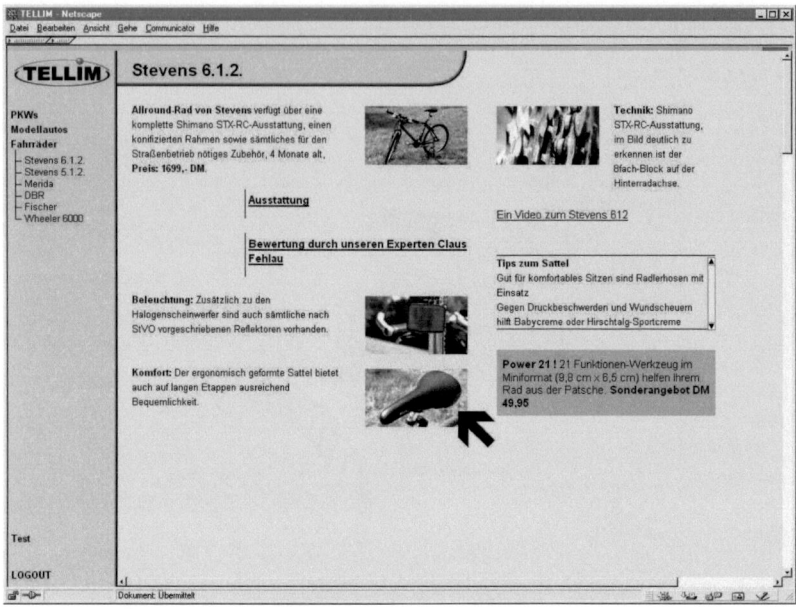

Abbildung A.13: Ein zweiter Kunde betrachtet dieselben Fahrräder und interessiert sich jedoch mehr für den Komfort des Rades. Er vergrößert daher das Bild zum Sattel.

A.2. ANPASSUNG DER SONDERANGEBOTE

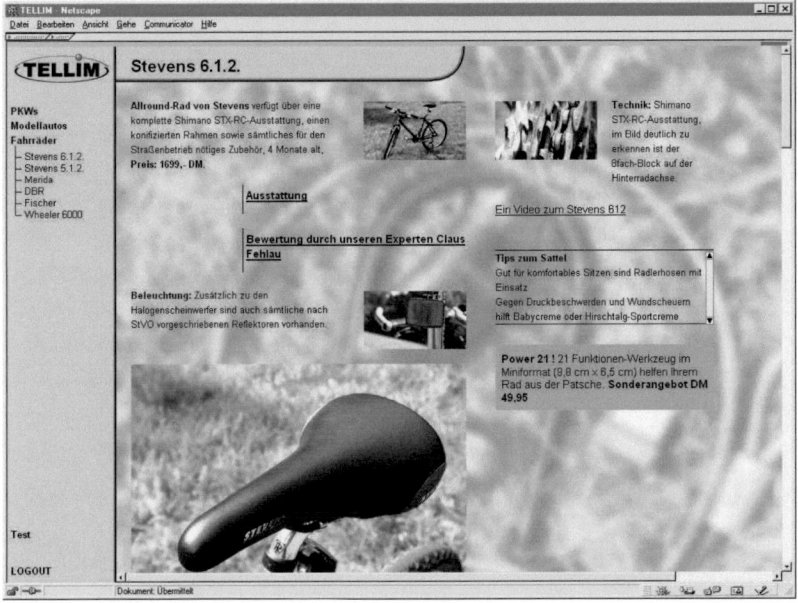

Abbildung A.14: Die sich ergebende Präsentation des Stevens-Fahrrades.

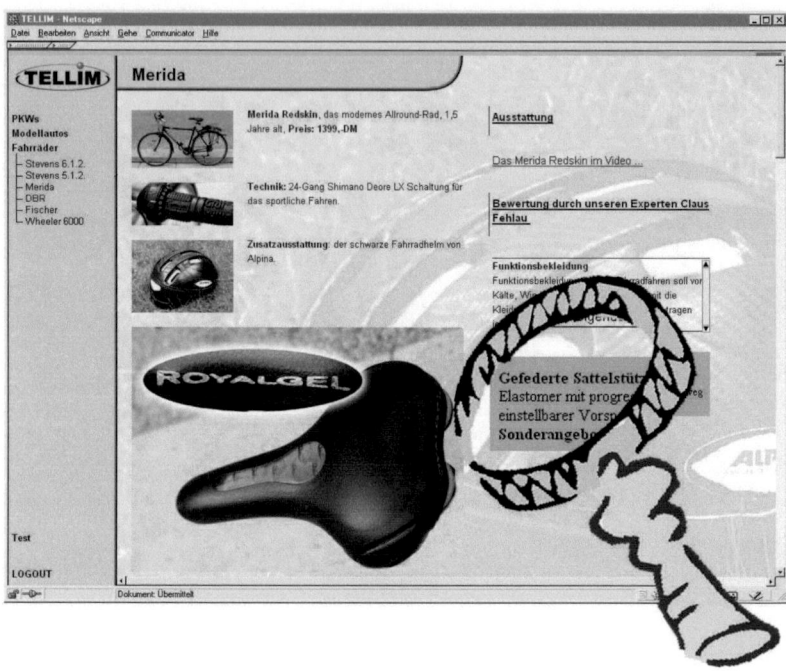

Abbildung A.15: Beim nächsten Fahrrad wird nun eine Werbung eingeblendet, die sich auf den Komfort von Rädern bezieht. In diesem Fall ist es die gefederte Sattelstütze.

Abbildungsverzeichnis

1.1 Thematische Einordnung der Arbeit 13

2.1 Erkundung des Auto-Innenraumes mit QuicktimeVR [Fer98] 20
2.2 Architektur elektronischer Produktkataloge im Web . . . 22
2.3 Klassische Schleife "Benutzermodellierung - Adaption" in adaptiven Systemen (nach [Bru96]) 25
2.4 Einfache Anpassung von Fremdwerbung [Alt99] 38
2.5 Produktempfehlungen beim Buchversand BOL [BOL99] . 39
2.6 Dynamische Kundenmodellierung mit OpenSesame [eGe99] 40
2.7 Fragebogen für den Einsatz kollaborativer Filtertechniken [And99] 42
2.8 Anforderungskatalog für eine automatische Produktberatung [RT99] 43
2.9 Ergebnis einer Produktberatung [RT99] 44
2.10 Vorschlag eines Verkaufsagenten [Sch96] 46
2.11 Mögliche Präsentation des AiA-Systems [AGM+96] 47

3.1 Beispiel einer Auto-Präsentation [BMW00] 57
3.2 Auto-Präsentation für ein schmaleres Browser-Fenster mit einfach farbigen Hintergrund, kleinen Bildern und einem aufgefalteten Stretchtext über technische Daten 60
3.3 Auto-Präsentation, bei der die volle Bildschirmgröße genutzt wird, ein Hintergrundbild verwendet wurde, Bilder zum Teil im großen Format erscheinen und das Video bereits im Player integriert ist 60
3.4 Architektur des TELLIM-Systems 70

4.1	Interesse an Texten (links) und Bildern (rechts)	75
4.2	Interesse an Video (links) und Audio (rechts)	75
4.3	Interesse an VR-Welten	75
4.4	Fragebogen zur Abhängigkeit der Benutzerpräferenzen	76
4.5	Abhängigkeitsfaktoren für die Medienvorlieben	77
4.6	Einbindung von Texten als "Stretchtexte"	79
4.7	Einbindung von Texten als "Scrolltexte"	79
4.8	Einbindung von Bildern	80
4.9	Einbindung von Videos	81
6.1	Verschiedene Möglichkeiten der Neugestaltung einer Präsentation [Sch99b]	117
6.2	Dynamisches Gestaltungsraster im TELLIM-Prototypen [Sch99b]	118
6.3	Vertikale Verschiebung in Inhaltsspalten [Sch99b]	119
6.4	Beispiel für die Strukturierung in Sinneinheiten	120
6.5	Auswirkung von verschiedenen Bildpositionen [Sch99b]	121
6.6	Anordnung der Sinneinheiten durch Zuordnung von Wertungen	123
6.7	Beispiel einer Produktpräsentation des TELLIM-Prototypen [Sch99b]	125
7.1	Architektur des TELLIM-Systems	129
7.2	Architektur der Beobachtungskomponente	130
7.3	Übermittlung von Testdaten in TELLIM [Sch99a]	133
7.4	Ablauf der Messung [Sch99a]	134
7.5	Generierung der dynamischen Präsentationen	135
7.6	JavaScript Objektmodell [Sch99b]	136
8.1	Ein Anwendungsrahmen für die Gebrauchstauglichkeit von Software nach der Norm ISO 9241-11	147
8.2	Versuchsdurchführung	153
8.3	Fragebogen zu demographischen Daten	156
8.4	Aufgabenstellungen	157
8.5	Fragebogen Teil 2a zum Informationsgehalt	159
8.6	Fragebogen Teil 2b zur Übersichtlichkeit	159
8.7	Fragebogen Teil 2c zur Gestaltung	160
8.8	Fragebogen Teil 2d zu den zeitlichen Aspekten	160

ABBILDUNGSVERZEICHNIS

8.9 Fragebogen Teil 2e zum adaptiven Verhalten (positiv) . . 161
8.10 Fragebogen Teil 2f zum adaptiven Verhalten (negativ) . . 162
8.11 Fragebogen Teil 2g zum Gesamturteil 162
8.12 Fragebogen Teil 2h zu allgemeiner Kritik 163
8.13 Das Alter der Versuchspersonen (Frage 1) 164
8.14 Erfahrungen mit dem Internet (Fragen 5 und 7) 164
8.15 Allgemeine Einstellung der Versuchspersonen (Fragen 16 (Text), 17 (Bilder), 18 (Video), 8 (Inhalt) und Durchschnitt der vier Fragen (Gesamt)) 166
8.16 Bewertung der Übersichtlichkeit (Fragen 10 und 12) . . . 167
8.17 Bewertung der Gestaltung (Fragen 14 und 15) 168
8.18 Bewertung der Effizienz (Fragen 19 und 20) 170
8.19 Anzahl der Interaktionen 170
8.20 Bewertung des adaptiven Verhaltens (Fragen 21 und 25) . 172
8.21 Frage 30 zum Gesamturteil 172
8.22 Ergebnisse der Fragebögen im Überblick 176

9.1 Präsentationen in Abhängigkeit von der Zielgruppe [Sch99b] 184
9.2 Template-Editor in Net.Commerce [IBM98] [Höf98] 189

A.1 Der Kunde betrachtet den Opel Vectra, vergrößert das erste Bild und klappt den Stretchttext über die technischen Daten auf. 200
A.2 Der Kunde sieht den Vectra daher auf diese Weise. 201
A.3 Als zweites Auto wird der Opel Frontera angefordert. In dieser Präsentation ist das erste Bild bereits vergrößert und auch der Stretchtext zu den technischen Details ist bereits aufgeklappt. Der Kunde möchte nun zusätzlich Informationen über die Ausstattung bekommen und klappt den entsprechenden Stretchtext auf. 202
A.4 Der Kunde sieht den Frontera nun mit den dargestellten Informationen. 203
A.5 Als dritter PKW wird der Trabant angefordert, der sich nun mit großem ersten Bild und zwei aufgeklappten Stretchtexten präsentiert. 204

A.6 Der Kunde wechselt nun zu den Modellautos. Hier verzichtet er auf Textinformationen und möchte lieber nur große Bilder betrachten. Er klappt daher den Stretchtext zu und vergrößert die restlichen Bilder. 205

A.7 Die sich ergebende Präsentation des Modellautos. 206

A.8 Beim nächsten Modellauto erscheinen nun gleich alle Bilder im großen Format. Die Textinformation ist nur als Link verfügbar. 207

A.9 Der Kunde wechselt noch einmal zu den PKW und fordert sich den VW Passat an. Da die Vorlieben auch produktabhängig betrachtet werden, erscheint hier wieder die Darstellung mit ausgeklappten Texten und einem vergrößerten Bild. 208

A.10 Dieser Kunde betrachtet Fahrräder und interessiert sich besonders für technische Daten. Er vergrößert daher das Technik-Bild und klappt den Text mit der Ausstattung auf. 209

A.11 Die sich ergebende Präsentation des Stevens-Fahrrades. . . 210

A.12 Beim nächsten Fahrrad wird nun eine Werbung eingeblendet, die sich auf technische Interessen bezieht; hier ein Multifunktions-Kettennieter. 211

A.13 Ein zweiter Kunde betrachtet dieselben Fahrräder und interessiert sich jedoch mehr für den Komfort des Rades. Er vergrößert daher das Bild zum Sattel. 212

A.14 Die sich ergebende Präsentation des Stevens-Fahrrades. . . 213

A.15 Beim nächsten Fahrrad wird nun eine Werbung eingeblendet, die sich auf den Komfort von Rädern bezieht. In diesem Fall ist es die gefederte Sattelstütze. 214

Tabellenverzeichnis

3.1 Vorteile der Benutzermodellierung auf Client bzw. Server   67
3.2 Nachteile der Benutzermodellierung auf Client bzw. Server   68

4.1 Regeln zur Bewertung der Medienelemente 84
4.2 Menge bewerteter Beispieldaten 84

5.1 Trainingsdaten 92
5.2 Menge bewerteter Beispieldaten 110
5.3 Liste normierter Attribut-Gewichtungen 111

Literaturverzeichnis

[AFG+93] André, E., Finkler, W., Graf, W., Rist, T., Schauder, A., Wahlster, W. (1993), WIP: The Automatic Synthesis of Multimodal Presentations, in: Maybury, M. (Hrsg.) *Intelligent Multimedia Interfaces*, AAAI Press, S. 75-93.

[AG99] Ardissono, L. & Goy, A. (1999), Tailoring the Interaction with Users in Electronic Shops, in: J. Kay (Hrsg.),*Proceedings of the Seventh International Conference of User Modeling (UM'99)*, Banff, Canada, S. 35-44.

[AGM+96] André, E., Graf, W., Müller, J., Profitlich, H.-J., Rist, T., Wahlster, W. (1996), *AiA: Adaptive Communication Assistant for Effective Infobahn Access*. Internal Document, DFKI Saarbrücken.

[AKK97] Alspector, J., Koicz, A., Karunanithi, N. (1997), Feature-based and Clique-based User Models for Movie Selection: A Comparative Study, in: *User Modeling and User-Adapted Interaction Vol. 7, No. 4*, S. 279-304.

[Aou96] Aoun, B. (1996), Agent Technology in Electronic Commerce and Information Retrieval on the Internet, in: *Proceedings of the Second Australian World Wide Web Conference (AusWeb96)*, Queensland, Australien.

[AS99] Aberg, J. & Shahmehri, N. (1999), Web Assistants: Towards an Intelligent and Personal Web Shop, in: *Proceedings of the Second Workshop on Adaptive Systems and*

User Modeling on the World Wide Web, 7-th International Conference on User Modeling (UM'99), Banff, Canada.

[AZN+97] Albrecht, D. W., Zukerman, I., Nicholson, A.E., Bud, A., (1997), Towards a Bayesian Model for Keyhole Plan Recognition in Large Domains, in: *Proceedings of Sixth International Conference of User Modeling (UM'97)*, Sardinia, Italy, S. 365-376.

[BCK96] Bratko, I., Cestnik, B., Kononenko, I. (1996), Attribute-based learning, in: *AI Communications 9*, IOS Press, S. 27-32.

[Bea94] Beaumont, I. H. (1994), User Modelling in the Interactive Anatomy Tutoring System ANATOM-TUTOR, in: *User Modeling and User-Adapted Interaction Vol.4 No.1*, S. 21-46.

[Bev95] Bevan, N. (1995), Measuring usability as quality of use, in: *Journal of Software Quality Issue 4*, S. 115-140.

[BKA98] Bharat, K., Kamba, T., Albers, M. C. (1998), Personalized, interactive news on the Web. In: *Multimedia Systems 6/98*, S. 349-358.

[Blu97] Blum, A. (1997), *ActiveX Web Programming*, John Wiley & Sons Verlag, ISBN 0-471-16177-2.

[BM98] Behme, H. & Mintert, S. (1998), *XML in der Praxis*, Addison Wesley Verlag, ISBN 3-827-31330-9.

[Bru96] Brusilovsky, P., (1996), Methods and Techniques of Adaptive Hypermedia, in: *User Modeling and User Adapted Interaction Vol. 6 No. 2-3*, S. 87-129.

[Bun99] Bundesamt für Sicherheit in der Informationstechnik (1999), *IT-Grundschutzhandbuch*, http://www.bsi.bund.de/gshb/.

[CB91] Clark, P. & Boswell, R. (1991), Rule Induction with CN2: Some Recent Improvements, in: Kodratoff, Y. (Hrsg.) *Machine Learning - Proceedings of the Fifth European Conference (EWSL-91)*, Springer-Verlag, S. 151-163.

LITERATURVERZEICHNIS 223

[CB97]   Corbett, A. T., Bhatnagar, A. (1997), Student Modeling in the ACT Programming Tutor: Adjusting a Procedural Learning Model with Declarative Knowledge, in: *Proceedings of Sixth International Conference of User Modeling (UM97)*, Sardinia, Italy, S. 243-254.

[CDN88] Chib, J. P., Diehl, V.A., Norman, K. L. (1988), Development of an Instrument Measuring User Satisfaction of the Human-Computer Interface, in: *Proceedings of ACM SIGCHI Conference on Human Factors in Computing Systems (CHI'88)*, S. 213-218.

[CGV+97] Conati, C., Gertner, A. S., VanLehn, K., Druzdzel, M. J., (1997), On-line Student Modeling for Coached Problem Solving Using Bayesian Networks, in: *Proceedings of Sixth International Conference of User Modeling (UM97)*, Sardinia, Italy, S. 231-242.

[Cla89] Clark, P. (1989), Knowledge Representation in Machine Learning, in: Kodratoff, Y. & Hutchison, A. (Hrsg.) *Machine and Human Learning*, S. 35-49.

[Cla90] Clark, P. (1990), Machine Learning: Techniques and Recent Developments, in: Mirzai, A. R. (Hrsg.) *Artificial Intelligence: Concepts and Applications in Enginering*, London, Uk: Chapman and Hall, S. 65-93.

[CN89]   Clark, P. & Niblett, T. (1989), The CN2 Induction Algorithm, in: *Machine Learning Journal* 3 (4), Netherlands: Kluwer, S. 261-283.

[Coh96] Cohen, W. W. (1996), Learning Trees and Rules with Set-valued Features, in: *Proceedings of the National Conference on Artificial Intelligence (AAAI-96)*.

[FS97]   Fisher, D. H. & Schlimmer, J. C. (1997), *Models of Incremental learning: A coupled research proposal*, Internal Report, Vanderbilt University, Nashville, Tennessee, USA.

[GMM97] Gori, M., Maggini, M., Martinelli, E. (1997), Web-Browser Access Trough Voice Input and Page Interest Prediction,

Proceedings of Sixth International Conference of User Modeling (UM97), Sardinia, Italy, S.17-19.

[Gör93] Görz, G. (Hrsg.), (1993), *Einführung in die künstliche Intelligenz*, Addison-Wesley (Deutschland) GmbH.

[Gra96] Graf, W. H. (1996), Towards a Reference Model for Intelligent Multimedia Layout, In: *In Proceedings of the ECAI-96 Workshop "Towards a Standard Reference Model for Intelligent Multimedia Presentation Systems"*, Budapest, Hungary, August 13, S. 24-30.

[Gra97] Graham, I. S. (1997), *HTML Sourcebook: A Complete Guide to HTML 3.2 and HTML Extensions*, 3rd Edition, John Wiley & Sons, 0-471-17575-7.

[Gre98] Green, M. (1998) *Basic Color & Design* SBFAQ. ERGO/GERO Human Factors Consulting.

[Gri98] Griesshaber, H. (1998), *Automobilmarketing im Internet - Bewertung und Vergleich der Leistungsangebote internationaler Automobilhersteller*, Diplomarbeit an der Universität Mannheim.

[GVU98] Graphic, Visualization, & Usability Center's (GVU), College of Computing, Georgia Institute of Technology, Atlanta, *10th WWW User Survey*, http://www.cc.gatech.edu/gvu/user_surveys/survey-1998-10/graphs/.

[HA93] Hovy, E. H. & Arens, Y. (1993), On the Knowledge Underlying Multimedia Presentations, in: Maybury, M. T. (Hrsg.) *Intelligent Multimedia Interfaces*, AAAI/MIT Press: Menlo Park.

[Has97] Hase, H. L. (1997), *Dynamische virtuelle Welten mit VRML 2.0*, dpunkt-Verlag, ISBN 3-920993-63-2.

[HBG96] Hohl, H., Böcker, H.-D., Gunzenhäuser, R. (1996), Hypadapter: An Adaptive Hypertext System for Exploratory Learning and Programming, in: *User Modeling and User-Adapted Interaction Vol. 6, No. 2-3*, S. 131-156.

LITERATURVERZEICHNIS 225

[Hen97] Hendrich, N. (1997), *Java für Fortgeschrittene*, Springer-Verlag, ISBN 3-540-61531-8.

[HKP93] Hertz, J., Krogh, A., Palmer, R. G. (1993), *Introduction to the Theory of Neural Computation*, Addison-Wesley Verlag, ISBN 0-201-50395-6.

[HM98] Hunt, J. & McManus, A. (1998), *Key Java - Advanced Tips and Techniques*, Springer-Verlag, ISBN 3-540-76259-0.

[Höf98] Höfig, T. (1998), *Untersuchung kommerzieller Systeme und Autorenwerkzeuge zur Erstellung und Verwaltung elektronischer Produktkataloge*, Diplomarbeit am Lehrstuhl für Multimediatechnik, Technische Universität Dresden.

[Höö97] Höök, K. (1997), Evaluating the Utility and Usability of an Adaptive Hypermedia System, in: *Proceedings of the International Conference on Intelligent User Interfaces (IUI'97)*, Orlando, Florida, USA, S. 179-186.

[HS97] Hering, T., Schmidt, U. (1997), *Electronic Commerce im Internet*, Telematik Center Torgau, CD in 1.Auflage, D-Vision GmbH.

[HS99] Heston, F. & Schoening, K. (1999), *Dynamic HTML*, Wiley-VCH Verlag, ISBN 3-895-78122-3.

[IHK98] Inder, R., Hurst, M., Kato, T. (1998), A Prototype Agent to Assist Shoppers, in: *Proceedings of the 7th International World Wide Web Conference (WWW7)*, Brisbane. Australia.

[JE98] Jacobsen, J., Eberl, M. (1998), *Macromedia Director 6 für Insider*, SAMS Verlag, ISBN 3-8272-2015-7.

[JH93] Jennings, A., Higuchi, H. (1993), A User Model Neural Network for a Personal News Service, In: *User Modelling and User-Adapted Interaction Vol. 3, No. , 1993*, S.1-26.

[JMP+96] Johari, R., Marks, J., Partovi, A., Shieber, S. (1996), *Automatic Yellow-Pages Pagination and Layout*, http://www.merl.com/reports/TR96-29/TR96-29.ps.

[Jör98] Jörding, T. (1998), Multimedia Product Presentations in the Web: Adaptivity by an Incremental Learning Algorithm, in: *Proceedings of Workshop Intelligente Systeme und Electronic Commerce*, KI-98, Bremen.

[Jut98] Jute, A. (1998), *Arbeiten mit Gestaltungsrastern*, Verlag Hermann Schmidt, Mainz.

[KFC93] Kaplan, C., Fenwick, J., Chen, J. (1993), Adaptive Hypertext Navigation Based On User Goals and Context, in: *User Modeling and User-Adapted Interaction Vol. 3 No. 3*, S. 193-220.

[KK94] Kay, J. & Kummerfeld, R. J. (1994), An Individualised Course for the C Programming Language, in: *Electronic Proceedings of the Second World Wide Web Conference '94: Mosaic and the Web*, http://www.ncsa.uiuc.edu/SDG/IT94/Proceedings/, Elsevier Verlag.

[Kay95] Kay, J. (1995), The um toolkit for cooperative user modelling, in: *User Modeling and User-Adapted Interaction Vol. 4 No. 3*, S. 149-196.

[KBA93] Kamba, T., Bharat, K., Albers, M. C. (1993) *The Krakatoa Chronicle: An Interactive Personalized Newspaper on the Web* http://www.w3j.com/1/kamba.093/paper/093.html.

[Kir98] Kirberich, A. (1998), Personalisierte Web-Sites, in: *Screen News 03/98*.

[Kle99] GMD (1999), *The APALO-Project*, http://www.darmstadt.gmd.de/IPSI/webapp-projects-apalo.html

LITERATURVERZEICHNIS 227

[Lan97] Langley, P. (1997), Machine learning for adaptive user interfaces. *Proceedings of the 21st German Annual Conference on Artificial Intelligence*, Freiburg, Germany: Springer, S. 53-62.

[LCS97] Lin, H. X., Choong, Y.-Y., Salvendy, G. (1997), A Proposed Index of Usability: A Method for Comparing the Relative Usability of Different Software Systems, in: *Behaviour & Information Technology*, 16:4/5, S. 267-278.

[LE95] Lüders, P., Ernst, R. (1995) Das Automatisierte Bildschirmlayout. In: *Informatik Forschung und Entwicklung 10/95*, Springer-Verlag, S. 1-13.

[Leb87] Lebowitz, M. (1987), Experiments with incremental concept formation: UNIMEM, in: *Machine Learning Vol.2*, S. 103-138.

[Lin95] Lin, J. (1995), *A Comparative Study of Default Strategies for a Decision List Learner*, Master Thesis at the Vanderbilt University, Nashville, Tennessee.

[LS95] Langley, P., & Simon, H. A., (1995), Applications of machine learning and rule induction, in: *Communications of the ACM*, 38, November, S. 55-64.

[May95] Maybury, M. T. (1995), Research in Multimedia and Multimodal Parsing and Generation, in: McKevitt, P. (Hrsg.) *Journal of Artificisl Intelligence Review: Special Issue on the Integration of Natural Language and Vision Processing*, Vol 9(2-3).

[MCF+94] Mitchell, T. M., Caruana, R., Freitag, D., McDermott, J., Zabowski, D., (1994), Experience With a Learning Personal Assistant, in: *Communications of the ACM Vol. 37, No. 7*, S. 81-91.

[Mic98] Michel, S. (1998), *Implizite Wissensakquisition für die Realisierung von adaptiven multimedialen Präsentationen im WWW*, Diplomarbeit am Lehrstuhl für Multimediatechnik, Technische Universität Dresden.

[Mit97]   Mitchell, T. M., (1997), *Machine Learning*, McGraw-Hill Series in Computer Science.

[Mla99]   Mladenic, D., (1999) *Machine learning used by Personal WebWatcher*, Proceedings of ACAI-99 Workshop on Machine Learning and Intelligent Agents, Chania, Crete.

[MM98]   Marden, P. M. Jr., Munson, E. V. (1998) Multiple Presentations of WWW Documents Using Style Sheets. In: *Proceedings of Educational Multimedia & Hypermedia Conference 1998*.

[MMH+86]   Michalski, R. S., Mozetic, I., Hong, J., Lavrac, N. (1986), The Multi-Purpose Incremental Learning System AQ15 and its Testing Application to Three Medical Domains, in: *Proceedings of the National Conference on Artificial Intelligence*, AAAI, Philadelphia.

[MS97]   Mertens, P., Schuhmann, P. (1997), Electronic Shopping - Entwicklungsstand und Trends, in: Popp, H. & Mertens, P. (Hrsg.) *Beiträge zum 4. FORWISS-Workshop 'Elektronische Verkäufer'*, ISSN 0938-0035, S.1-12.

[Mün98]   Münz, S. (1998), SELFHTML: Version 7.0 vom 27.04.1998, Email: muenz@csi.com, http://www.teamone.de/selfaktuell/.

[NBR+99]   Natal, D., Blake, T. C., Reitan, E., Petersen, S. (1999) *Special Edition Using Asymetrix Multimedia ToolBook 4*, QUE Verlag, ISBN 0-7897-0291-6.

[Nes99]   Nestler, M. (1999), *Sicherheit in adaptiven Electronic Commerce Systemen im World Wide Web*, Belegarbeit am Lehrstuhl für Multimediatechnik, Technische Universität Dresden.

[Net99]   Netzmarkt Internetservice GmbH & Co. KG (1999), Netzmarkt: Deutschlands erstes Internet-Kaufhaus, Email: maz@netzmarkt.de http://www.netzmarkt.de.

LITERATURVERZEICHNIS 229

[NH97] Novak, T. P. & Hoffman D.L. (1997), New Metrics for New Media: Toward the Development of Web Measurement Standards, *World Wide Web Journal*, Winter, 2(1), S. 213-246.

[Nie98] Nielsen, J. (1998), *Usability Engineering*, Academic Press UK, ISBN 0-12-518406-9.

[PL96] Popp, H. & Lödel, D. (1996), Fuzzy Techniques and User Modeling in Sales Assistants, in: *User Modeling and User-Adapted Interaction Vol. 5, No. 3-4*, S. 349-370.

[PMB96] Pazzani, M., Muramatsu, J., Billsus, D., (1996), Syskill & Webert: Identifying Interesting Web Sites, in: *Proceedings of the National Conference on Artificial Intelligence (AAAI96)*, Portland, OR.

[PN99] Pohl, W., Nick, A., (1999), Machine Learning and Knowledge Representation in the LaboUr Approach to User Modeling, in: J. Kay (Hrsg.), *Proceedings of the Seventh International Conference of User Modeling (UM'99)*, Banff, Canada.

[Poh96] Pohl, W. (1996), Learning about the user - user modeling and machine learning. In: V. Moustakis J. Herrmann (Hrsg.), *Proc. ICML'96 Workshop Machine Learningmeets Human-Computer Interaction*, S. 29-40.

[Pop98] Popella, M. (1998), *Automatische Generierung von Web-Dokumenten*, Diplomarbeit am Lehrstuhl für Multimediatechnik, Technische Universität Dresden.

[Qui86] Quinlan, J. R., (1986), Induction of Decision Trees, in: *Machine Learning 1*, 1, S. 81-106.

[Qui96a] Quinlan, J. R. (1996), Improved Use of Continuous Attributes in C4.5, in: *Journal of Artificial Intelligence Research (JAIR)*, Vol. 4, S. 77-90.

[Qui96b] Quinlan, J. R. (1996), Boosting, Bagging, and C4.5, in: *Proceedings of the National Conference on Artificial Intelligence (AAAI'96)*.

[Rei99]	Reicherzer, J. (1999), Angeklickt und abgezockt, in: *Die Zeit*, 19.8.1999.
[Ric89]	Rich, E. (1989), Stereotypes and User Modeling, in Kobsa, A. & Wahlster, W. (Hrsg.) *User Models in Dialog Systems*, Springer-Verlag, S.35-51.
[RT99]	Rosewitz, M. & Timm, U. (1999), *Online Produktberatung*, Forwiss FG WI, Erlangen, http://131.188.180.167/www_pbk/default.asp
[SAS+97]	Strachan, L., Anderson, J., Sneesby, M., Evans, M. (1997), Pragmatic User Modeling in a Commercial Software System, in: *Proceedings of the International Conference of User Modeling (UM'97)*, Sardinia, Italy, S.189-200.
[Sch96]	Schrooten, R. (1996), Agent-based Electronic Consumer Catalogs, in: *Proceedings of the International Conference of Practical Applications of Intelligent Agents and Multi-Agents (PAAM'96)*.
[Sch99a]	Schmidt, M. (1999), *Verfahren zur automatischen Abschätzung der Übertragungszeiten multimedialer Elemente im World Wide Web*, Belegarbeit am Lehrstuhl für Multimediatechnik, Technische Universität Dresden.
[Sch99b]	Schmidt, M. (1999), *Dynamische Layoutgestaltung multimeidaler Produktpräsentationen im World Wide Web*, Diplomarbeit am Lehrstuhl für Multimediatechnik, Technische Universität Dresden.
[SE94]	Segal, R. & Etzioni, O. (1994), Learning Decision Lists Using Homogeneous Rules, in: *Proceedings of the National Conference on Artificial Intelligence (AAAI-94)*.
[She96]	Shen, W.M. (1996), *An Efficient Algorithm for Incremental Learning of Decision Lists*, Technical Report, USC-ISI-96-012, Information Sciences Institute, University of Southern California.

[She97] Shen, W-M. (1997), *An Active and Semi-Incremental Algorithm for Learning Decision Lists*, Technical Report, USC-ISI-97, Information Sciences Institute, University of Southern California.

[SK99] Specht, M. & A. Kobsa. (1999), Interaction of domain expertise and interface design in adaptive educational hypermedia, in: J. Kay (Hrsg.), *Workshop on adaptive hypermedia held on conference on UM99 and WWW99*.

[SW97] Schäfer, R., Weyrath, T., (1997), Accessing Temporally Variable User Properties with Dynamic Bayesian Networks, in: *Proceedings of Sixth International Conference of User Modeling (UM97)*, Sardinia, Italy, S.377-388.

[Tor93] Torgo, L. (1993), Controlled Redundancy in Incremental Rule Learning, in: *Proceedings of the European Conference on Machine Learning (ECML-93)*, Brazdil,P.(Hrsg.), Lecture Notes in Artificial Intelligence 667, Springer Verlag.

[TR98] Timm, U. & Rosewitz, M., (1998), Benutzermodellierung in der Elektronischen Produktberatung - Konzept und prototypische Realisierung in einer Online-Umgebung, in: *6. Workshop Adaptivität und Benutzermodellierung in interaktiven Softwaresystemen (ABIS98)*, Erlangen.

[UBC97] Utgoff, P. E., Berkman, N. C., Clouse, J. A. (1997), Decision tree induction based on efficient tree restructuring, in *Machine Learning*, S.5-44.

[Vas96] Vassileva, J. (1996), A Task-Centered Approach for User Modeling in a Hypermedia Office Documentation System, in: *User Modeling and User-Adapted Interaction Vol. 6 No. 2-3*, S. 185-224.

[Web99] Weber, G. (1999), Adaptive learning systems in the World Wide Web. In: J. Kay (Hrsg.), *Proceedings of the Seventh International Conference of User modeling (UM99)* (S. 371-378). Wien: Springer-Verlag.

[Whi97] Whitehand, R. W. F. (1997), Usability testing of World Wide Web sites, *Workshop Usability Testing World Wide Web Sites* at CHI'97, http://www.acm.org/sigchi/web/chi97testing/.

[WS97] Weber, G. & Specht, M. (1997), User Modeling and Adaptive Navigation Support in WWW-Based Tutoring Systems, in: *Proceedings of UM'97*, Sardinia, Italy, S.289-300.

[WUS96] Wu, X., Urpani, D., Sykes, J. (1996), Rule Induction Without Decision Tree Contruction, in: Wahlster, W. (Hrsg.) *Proceedings of the 12th European Conference on Artificial Intelligence*, John Wiley & Sons, Ltd., S. 463-467.

Kommerzielle Web-Seiten

[Alt99] AltaVista Company (1999), *AltaVista*, http://www.altavista.com/.

[And98] Andersen Consulting (1998), *Your Choice. How eCommerce Could Impact Europe's Future*, http://www.ac.com/services/ecommerce/ecom_efuture.html.

[And99] Andromedia, Inc. (1999), *Movie Critic*, email: mcm-gr@moviecritic.com, http://www.moviecritic.com/.

[BMW00] BMW AG, München, Deutschland (2000), *Produkte und Service: BMW Z3 roadster*, http://www.bmw.de/auto/index.htm.

[BOL99] BOL Medien GmbH (1999), *BOL*, http://www.bol.com/index.html.

[Bow99] Bowne Internet Solutions, (1999), *OpenSesame*, http://www.opensesame.com/product/.

LITERATURVERZEICHNIS

[CA98] Computer Associates (1998), *Jasmine*, http://www.cai.com/products/jasmine.htm.

[CDn99] Cdnow (1999), http://www.cdnow.com/.

[eGe99] OpenSesame's eGenie, (1999), http://egenie.opensesame.com/.

[Fer98] Ferrari North America, Inc. (1998), http://www.ferrari.com/.

[Fir98] Firefly Networks, Inc. http://www.firefly.net/.

[HRS98] Hotel Reservation Service (1999), http://www.hrs.com.

[IBM98] International Business Machines (IBM) Corporation (1998), *IBM Net.Commerce Version 3*, http://www-4.ibm.com/software/commerce/net.commerce/ncver3.html.

[IBM99] International Business Machines (IBM) Corporation (1999), *Design for Ease of Use*, http://www.ibm.com/ibm/easy

[INT98] INTERSHOP Communications GmbH (1998), *Intershop Version 3*, http://www.intershop.de/products/index.htm.

[Lik98] LikeMinds (1998), http://www.likeminds.com/.

[Ope99] Adam Opel AG (1999), *Willkommen bei Opel*, http://www.opel.de.

[Rea00] RealNetworks, Inc., (2000), http://www.realaudio.com/

[Vir99] Virtual Reality Mall, Inc., (1999), *Virtual Reality Mall*, http://www.vr-mall.com/index3.html.

Guido Hobert

Datenschutz und Datensicherheit im Internet

Interdependenz und Korrelation von rechtlichen Grundlagen und technischen Möglichkeiten
2., durchgesehene Auflage
Frankfurt/M., Berlin, Bern, Bruxelles, New York, Oxford, Wien, 2000. 302 S.
Europäische Hochschulschriften: Reihe 2, Rechtswissenschaft. Bd. 2501
ISBN 3-631-36130-0 · br. DM 98.–*

Unsere Zeit ist geprägt durch den alles beherrschenden Einfluß der digitalen Medien. Kommunikationsforscher sprechen vom Beginn einer neuen technischen Ära: dem Zeitalter der totalen Informations- und Kommunikationsgesellschaft. Diese wird jedoch in Zukunft nicht nur höchste Anforderungen an die multimedialen Technologien stellen, sondern auch neue Fragen im Bereich der Gesetzgebung und Rechtsprechung aufwerfen. In den Mittelpunkt des Interesses rücken in diesem Zusammenhang Schutz und Sicherheit der Datenübertragung. Die Arbeit beschäftigt sich mit dem Spannungsverhältnis von technischer Entwicklung (Datensicherheit) und normativen rechtlichen Vorgaben (Datenschutz). Ziel der Arbeit ist eine Gesamtdarstellung der aktuellen Problematik des Datenschutzes und der Datensicherheit im Internet. Eine Bewertung des vorhandenen Datenschutzes und der bestehenden Datensicherheit sowie ein Ausblick auf deren künftige Entwicklung bilden den Abschluß des Buches.

Aus dem Inhalt: Entstehung, Funktionsweise und Dienste des Internets · Daten und Risiken der Internet-Kommunikation · Technische und rechtliche Möglichkeiten der Gefahrenabwehr · Kryptographie, Digitale Signaturen, Electronic Commerce, Home Banking · Gesamtsituation und Bewertung von Datenschutz und Datensicherheit im Internet

Frankfurt/M · Berlin · Bern · Bruxelles · New York · Oxford · Wien
Auslieferung: Verlag Peter Lang AG
Jupiterstr. 15, CH-3000 Bern 15
Telefax (004131) 9402131

*inklusive Mehrwertsteuer
Preisänderungen vorbehalten
Homepage http://www.peterlang.de